PROTESTO

CARLOS HENRIQUE ABRÃO

PROTESTO

Caracterização da Mora –
Inadimplemento Obrigacional

4ª Edição

SÃO PAULO
EDITORA ATLAS S.A. – 2011

© 2011 by Editora Atlas S.A.

As três primeiras edições são da Juarez de Oliveira; 4. ed. 2011

Capa: Leonardo Hermano
Composição: Lino-Jato Editoração Gráfica

Dados Internacionais de Catalogação na Publicação (CIP)
(Câmara Brasileira do Livro, SP, Brasil)

Abrão, Carlos Henrique, 1959 –
    Protesto : caracterização da mora, inadimplemento obrigacional / Carlos Henrique Abrão. – 4. ed. – São Paulo : Atlas, 2011.

Bibliografia.
ISBN 978-85-224-6514-9

1. Protestos (Documentos negociáveis) – Brasil I. Título.

11-07603   CDU-347.746.6(81)

Índices para catálogo sistemático:

1. Brasil : Protestos de títulos : Direito comercial 347.746.6(81)
2. Brasil : Títulos : Protestos : Direito comercial 347.746.6(81)

TODOS OS DIREITOS RESERVADOS – É proibida a reprodução total ou parcial, de qualquer forma ou por qualquer meio. A violação dos direitos de autor (Lei nº 9.610/98) é crime estabelecido pelo artigo 184 do Código Penal.

Depósito legal na Biblioteca Nacional conforme Decreto nº 1.825, de 20 de dezembro de 1907.

Impresso no Brasil/*Printed in Brazil*

Editora Atlas S.A.
Rua Conselheiro Nébias, 1384 (Campos Elísios)
01203-904 São Paulo (SP)
Tel.: (011) 3357-9144
www.EditoraAtlas.com.br

Sumário

Prefácio à quarta edição, vii

Prefácio à terceira edição, ix

Prefácio à segunda edição, xi

1 Retrospectiva e finalidade do instituto, 1
    1 Origem e característica do protesto, 1
    2 Conceito e natureza do protesto, 4
    3 Função e efeitos do protesto, 8
    4 Títulos e documentos protestáveis, 11
    5 Extensão e espécies de protesto, 16

2 O ato do protesto e sua formalização, 20
    1 Apresentação dos títulos e documentos, 20
    2 Formas de intimação dos devedores, 23
    3 Prazo de efetivação do protesto, 27
    4 Local e destinatário do protesto, 30
    5 O pagamento e a lavratura do protesto, 33

3 Desistência e sustação do protesto, 40
    1 Pressupostos e lapso temporal, 40
    2 Requerimento da desistência e seus efeitos, 43
    3 A sustação do protesto e sua eficácia, 45
    4 Exigibilidade da caução e sua espécie, 48
    5 Tutela antecipada e sustação definitiva, 51

4 Retificação e cancelamento do protesto, 57
   1 Retificação do erro e sua forma, 57
   2 Noção e modalidades de cancelamento, 59
   3 Cancelamento judicial do protesto, 61
   4 Cancelamento de protesto irregular, 64
   5 As certidões e informações do registro, 66

5 A legislação falimentar e o protesto, 74
   1 Efeitos do protesto na recuperação judicial, 74
   2 O valor mínimo para requerimento de quebra, 75
   3 Protestos comum e obrigatório, 76
   4 A Súmula 361 do STJ, 77
   5 O protesto especial e sua finalidade, 79

6 Aspectos penais do protesto, 81
   1 Conduta típica e responsabilização, 81
   2 Firma falsa e obrigação simulada, 85
   3 Protesto especial anormal, 87
   4 Vícios e falsificações de títulos e documentos, 90
   5 Culpabilidade e consequências do protesto, 93

7 Responsabilidade Civil, 99
   1 Fundamentos jurídicos e classificação, 99
   2 Abuso e desvio de direito no protesto, 104
   3 Abalo de crédito e profissional, 107
   4 Protesto indevido de títulos e documentos, 113
   5 Dano moral e sua quantificação, 116

8 Responsabilidades do Estado e do notário, 126
   1 Teoria objetiva da culpa, 126
   2 O serviço público e seus agentes, 128
   3 Culpa subjetiva do notário e prepostos, 130
   4 Autonomia do direito de regresso, 133
   5 Culpa concorrente e sua excludente, 135

9 Análise Conclusiva do Instituto, 137

10 Análise Jurisprudencial, 143

Jurisprudência, 145

Legislação, 160

Bibliografia, 185

Prefácio à Quarta Edição

A escassa pesquisa doutrinária somada à boa aceitação do público leitor, sem sombra de dúvida, incentivou-nos à atualização da obra, coletando o entendimento predominante e projetando o campo jurisprudencial.

O instituto do protesto é de vital importância para integração com os demais elementos da Lei de Registros Públicos e a disciplina do atual Código Civil, destacando sua finalidade.

Os índices de inadimplência e o aumento do protesto comprovam dificuldades dos consumidores e também das empresas, notadamente em razão da concessão de créditos.

Fundamental mencionar o leque sempre timbrado, no moderno direito cibernético, enraizando sua perspectiva em relação à informática e à utilização de dados no mundo globalizado.

Debruçamo-nos sobre os efeitos da sustação liminar e também do cancelamento, objetivando discussão em torno da declaração de inexigibilidade da obrigação.

Ventilamos a sustação dos efeitos e a repercussão em relação ao requerimento de quebra, uma vez que pela Lei nº 11.101/05 o credor pode agregar o valor até atingir o limite, formando litisconsórcio.

A fenomenologia do protesto concentra também a presença de banco de dados e informes que são utilizados pelo sistema de consulta e favorecem ao crédito.

É importante, ainda, ressaltar a eficácia do instituto e o aspecto da prescrição, envolvendo o devedor principal e os garantes solidários.

O Tribunal de Justiça do Estado de São Paulo, na Súmula 17, enfrentou a questão da prescrição, entendendo que a sua incidência, ou a perda da eficácia executiva do título, não impede sua remessa a protesto, enquanto disponível a cobrança por outros meios.

Bem por tudo isso, com a riqueza de detalhes e a exploração doutrinária mais apurada, coletamos jurisprudência que baliza o instituto e confere norte mais seguro no seu discernimento e a própria regularidade da lavratura.

Prefácio à Terceira Edição

Reconfortados pela assiduidade do indispensável público interessado no tema, uma vez mais, numa sinergia, nos pusemos à atividade de campo, naquela empreitada de adaptação do texto, sua revisão e consequente ampliação, sempre ladeado da boa doutrina e atualizada jurisprudência, projetando a interpretação e a praticidade ditada aos operadores do Direito.

Descansando a técnica na depuração do tempo de vigência do instituto, com seu entrelaçamento com a Lei de Registros Públicos e a faceta nova do Código Civil editado, priorizamos enraizamentos que permeiam a compreensão e fácil análise das circunstâncias em torno do protesto.

Notamos, sem a menor dúvida, o índice crescente da inadimplência e o aumento das relações de consumo, como forma de brecar a constante e incessante atividade de registrar o nome do devedor nos bancos negativos, permanecendo o protesto com a dupla finalidade da constituição da mora, da obrigação vencida e, outrossim, para efeito falimentar.

Efetivamente, a lavratura do protesto necessita de uma percuciente análise do título, de todos os seus elementos, materiais e formais, outrossim, na existência do endosso, meios magnéticos que evidenciam a rápida desmaterialização cambial, um leque sempre timbrado no direito cibernético que se aprofunda com a experiência da informática do comércio eletrônico e o mundo globalizado sem fronteiras.

Lançada a semente descortinando o perfil desse instituto, progressivamente surte efeito a tentativa de sustar ou de cancelar o protesto, ainda seus efeitos, emoldurando-se o número de ações intentadas que perseguem essa finalidade.

Consequentemente, não pode a criação pretoriana da sustação se transformar num arremedo dos maus pagadores que no instante crucial deduzem estórias com o escopo de trancar o crédito e levar o tema a debate judicial por longo tempo, enfraquecendo a posição do credor e desvirtuando a finalidade da medida.

Vimos projetar seus reflexos a identidade do Projeto de Lei nº 4.376/1993, ao lado do PLC 71/2003, aprovado pelo Senado, cunhado com o espírito reformista da empresa e sua recuperação, exigindo um mínimo de importância, a configurar o estado efetivo de insolvência, não sendo a inadimplência pura e simples de valor irrisório marco determinante à quebra.

Renova-se cada vez com maior fôlego e vulto a fenomenologia do protesto que contribui para a seletividade na relação negocial, mas ainda pairam dúvidas e muitas que concernem ao banco de dados, informações, caducidade do registro, fixação da competência e problemas plurais disciplinados na obra que ao mesmo tempo procura solucionar os impasses apontados.

Não desconhecemos as regras inovadoras ditadas pelas Leis nos 9.841/1999, arts. 29 e 31, da Lei de Protesto. Anote-se também a Paulista, Lei nº 10.710/2000, que tratou dos custos e encargos sob a responsabilidade dos devedores, surgindo dúvidas na aplicação quando o cancelamento é feito em definitivo e judicialmente, por se tratar ainda de empresa em liquidação ou sob o regime de intervenção, casos que comportam maiores digressões.

Revolucionou-se o sistema de informações e acesso ao banco de dados, pelo cruzamento, rastreamento e manutenção da capilaridade de uma rede que abrange indistintamente a indústria, comércio e também serviços. A presença marcante do protesto, nessas condições, é capaz de inibir qualquer tentativa de liberação do crédito, de cheques, cartões, causando a morte e o abalo na pessoa do devedor.

Perpassado o primeiro lustro de vigência legal, soa justa uma reforma e revisão do modelo normativo, com intuito de minimizar formalismos e discrepâncias burocráticas que se apegam à ritualização das operações de crédito, vez que as concessionárias de serviço público se valem do sistema e se distorce seu mecanismo de validade.

Nesse diapasão, portanto, configuramos uma nova realidade e enfrentamos o desafio de trazer à baila a modernidade específica que delimita a incidência do instituto do protesto e as questões plurais que despertam vivo interesse dos operadores do Direito.

São Paulo, 29.6.2004 (São Pedro e São Paulo).
Carlos Henrique Abrão
Juiz de Direito

Prefácio à Segunda Edição

Hospedados na acolhida do inestimável público leitor, nos propusemos com entusiasmo, diante do exaurimento da primeira edição, a uma renovação salutar com a ampliação do texto, seguida de atualização e a imprescindível revisão com o prestígio doutrinário e jurisprudencial, na dicção da interpretação do diploma normativo.

Firmes no pensamento acenado, buscamos harmonizar as disposições do trabalho e trazer à baila a realidade do protesto, não apenas ao alcance do operador do Direito propriamente dito, mas fundamentalmente na visão daqueles que precisam compreender o mecanismo de funcionamento do instituto.

Vencido o momento inaugural da elaboração legislativa do diploma, Lei nº 9.492, o qual se reporta ao ano de 1997, observamos a perspectiva dinâmica consubstanciada no aspecto formal em assegurar o crédito e na tipologia de fundo na caracterização do inadimplemento, no perfil como salvaguarda de direito o ato notarial.

Essa situação agudiza na medida em que, envolvida num processo gradual de transformação econômica, a sociedade pede passagem ao instrumento de respaldar a concessão do crédito e restringir a respectiva análise, mediante inscrição em banco de dados e nos limites da relação de consumo.

A tirada do protesto, por determinar o preenchimento de requisitos e pressupostos formais, demanda uma análise do serviço, na diretriz de corrigir falhas ou inibir imperfeições, ainda descansando na consecução do endosso, do meio eletrônico e na desmaterialização do título, capítulo vivo do direito cibernético. Se de um lado há um gradual aumento na projeção da protestabilidade dos títulos, reflexo disso se constata na esfera de ações pleiteando a sustação, o cancelamento e fundamentalmente a indenização por força do dano moral, ensejando um equilíbrio na sua fixação, e a vertente de parâmetro objetivo no convencimento livre do julgador.

Engaja-se nessa reivindicação aquela da pessoa jurídica que enceta esforços na reivindicação do reparo do dano moral e as sequelas na restrição do seu crédito, notadamente pela publicidade catalogada no próprio protesto.

Abarrotados os Cartórios de títulos, muitos dos quais de valores inexpressivos, mede-se a curva da instabilidade econômica e os efeitos negativos da taxa de inadimplência, carregando ainda o perfil de radiografia psicológica, no sentido de impelir o devedor ou terceiro obrigado ao adimplemento.

Demais, com a privatização de empresas e concessões do serviço público, as responsáveis pelas atividades mantêm um cadastro e fazem restrições aos créditos, num critério pouco específico, de compelir o usuário à imediata satisfação da obrigação.

Nessa sequência que fornece uma fenomenologia determinada por especificidade coerente com o título e sua obrigação, comporta ponderar até que ponto o protesto revela característica de insolvabilidade ou simplesmente da mora, na distinção entre inadimplemento parcial e absoluto.

Contingenciado por constantes inovações que semeiam o campo do direito dos negócios, na situação de emprestar eficácia nas relações entre as empresas, não se pode desconsiderar a importância da ação principal, a nomenclatura e finalidade para o alcance definitivo da sustação.

Perpassada a etapa de verificação formal dos requisitos, haja vista o apontamento, é imprescindível a tentativa de localização do obrigado e o esgotamento de meios à disposição do serviço, vez que o chamamento ficto é incorreto se as diligências não se fizerem concretas nos endereços constantes.

A ramificação do instituto do protesto passa pela onda da informática e acelera seus passos na interdisciplina com o sistema bancário, por comportar uma antecipação do crédito e a operacionalização do banco visando a cobrança do título e a preservação dos direitos de terceiros.

E nessa toada, imprescindível destacarmos as regras inovadoras introduzidas pelas legislações federal (Lei nº 9.841/1999, no que toca aos arts. 29 e 31 da Lei de Protesto) e outrossim a estadual paulista (Lei nº 10.710/2000), no que se refere aos custos e encargos sob a responsabilidade dos devedores.

Ambas as legislações e o acesso ao banco de dados pelas entidades da indústria e comércio, sem sombra de dúvida, demonstram transparência dentro do critério da mantença do sigilo.

Substancialmente, no completar seu lustro legal de vigência, a legislação que cuida da matéria relativa ao protesto e suas consequências palmilha aperfeiçoamento e aprimoramento que visam proteger as relações de consumo, assegurar disponibilidade dos informes, inclusive contratos de locação e fiança, mas tudo destinado à preservação dos negócios empresariais na modernidade.

Numa síntese desse largo espectro jurídico concernente ao protesto, priorizamos revelar os pontos relevantes que se coadunam com a normatização e sua interpretação na visão do instituto, na difícil missão de renovar o cenário jurídico e trazer à baila subsídios que possam, de alguma forma, contribuir para o salutar aperfeiçoamento do tema.

São Paulo, *Corpus Christi*, 2001.
Carlos Henrique Abrão
Juiz de Direito

1

Retrospectiva e Finalidade do Instituto

> **SUMÁRIO**: 1. Origem e característica do protesto. 2. Conceito e natureza do protesto. 3. Função e efeitos do protesto. 4. Títulos e documentos protestáveis. 5. Extensão e espécies de protesto.

1 Origem e característica do protesto

Concebido para caracterizar o inadimplemento da obrigação corporificada numa forma cambial, o protesto configurou-se num primitivo estágio para tipificar o descumprimento daquele vínculo, razão pela qual se realizava o ato perante testemunhas, sob a forma de *contestatio*, no século IX, ganhando contorno próprio mais adiante na letra de câmbio.

Na sustentação de Mário Battaglini, o surgimento do instituto estaria descrito pela facultatividade do aceite na cambial, assumidos na sua concretização, o protesto compunha-se de três atos específicos: *praesentatio litterarum, requisitio* e *protestatio*, somente feito por notário, com os requisitos essenciais, conferindo ao portador todos os direitos em relação aos coobrigados, permitindo o consequente exercício do regresso.

Fase embrionária de sua estruturação, porém de cunho histórico, desenvolveu-se mais frequentemente o protesto nos albores do século XIV, estando sedimentado no próprio nascimento da obrigação cartular, traduzida pela relação do comércio e a efetivação cunhada na letra de câmbio, simbolizando simplesmente a falta do aceite, demonstrando peculiar reflexo na circulação e preservação do crédito.

Tipicamente, a evolução do instituto passou por diversas etapas importantes, sendo a Convenção de Genebra o marco divisório dos estudos e diretrizes entre aquelas Nações que disciplinaram o caráter obrigatório ou facultativo do protesto, surgindo efeitos no exercício do direito de regresso, na conservação hígida da obrigação, e na formalidade que cerca o ato solene.

Desta forma, percorre o instituto do protesto, desde a sua notícia histórica referente ao seu surgimento diretamente ligado ao título cambial, o período aproximado de seis séculos, tempo suficiente para romper com as tradições romanas e adquirir uma sistematização mais adequada ao binômio da mora e do inadimplemento encampado na obrigação não honrada.

Desenhado extrajudicialmente, sob a responsabilidade do Tabelião que se torna o próprio juiz do protesto, sob o enfoque de sua feitura ou a inconveniência de sua prática, a finalidade essencial é a de sinalizar na direção do devedor sobre as consequências que permeiam o ato e as respectivas responsabilidades. De tal arte, o ato notarial não encena em si mesmo todos os aspectos na diretriz do cumprimento da obrigação, podendo respingar na caracterização da insolvência.

Dado o caráter instrumentário de prova que se concretiza, gera o protesto a presunção voltada para a natureza do ato e seus reflexos que poderão retroagir, na hipótese de estar presente a fraude, ou o aspecto da falência decretada.

Bastante adequado mencionar que o termo legal retroage, normalmente, 60 dias contados do primeiro protesto tirado, na falência, exsurgindo diversos efeitos em relação aos negócios jurídicos celebrados, validade, e no que diz respeito às fraudes e lesões, sob a ótica da ação revocatória.

Naturalmente, a obrigação cambiária pode ter feição causal ou abstrata, mas o protesto percorrerá o sentido de conferir ao portador e terceiros legitimados a indispensável autonomia na eventual exigibilidade da dívida e seu contorno salientado pela solidariedade entre os diversos participantes na circulação do título.

De fundamental relevo ponderar que o protesto alastra os seus efeitos característicos para quaisquer obrigações cambiais cambiariformes, ou documentos que expressem dívidas líquidas, certas e passíveis de cobrança, evidenciando um leque muitas vezes inobservado na simetria funcional do vínculo jurídico.

Com razão, as características primordiais se resumem nas próprias do título ou da obrigação e as consequências hauridas pela exata realização do ato formalizando o protesto, dentro daquela análise que busca expressar uma relação negocial, prestacional de serviço, ou que se desloca para o campo da obrigação de fazer.

Inequívoco dizer que na correlação entre o título e obrigação deve haver um ponto de referência que permita delimitar o marco da mora e as circunstâncias do inadimplemento, porque muitas vezes o não pagamento de uma prestação provoca o antecipado vencimento de toda a obrigação, divisando esse aspecto da mera garantia constituída pela cambial emitida ou em branco devidamente assinada.

Desta maneira, também comporta uma correspondência preconizada pela dívida e suas dualidades, tanto em relação ao principal, como em face do acessório, porque não é dado ao credor protestar por um valor a dívida e na demanda proposta cobrar soma distinta, motivo que ditaria a exigência representada pelo contrato não cumprido, inadimplemento que necessita de solene formalização.

Embora privativo o protesto na ótica do Tabelião que o leva a efeito, hipóteses existem nas quais a determinação parte do Juízo que ordena sua concretização, sublinhando o padrão judicial da respectiva finalidade, quer para os assentos internos da repartição ou para que traduza efeito do descumprimento reconhecido numa tutela específica.

Conveniente sublinhar na hipótese o julgamento desfavorável colhido no âmbito da ação principal, revogando a liminar que sustou o protesto e liberando sua efetividade concentrada na existência da relação crédito-débito, formalmente reconhecida.

Inadvertidamente, o protesto tem suscitado discussões paralelas que desestruturam suas características formais, de mero ato probatório, ensejando o reconhecimento da inadimplência, porquanto instrumentalizado como meio de pressão, para negativação do nome da pessoa desfavorecida perante o sistema protetivo do crédito, pontuando indevido abuso na sua padronização.

De fato, o apontamento por si só é a tendência de se configurar o desatendimento da obrigação de dar ou fazer, de índole positiva, mas o preenchimento de todos os pressupostos geradores do ato indica uma multivariedade de objetivos, notadamente em relação às pessoas físicas que desconhecem o alcance e os efeitos principais do protesto.

Sinalizaria um justo termômetro, portanto, a presença de valor mínimo que expusesse o devedor ao protesto tirado, visando evitar dissabores, equívocos e a própria utilização reiterada dessa via para simplesmente penalizar o devedor moroso.

Conflitaria com a realidade do protesto, e seu aspecto de conotação emblemática, a finalização de importância irrisória com o pretexto de expor rigor exagerado na temática de obrigar o próprio devedor à consecução de pagar.

Evidente, não se pretende prestigiar o moroso ou aplaudir o inadimplente, mas simplesmente forrar um fomento que sirva de termômetro no ponto de equilíbrio entre o título protestável e sua repercussão na ordem econômica.

Soma-se o fato das despesas cartoriais que se elevam, diante da conjuntura de obrigação, cujo valor nada repercute ou representa, daí por que sem um parâmetro mínimo constante de normatização, aberta como se acha a possibilidade da realização do ato notarial sem quantificar a importância obrigacional.

Hodiernamente, por força legal, as despesas inerentes ao protesto são de responsabilidade do devedor, eximindo o credor dessa obrigação (Lei estadual paulista nº 10.710/2000).

A desoneração dos emolumentos em relação ao credor é uma forma de incrementar o grau de protestabilidade dos títulos apontados, descrevendo o valor destinado ao Tabelionato, mas é preciso refletir que na hipótese de haver decisão judicial, fundamental constar a obrigação ou, se for indevida, constar do ofício endereçado ao cartório extrajudicial.

De fato, na circunstância do indevido apontamento resolvido no bojo da cautelar, da principal, ou ambas simultaneamente, ainda no acordo entabulado entre as partes, comum que na homologação ou sentença de mérito descortine o juízo eventual responsabilidade pelos emolumentos do cartório.

Existem casos concretos de empresas sujeitas a regime especial de intervenção e assunção do saneamento pelo Banco Central, nas quais ficam impedidos eventuais protestos, porém via de regra os cartórios passam a exigir de forma ampla e geral, motivo pelo qual é da competência do Juízo isentar a responsabilidade.

Bem se imagina uma realidade da subtração de documento, abertura de conta-corrente e apontamento do título sustado, evidente não existentes os elementos do ato negocial válido, perfeito, dotado de eficácia, não há se cogitar na responsabilidade do interessado na sustação do protesto que age de boa-fé e com lisura ímpar.

Consequentemente, sempre que houver um impedimento normativo ou de natureza obstativa do ato, não se justificará a denominação devedora ao interessado em brecar o protesto desejado.

2 Conceito e natureza do protesto

Típico ato formal e de natureza solene, destinado a servir de meio probatório na configuração do inadimplemento, reveste-se o protesto de qualidades próprias, as quais denotam o relacionamento com uma determinada obrigação sem a consequente responsabilidade a ela satisfeita.

Priorizado na situação de ato extrajudicial, de espírito público, sempre na esfera formal que delineia sua concretização, o ato notarial tem uma eficácia que gera efeitos nas circunstâncias do padrão obrigacional, ou seja, o limite temporal estabelecido, quando determinado, restou desatendido.

A conceituação legal decorre da essência que marca o art. 1º da Lei nº 9.492, de 10 de setembro de 1997, da seguinte forma redigido:

> *"Protesto é o ato formal e solene pelo qual se prova a inadimplência e o descumprimento de obrigação originada em títulos e outros documentos."*

Contempla o dispositivo transcrito duplo campo no qual se aloja o mecanismo instrumental do protesto: documento escrito que contenha uma determinada obrigação ou aquele de projeção cambial onde estará preenchido para regrar a relação entre as partes, mas sempre o protesto servirá como meio de prova na executoriedade forçada da obrigação.

Precioso dizer que compete ao Tabelião responsável pela feitura do ato exercer o controle formal que mantenha equilíbrio e a razão de ser da obrigação; por esse caminho nem se pode cogitar do divórcio entre o título apresentado e o negócio jurídico relacionado.

Timbrado o consequente aspecto público que determina a realização do protesto, sua indelével postura destaca a marca do inadimplemento e suscita o exame formal das condições mencionadas pelo apresentante, sem deixar de lado o relevo, ainda que menos técnico, daqueles boletos que se reportam aos meios informatizados e da cibernética na materialização do protesto, cuja eventual falha imporá responsabilidade e acentuará o controle exercido quando da oportunidade do ato.

Uma das principais distinções superadas pelo protesto reside na dificuldade de localização do devedor principal ou dos obrigados solidários, haja vista a notificação que normalmente não é recepcionada pelo próprio interessado, ao passo que o ato notarial em si elimina a complexidade, divisando uma margem mais segura do conhecimento calcado na publicização do ato efetivado.

> O inesquecível Carvalho de Mendonça assinalou que na verdade "o protesto, para os efeitos cambiais (protesto cambial), é a formalidade extrajudicial, mais solene, destinada a servir de prova da apresentação da letra de câmbio, no tempo devido, para o aceite ou para pagamento, não tendo o portador, apesar de sua diligência, obtido este ou aquele. Também é fundamental para efeito do estado falimentar, quando o título não contém aceite e se verifica demonstrada a entrega da mercadoria ou prestação do respectivo serviço".

Estruturada a forma específica na figura do enraizamento do protesto e seu típico elemento probatório, não é inexato afirmar que ele não gera direitos, não produz obrigações, somente instrumentaliza o inadimplemento e pelos informes representados na descrição da própria obrigação.

Bem nessa direção, o protesto não tem o condão de interromper a prescrição, na diretriz externada pela Súmula 153 do Supremo Tribunal Federal, ao contrário do campo disciplinado na elaboração do atual Código Civil, art. 202, inciso III, mas a dinâmica que permeia os negócios está a exigir um prazo menor visando cobrança, sob pena de desaparecer patrimônio e haver objeção quanto à livre circulação.

De fato, a regra do citado artigo do Código Civil modificou a realidade nua e crua exposta na propalada súmula do STF, de molde a ditar interrupção prescricional específica pelo protesto do título cambial; isso representa um predicado diferenciado que seguramente alterará o conceito do lapso destinado à cobrança e exigibilidade da obrigação.

Uma situação concreta é a prescrição para efeito de execução, no conceito de liquidez e certeza; distinta reafirmação delimita o aspecto do novo tópico consagrado pelo Código Civil, cuja doutrina alardeia dez anos visando evidenciar que aquele de três anos, geral da disciplina cambiária, teria sido revisto na atual conjuntura que fez desaparecer a distinção entre o viés da autônoma obrigação civil e comercial.

Seguramente, a circunstância será levada aos Pretórios, no sentido de não apenas consagrar a via monitória, mas permitir a cobrança, independentemente de se provar enriquecimento sem causa, na medida em que seguiria o campo tipificado no art. 205, que falaria sobre os dez anos de prescrição.

Considerando estar o Código Civil em vigor concentrado em uma cultura arraigada no direito italiano e transformado a visão de seu contorno, convenhamos que nenhum credor haverá de manter a expectativa de dez anos para depois vir a juízo em sã consciência e augurar êxito na cobrança daquela importância.

Constitui-se inexcedível equívoco pensar que o protesto gera efeitos na esfera da exigência obrigacional, na medida em que sua tirada tem conotação formal, não implicando no lapso temporal, de tal modo que contemporaneamente a ação monitória veio preencher lacuna e direcionar a carga do remédio processual, na circunstância concreta da prescrição configurada.

De igual não há exigibilidade, por se tratar de protesto facultativo, na dinâmica que visa pontuar sua cobrança, tanto por meio de ação ordinária ou mediante regular processo de execução, sendo infundada a alegação do ato notarial como pressuposto da demanda.

> Na visão sempre atualizada de Tullio Ascarelli: "O *punctum divisionis* das doutrinas cambiárias está realmente em ver no título um documento probatório da própria relação fundamental (entre sacador ou emitente de um lado e tomador do outro, para levar destarte em consideração a hipótese da letra de câmbio e da nota promissória) ou ao contrário um documento constitutivo de um novo direito (que concorre com o da relação fundamental, mas é independente deste)."

Ao focalizar os documentos que podem ser alvo do protesto, desvencilhou-se o legislador da submissão à obrigação cambiária, eis que multiformes relações decorrentes dos contratos pedem um ato formal e solene, que permita servir de instrumento de prova, no momento da ação judicial.

A fé pública do serventuário que pratica o ato dentro das condições objetivas de legalidade traz a legitimidade necessária à propositura da correspondente ação, sem desprezar o fato que divide o protesto na linha facultativa e obrigatória, querendo demonstrar que de sua feitura não sucede outra característica, exceto de revigorar situação formalmente convencionada entre as partes.

Surge o protesto para configurar uma determinada relação que não se aperfeiçoou do modo e da forma consensualmente pactuados, dentro de um paralelo temporário que registrará os elementos básicos, permanecendo inalterado até eventual pagamento ou comprovação da inexistência do vínculo obrigacional.

Formalmente em ordem na sua tirada, comprovados os aspectos que delimitam o lastro contratual ou tipicamente cambiário, a resultante enumera consequência real de transparecer a situação entre as partes, subordinando-se o ato em si ao critério maior de fiscalização pelo Judiciário, para suprir lacunas ou declarar eventuais invalidades.

Quadra destacar que nos contratos de capital de giro, ou que forneçam crédito diretamente ao consumidor, usos e costumes implicam a confecção de cambial a governar garantia na hipótese de inadimplemento do devedor.

Reciclado esse aspecto, cumpre ao credor escolher o caminho preferido, na dicção de comprovar a mora, muito comum nos contratos de alienação fiduciária em garantia, isso porque o protesto tem o ingrediente, mas a garantia prescinde de correlação segura.

Com efeito, na vertente do valor da obrigação e no comprovar a mora do devedor, nada impede seja o contrato, regularmente entabulado, instrumentalizado na tipicidade do ato notarial, simbolizando o ajuste de vontades e a ruptura de cláusula nele inserta.

Analisado esse lado da matéria, insta ponderar que o exercício do regresso vem regulamentado na esfera probatória do protesto válido, ou seja, comprova-se uma vinculação com todos aqueles que se apresentam na cadeia de transferência do título, solidária, que reflete no momento de exigir a importância contida na cártula, irradiando consequente projeção na futura sub-rogação.

Bem de ver, outrossim, que na transferência antecipada do crédito a terceiro, como no desconto de títulos ou simples operação de faturização, classificada a matéria relacionada à obrigação, na materialização da mora, o detentor do título ou do meio magnético exerce seu direito, levando a protesto aquela manifestação de vontade que encerra o predicado da autonomia, literalidade e muitas vezes da revelação do negócio jurídico subjacente inserido na cártula.

Comumente, a transferência de posições exibidas nos documentos e nas obrigações com cessões implementadas, tudo isso pede um critério mais técnico na elaboração do mecanismo que formata o protesto, tanto na esfera do endosso como na participação de terceiro que desvincula o original credor.

Essa radiografia própria do protesto é fundamental na primeira depuração do Tabelião, na expectativa do interessado e por último na macrovisão do juízo que evidenciará propósito de sustação ou seu descabimento.

A forma de circulação do título, sem menor dúvida, corresponde ao parâmetro de sua literalidade e maneira de apresentação, donde é curial observar esse estereótipo para conferir a tese do requerente da medida cautelar, ambicionando sustação.

Destarte, a formatação do título é elemento indispensável de sua segurança ainda no perfil da sustação dos efeitos ou cancelamento do protesto, haja vista que a caducidade do registro, conforme veremos mais adiante, consta do interstício de um lustro, mas sempre mediante provocação do interessado, não agindo o Tabelionato de Ofício.

3 Função e efeitos do protesto

Diante do caráter solene que perfaz a prática do ato, de eficácia probatória singular, peculiariza-se o protesto na função de caracterizar estado de inadimplência do devedor, também da insolvência, a partir do instante no qual a presunção milita a favor do credor, cercando a liquidez e certeza da importância exigida.

A legislação falimentar brasileira, nesse particular, assinalou ponto especial que toca de perto à função insolvabilidade do protesto legalmente formalizado, quando na realidade se cuida de simples impontualidade, capaz de ser emendada pelo devedor moroso, independentemente do requerimento do procedimento da quebra.

Redunda, portanto, uma admoestação clara, eficaz e bastante característica na direção do devedor que, sabedor da existência do protesto, e na iminência de ter seu crédito comprometido, resultado disso procurará cumprir a obrigação de acordo com a sua responsabilidade.

Dupla, pois, seria a função pontuada pelo protesto: a primeira no sentido de permitir o regresso, a outra de configurar a mora e, a partir de sua existência, começar a contar o prazo do cômputo de juros e demais acessórios da obrigação.

Destaca-se, nessa constituição, um aspecto probatório e outro conservatório inerentes ao protesto, conforme lição peculiar de Mário Battaglini, assim ao credor se estabelece um instrumento seguro de apresentar sua intenção e abrir espaço ao ingresso da ação voltada para a responsabilização do devedor.

Na pressuposição dessa situação, o protesto deitaria função direta na sua preocupação maior de meio probatório e de modo indireto na conservação do direito contra obrigado principal e demais integrantes da relação cambiária ou contratual.

Predomina o entendimento na dinâmica do protesto como ato que registra seus efeitos em atenção aos coobrigados solidários, num arco complexo de resultados relacionados com a satisfação do cumprimento do título ou do contrato pactuado entre os interessados, mas é salutar sublinhar que a falta de aceite pode estar fundada em motivo relevante impediente do próprio ato notarial, daí por que no procedimento falimentar o comprovante do negócio jurídico subjacente dilui dúvida e retrata a realidade permeando a obrigação.

É que, na disposição do direito de ação, antes de tudo cabe ao credor comprovar a mora do devedor que se obrigou frente a determinado valor, ou na relevância de fazer algo que resvala na finalidade do ajuste de vontades, com a demora na outorga da definitiva escritura, uma vez pago integralmente o preço da compra e venda de imóvel.

Enfatiza o ilustre jurista Werter R. Paria que "a mora do devedor é a consequência da falta de cumprimento pontual da obrigação, assim é o nexo causal que se produz automaticamente, no vencimento, consoante o art. 960 do Código Civil".

Vital ponderar que na redação atual o Código Civil se reporta à mora na definição do instituto a partir do art. 394, de tal sorte a revelar sua incidência e projetar efeitos práticos.

Bem de ver o retrato lançado no propalado artigo ao descrever o instituto da seguinte forma:

> *"Art. 394. Considera-se em mora o devedor que não efetuar o pagamento e o credor que não quiser recebê-lo no tempo, lugar e forma que a lei ou a convenção estabelecer."*

Substancialmente, a ótica morosa se apresenta dialética com perspectiva dicotômica, eis que pode tanto sublinhar o comportamento do devedor ou daquele proveniente do credor, que em ambas as hipóteses não se coadunam com os termos da previsão estipulados entre a feitura do negócio subjacente.

Obedecida a etapa natural de apresentação, conferência e o substrato que anima o protesto, tem-se que ele pode comprovar a falta de pagamento, a não aceitação do título ou a recusa na devolução, diante da conotação específica e destinada às circunstâncias motivadoras do ato, sobressaindo efeitos que denotam a situação na qual se encontra o devedor principal e todos aqueles que participaram direta ou indiretamente do ato solene.

Evidente que, na concatenação dos efeitos gerados pelo protesto formalmente em ordem, repousa a nomenclatura do título e a finalidade essencial procurada pelo credor, ou terceiro legitimado, quer de cobrança, caracterização da insolvência, vencimento antecipado das obrigações, quer de mecanismo dotado que visa o requerimento da quebra.

Primordialmente, o protesto significa o interesse, o móvel que agita o credor na exigência do valor resultante de operação preenchendo as formalidades legais, prevalecendo o norte probatório que se desdobra em outros critérios de efetividade instrumental na destinação do sentido da dívida no tempo e no espaço.

Com os olhos voltados para a nova legislação de recuperação da empresa e os valores ambicionados na formação do protesto de micro, pequenas e grandes empresas, não haverá mais simples impontualidade a configurar o estado de insolvência, a exemplo do Decreto-lei nº 7.661/1945, mais do que isso um quadro mais bem desenhado que repercuta no interesse dos credores e na relação custo-benefício adequada.

Embora a legislação societária não obrigue ao capital mínimo referente à atividade empresarial, normal destacar que é de rigor a integralização consubstanciando a limitação da responsabilidade, e uma retrospectiva que anseia visualizar o grau de segurança entre débito e patrimônio.

Corolários disso, muitos credores visam divisar o estado de característica falimentar, simplesmente para provocar reação e o imediato depósito elisivo; com a formulação de uma redação nova, cabe recuperação amiúde de cuja quebra se disciplinará o legislador excepcionalmente.

A eliminação da desbotada e muito em desuso figura da concordata preventiva, que no mais das vezes era arremedo de se incubar o deteriorado estado pré-falimentar, e sua substituição pela recuperação enseja um novo ânimo e a transparência que dirimirá dúvidas pela assembleia, com a presença do administrador e ainda na fiscalização ditada pelo comitê, tudo no precaver desatinos e eventuais fraudes.

Regra geral, dentre tantos outros, o protesto gera efeitos na abertura da falência, na cadeia entre os endossadores, na responsabilização dos avalistas, obsta aparentemente a concordata preventiva, retira dúvida quanto à validade do prazo decorrido no cumprimento daquela obrigação, de tal forma que a solenidade do ato basta por si só para conferir ao credor elemento pré-constitutivo no desenho do crédito.

Bastante assinalar que, com a disciplina da ação monitória, o protesto de título prescrito, cuja verificação descabe ao Tabelião, permite a manifestação de vontade do credor interessado na transformação daquela realidade, num denominador futuro pertinente ao crédito líquido e certo, baseado num título que se pretende obter.

Interessante questão que se pode suscitar diz respeito à prescrição do título para a finalidade específica de desnaturar a realidade do protesto, no aspecto de fazer cessar seus efeitos e poder conduzir ao desejado cancelamento.

Admita-se o caso da confecção do protesto e a perspectiva do lapso prescricional que retiraria, por si só, a executoriedade da cambial, entretanto não poderia o Cartório, fundado nesse argumento, cancelar o protesto, exceto se houvesse alguma irregularidade no procedimento do ato notarial.

Incorpora ao raciocínio, nesse diapasão, a produção de plúrimos efeitos concentrados no protesto, independentemente do alcance da prescrição, a considerar condição isolada no contexto da obrigação cambial, por não traduzir a essencialidade encerrada na sua feitura.

De fato, a prova do protesto pode servir de alegação na validade e eficácia do ato jurídico, daí por que, se o título operou a prescrição, descabe o cancelamento por tal motivo, com exceção de vício ou defeito corporificado no ato de sua lavratura.

Consequentemente, portanto, o devedor ou coobrigado não se subtrai do efeito do protesto, à míngua da experiência ditada pela prescrição, na medida em que conserva repercussão livre e autônoma, a gerar predicados desenraizados do tempo decorrido.

Nessa vertente, o protesto simboliza uma atividade pública que tem absoluta fidelidade ao título ou contrato apresentado, de modo a externar a exata posição e situação que originou aquele documento, tanto mais acertado quando na hipótese da duplicata sem aceite, ou na falta de devolução do título, e também na esfera da falência como fator determinante na retroação do termo legal, decisiva e sensatamente o formalismo não é apenas registrário, mas que compatibilize o acerto da circunstância concreta com a identificada no protesto.

Comprovando a inadimplência, preservando o regresso, sem interromper a prescrição cambial, simplesmente de conotação obrigacional, estimulado o protesto na senda de aglutinar dados levados a registro e que revelam as condições subjetivas da ação, no seu exercício e na catalogação do estado provocado pelo retardo do devedor.

Fundamental assinalar que não é a quantidade de protestos que suscitará o estado de insolvência, mas a qualidade do valor de face em sintonia com o patrimônio do devedor, pressuposto essencial no compreender a substância da concordata preventiva e da caracterização falência.

4 Títulos e documentos protestáveis

Enfeixado no aspecto da materialização da obrigação cambiária e naquela documental, surgem as hipóteses disciplinadas pelo legislador, autorizadoras do protesto, relacionadas com os títulos de crédito em geral, alcançando os contratos e instrumentos formatados nos escritos particulares ou públicos atendidos os requisitos próprios no desempenho do vínculo inserido no contexto bilateral ou unilateral dessas circunstâncias.

Regra comum que se aplica aos títulos em geral, regularmente constituídos, onde estejam presentes os pressupostos das obrigações cambiárias, na espécie e com força suficiente a amparar execução. Entretanto, pela multiplicidade desses títulos que alcançam um bom número, seria suficiente destacar os mais usados e a eficácia despontada no protesto, sob a ótica específica de sua finalidade.

Bem nesse caminho aparecem com maior frequência a duplicata mercantil, de prestação de serviços, os cheques, as notas promissórias, as letras de câmbio, as cédulas de crédito de forma geral, industrial, comercial e agrícola, documentos cambiais e cambiariformes que representam as obrigações divisadas na responsabilidade incorporada ao título legalmente nascido.

Importante assinalar que títulos em moeda estrangeira também podem ser objeto do protesto, com a tradução realizada por tradutor público, contendo os seus pontos nevrálgicos que possibilitam o registro do ato público, solene e extrajudicial, confirmatório do inadimplemento.

Entretanto, nos grandes centros que operam com dinâmica e espírito lucrativo inúmeras atividades empresariais têm demonstrado uso e maior familiaridade mediante o apontamento, instrumentalizado por causa dos boletos bancários que malgrado o conteúdo não atendem diretamente as normas referentes às duplicatas (Lei nº 5.478/1968 e Lei nº 6.458/1977), surtindo uma preocupação na correspondente adequação do título às exigências previstas no sistema.

Correlatamente, a amplitude dos títulos cambiários, cambiariformes, segue uma nova circunstância divisada pelo informalismo dos contratos eletrônicos, das transferências por cartões, inspiradas na concessão imediata do crédito, ambicionando meios distintos que servem de comprovação à identidade documental subordinada ao protesto.

Vivenciamos uma época nitidamente de desmaterialização dos títulos, passando a abordagem de um campo das operações eletrônicas, donde a percepção com o virtual e sua substanciação em termos de apresentar características da legislação.

Propriamente, existe uma obrigação e direta responsabilidade, mas não se vislumbra um aspecto da duplicata que vai perdendo sua espontânea necessidade, e deixando que novos instrumentos passem a incorporar o cotidiano das negociações, como convencionado nas milhares de operações bancárias.

Com razão, por motivos característicos das negociações e seus desdobramentos, meios eletrônicos determinam o fundamental na operação realizada, transmitidos os subsídios para as instituições financeiras, via endosso-mandato, que de seu turno encaminham aqueles documentos inadimplidos a protesto.

Dificulta-se sobremodo a investigação sobre a origem do crédito, porque na maior parte das ocorrências há um vínculo entre endossante e endossatário; baseado naquele ponto, as instituições financeiras processam magneticamente relatórios e extraem os predicados da operação, quando assumem a responsabilidade do apontamento a protesto.

Evidente que naquelas situações marcadas pela falta do aceite, ou não demonstração da entrega da mercadoria, com a prestação de serviço efetivada, cumpre à instituição financeira, para não ser responsabilizada, a fiscalização e o controle prévio, na admissão do título compondo sua carteira.

Exceção que virou praticamente regra, os boletos bancários fazem parte do longo cenário nascido a partir da necessidade de rápida negociação com os títulos, mediante a participação das instituições, empresas de faturização, de fomento e todas aquelas que lidam no setor, migrando recursos antecipados ao credor que depende daquele capital de giro para oxigenar seus negócios.

De modo parelho, todos os contratos que instrumentalizam reciprocidade obrigacional e determinam prazo de cumprimento tornam-se passíveis de protesto, mas é bastante improvável a ocorrência, haja vista a caução que serve de base mapeada por cambial.

Com efeito, as instituições que executam operações de alienação fiduciária em garantia, arrendamentos mercantis, compra e venda com reserva de domínio, e quaisquer outros tipos de negociações, sempre tomam a cautela da exigência formal de garantia que pode ser traduzida num cambial em branco, porém assinada, ou numa preenchida com os encargos da mora. Estando o título tipificado pelo seu valor em moeda estrangeira, como é normal acontecer nas operações de arrendamento mercantil, o essencial representa a tradução daquela importância para seu curso da dívida legal, em pecúnia, na diretriz do padrão monetário em vigor, a facilitar interação e possibilidade da purga ou emenda da mora.

Resvala nesse aspecto de suma relevância, na medida em que há o vencimento antecipado da obrigação, conjugado com a disciplina do Código do Consumidor, motivando um horizonte seguro em relação à dívida em aberto, visando eventual purga de mora, sob pena de incorrer numa irregularidade e suscitar maior demora na resolução do litígio.

Vivenciada a circunstância da moeda estrangeira que preside a obrigação e governa sua veiculação, a conversão pelo câmbio do dia é regra que disponibiliza os novos ares da legislação de recuperação, em torno do Código Civil, e vigorante em termos de direito cambiário.

A grita geral aconteceu no período da desvalorização da moeda, sinalizando-se a elevação pelo teto do referencial contratado, mas a polêmica questão bateu às portas da Justiça, que tratou de encontrar meio-termo na solução satisfatória aos envolvidos na operação.

Com a economia e seu cenário globalizados, a moeda passa a ter uma conotação mais singular do que o escambo, mas sim meio eficaz de giro e valoração da balança, fazendo com que boa parte da produção interna se destine ao mercado externo.

É certo que a notificação pelo Cartório de Títulos e Documentos, mediante registro, sempre pode operar seus regulares efeitos, também aqueles avisos encaminhados na mora da dívida hipotecária, entretanto, a figura do protesto evidencia desde logo a publicidade do ato que retira a mínima possibilidade de suscitar vício plausível de afetar a constituição e desenvolvimento válido do procedimento.

Com relação às obrigações de fazer, onde o principal elemento que sustenta o cumprimento bilateral das entabulações vinha redigido pelo art. 1.092, que atualmente tem seu balizamento por força do art. 476 do Código Civil em vigor, sempre que o comprador intencionar a escritura definitiva por meio do vendedor, ou buscando a tutela judicial integrativa da manifestação da vontade, será incensurável a demonstração vinculada à caracterização da mora. O instrumento do lado contrário, se manejado pelo vendedor-transmitente do domínio, virá ao seu alcance, na dimensão de, por força do protesto, se lhe permitir a rescisão contratual, haja vista a situação do inadimplemento.

Configura-se, assim, um elenco próprio relativizado pelo menor uso material das cambiais, em progressão maior dos meios eletrônicos, mas sempre ao lado daqueles documentos que signifiquem o conteúdo da prestação, podendo ainda indicar na circunstância indeterminada a maneira pela qual se estabelecerá o prazo destinado ao seu cumprimento.

Refletidamente, portanto, quaisquer títulos ou documentos que alicerçam obrigações, líquidas, certas, exigíveis, fazem parte dos indicativos instrumentalizados ao protesto, cujo exame primeiro de suas condições caberá ao Tabelião, formalizando o ato ou recusando sua feitura.

Inspirado na interpretação extensiva da legislação, quaisquer documentos e títulos, portadores de seus requisitos atestadores da liquidez e certeza, seriam protestáveis, as faturas de cartões de crédito, aquelas de prestação de serviços, os contratos de financiamento, a carta de garantia, a carta de fiança, direitos relativos às sociedades, contrato rotativo de crédito, abertura de conta, desconto bancário, cabendo atentar para a indispensável caracterização da mora e a finalidade objetiva que exterioriza o ato, porquanto eventual desvirtuamento o tornará meramente emulativo.

Entra na discussão a protestabilidade da certidão da dívida ativa (CDA), uma vez que o legislador não distinguiu entre o público e privado, tendente à configuração do título executivo extrajudicial, entretanto, diversos e significativos fatores propendem à inocuidade do procedimento referente ao ato notarial de iniciativa da Fazenda Pública, exceto na circunstância obrigatória, colimando o requerimento da quebra, haja vista descartar mão de sua garantia pela natureza preferencial do crédito titulado.

Em primeiro lugar, a despeito do caráter de pressão inerente à medida, os cadastros das Fazendas Públicas, invariavelmente, não se encontram atualizados, os dados relativos aos sócios das empresas prescindem de consulta aos órgãos responsáveis, ademais, o fator dissolução irregular é bastante comum; isso não bastasse, poderia o notário recusar o protesto do título, porque a simples inscrição goza da presunção de liquidez e certeza, frente à legitimidade do agente público? Na hipótese concreta, salvo erro palmar, a recusa seria inaceitável, mesmo porque os livros da repartição pública demonstram os dados particulares da inscrição, inadmitindo alteração exceto se houver constatação de vício a infirmar a cobrança.

De igual forma, o apresentante do título, no caso a Fazenda Pública, não estaria sujeito à regra da desistência, salvo quando fosse comprovado o pagamento pelo devedor-contribuinte, ou terceiro interessado, por causa da indisponibilidade do seu crédito, ficando obrigado ao pagamento dos emolumentos.

Conveniente destacar que o protesto da certidão da dívida ativa, além de ser completamente inócuo, porque o crédito da Fazenda recebe garantias e tem disciplina preferencial na cobrança, poderia acarretar abalo de crédito, obstar eventual requerimento na impetração da concordata preventiva (recuperação de empresa) e desestimular o titular do valor a propor a execução fiscal sempre atento ao importe exigido.

O esboço é suficiente na demonstração da repercussão negativa no tocante à empresa contribuinte da obrigação tributária, no exato significar do protesto como limite à concessão do crédito e naturalmente naquilo que diz respeito à participação em concorrências públicas e procedimentos licitatórios.

Entretanto, com a dicção do atual art. 202, IV, do Código Civil, temos que a existência do protesto desemboca na interrupção do lapso prescricional; frente à certidão da dívida ativa, tal procedimento viria ao encontro dos interesses do Fisco e lhe daria maior fôlego no encontrar patrimônio e dissuadir o devedor de expedientes malsinados visando derrear sua responsabilidade.

Cogitar-se-ia uma alternativa para a desenfreada atividade de cobrança das Fazendas Públicas, por intermédio da interrupção do protesto, mas é bom frisar que ao mesmo tempo em que converge aspecto positivo, d'outro ângulo pode asfixiar o micro e pequeno empresário e postergar sua recuperação ou inviabilizar a empresa.

Ademais, correria a Fazenda ainda o risco no aspecto formal da obrigação, sua independência, qualidade e quantidade implicando valor de face que disponibilizasse a característica de viabilizar a cobrança e não simplesmente aguçar o espírito de constranger o próprio contribuinte.

Clareia-se o raciocínio quando se apresenta um acordo entre as partes descumprido, e no priorizar atenção é que a Fazenda desenvolve sua linha de conduta preconizado o protesto do saldo em nítida situação desvantajosa ao devedor, diante da carga decorrente do reflexo haurido.

Nas hipóteses dos acordos entabulados entre a Fazenda e o contribuinte, independentemente do prazo de duração e validade, o descumprimento ao plano do Refis poderia suscitar a tônica do protesto, mormente quando espelhado na via administrativa.

De fato, caracterizaria a mora do devedor-contribuinte, imporia o vencimento antecipado da obrigação e espelharia a possibilidade de cobrar as garantias em procedimento judicial próprio.

O escrito particular que seria submetido ao protesto, portanto, seria aquele da confissão da dívida e faria a Fazenda titular o saldo do crédito; com esse mecanismo integraria a mora e interpretaria posição favorável à exigibilidade da obrigação, desmotivando o contribuinte de prejudicar a sua efetividade.

Concretamente, na dinâmica de a empresa ter dissolução irregular ou sumir com a garantia, o protesto imporia conhecimento de terceiros e abriria campo fértil à responsabilidade dos sócios ilimitadamente.

A partir dessa premissa, as empresas que tiverem acordos protestados ficariam, em tese, inibidas de novos planos e sofreriam percalços nas suas atividades, enquanto não renegociassem as dívidas.

Muito embora as comunas e muitos Estados da Federação vivam expectativas sufocadas pela Lei de Responsabilidade Fiscal, acertadamente a visão do conjunto é de molde a manter um traço interligando as partes, tanto no perfil da renegociação, como do Refis, e notadamente na oferta de garantias ao Fisco.

Natural frisar que muitas comunas têm dificuldades de arrecadar seus tributos, donde isso se relaciona à falta de cadastro atualizado, poder de fiscalização ou conteúdo da obrigação tributária, mas vaticinar propriamente o protesto sem consequência harmônica sinaliza indefectível ausência de bom-senso.

Além disso, a regra da competência atrelada ao procedimento fiscal experimentaria uma mutação, no predicado da eventual consecução da sustação, de tal sorte a incidir na tessitura que desemboca no dimensionar concretamente a situação crédito-débito.

Com propósito, feito o endereçamento do documento a protesto, viria a sua sustação, consequentemente, dentro de 30 dias; o interessado ficaria obrigado a propor ação anulatória, consignatória, ou mandamental, a fim de preservar os efeitos da ordem liminar, a representar ponto relevante no deslocamento da discussão da dívida ativa dos juízos das execuções, para as Varas das Fazendas Públicas.

Correlatamente, a infraestrutura das Fazendas Públicas derruiria toda e qualquer possibilidade de dar vazão aos feitos propostos pelos contribuintes, os quais sustaram inicialmente o protesto e necessitam da contenda de fundo, na demonstração da inexistência do crédito ou de valor inferior ao exigido, expondo o contribuinte a exacerbada pressão e inevitável abuso de direito, e nas grandes cidades, os cartórios ficariam abarrotados de documentos dessa espécie, transformando a execução num procedimento administrativo de cobrança.

Por todos esses aspectos negativos, ponderamos que o protesto da certidão da dívida ativa somente prevalecerá se for de natureza obrigatória, destinado ao requerimento da falência, ou insolvência do devedor contribuinte, inserido no pressuposto da ação, uma vez que o meramente facultativo se afigura definitivamente um *non-sense*.

5 Extensão e espécies de protesto

Destinado a servir de prova na configuração do inadimplemento, termômetro das relações assumidas entre as partes, e a sujeição do devedor ao interesse expresso do credor, na sua variante formal, o protesto não se limita ao preceito que reside na obrigação descumprida, podendo dessa forma refletir extensão intrínseca e de natureza que refoge dos limites concentrados naquele ato solene.

De fato, quando a cadeia de assunção da obrigação confirma a presença de inúmeros obrigados de tal forma a sugerir o regresso, inelimináry que o protesto tirado atingirá a todos, sem as restrições ou limitações prescricionais ou de caducidade.

E, quando se aborda o aspecto fundamental dos elementos associados na relação do protesto, indesmentível dizer que se toca de perto na figura proveniente do tipo traduzido no ato solene, ou seja, a forma indispensável ou não imbuída na prática do apontamento.

Bem interessante demonstrar que na subordinação cambial ou cambiariforme, e também naquela contratual, com garantia ditada pela fiança, todos os obrigados estão internamente vinculados ao protesto, não podendo se beneficiar da regra da exceção para caracterizar lapso prescricional ou prejudicial que ataque a substância da obrigação.

Nada obsta contudo que o protesto seja específico e se dirija tão somente contra os garantes na expectativa da eventual execução, tanto pelo interesse do credor ou impossibilidade jurídica observada. Nessa perspectiva, admite-se que o devedor principal tenha declarada sua falência, cabendo ao credor concorrer com os demais interessados na quebra (*par condicio creditorum*), porém, dotado de garantias próprias das cambiais emitidas, não está impedido de exigir a dívida daqueles solidariamente responsáveis, quer pelo endosso, aval, ou forma de mostrar a liquidez dos garantes subordinados à vontade do titular do crédito.

Inseparável mencionar que o protesto também desloca seus efeitos para a realidade que supera o mecanismo instrumental da obrigação, ou seja, aqueles que foram marcados pelo ato sofrerão em maior ou menor grau restrições de crédito, impedimentos nas contratações ou a inserção no sistema protetivo do crédito.

E nesse ponto reside uma das mais dificultosas circunstâncias apegadas ao resultado negativo que o protesto transmite, vez que as informações são dispostas interligadas e, com a velocidade que ganham, rapidamente o fato desabonador fará parte do banco de dados e as limitações poderão começar pela cessação do crédito a prazo, não liberação de cartões, cheques e documentos bancários e quaisquer elementos que coloquem sob suspeita aquele que continua com o nome evidenciado no sistema.

Encontramos na legislação comparada dois momentos particularizados em relação à sistemática do protesto, assim, no cenário internacional surgem países que tornam dispensável sua feitura, mas outros que focalizam sua obrigatoriedade. No primeiro grupo encontramos os anglo-saxões, onde a Inglaterra apenas configura exigência nos casos de títulos estrangeiros, mas os aderentes à Lei uniforme de Genebra dispuseram diferentemente; a exemplo dos Estados Unidos, onde vigora o cunho necessário do protesto (*notice of dishonouri*), ainda se mesclam os não filiados, porém é certo que muitos deles, como Alemanha, França, Grécia, Portugal, Suíça, e o próprio Brasil, sinalizam a importância fundamental do ato solene.

Dicotomicamente, o protesto seria facultativo ou obrigatório propriamente dito; assim acontece para se preparar uma situação primária que desencadeará outra subsequente, visando preencher quadro definido sobre o estado patrimonial do devedor ou dos devedores solidários.

A protestabilidade incorporada aos títulos cambiais de forma igual se desenvolve no tocante aos contratos, bipolarizada a situação entre obrigações de dar ou fazer, por tal sequência, dentro da razoabilidade que dirige a prática do ato, o credor não terá necessidade de protestar a promissória, letra de câmbio, cheque, para efeito de simples execução singular, contudo, será exigida a providência, na falta de aceite, antes do vencimento, ou na radiografia essencialmente falimentar.

Oportuno ponderar ainda a presença do protesto especial, cuidada pelo art. 10 da Lei Falimentar, Decreto-lei nº 7.661/1945, conservado na recuperação de empresa, cuja conotação é um pouco distinta, para exprimir liquidez e certeza obrigacionais, mediante exame de livros e documentos que fotografem a operação entre as partes, sujeito à homologação, porém com menor importância frente ao procedimento monitório, que teria o condão de estabelecer as premissas adjetivando a efetiva força do negócio jurídico subjacente, comprovando sua existência e todos os aspectos formais.

É bem verdade que a disciplina da recuperação e o estado falimentar, no que concerne ao protesto especial, sem conter detalhes, apenas desenha a existência dos títulos judiciais ou extras regularmente protestados.

Válido afirmar que tem sido na prática muito raro o protesto especial, a comprovar a negociação e os elementos necessários à flexibilização do crédito líquido e certo, na substituição por outros subsídios com a mesma especificidade.

O caráter facultativo ou obrigatório do protesto se define a partir da concatenação da relação jurídica com o bem objeto de proteção na iniciativa compulsória pelo inadimplemento, nunca em atenção ao Tabelião, que após a apresentação somente teria sujeição, exceto nas hipóteses de desistência ou não conjugação dos subsídios indispensáveis ao protesto.

O protesto ficaria dispensado naquelas circunstâncias, pela convenção entre as partes, ou por força maior, quando houver perda, extravio do título, legitimamente constituído. De se observar que o desapossamento dos títulos, notadamente dos cheques, não gera a possibilidade fincada no protesto, fato que aprimora a defesa do lesado e impede má-fé na pressão psicológica de pagar obrigação sem origem.

Simbiose dessa moldura, o protesto sempre terá a força probatória indispensável e resguardará a situação do credor, quando pretender comprovar fraude, ou tiver dificuldades na localização do devedor, ou patrimônio que satisfaça a obrigação livremente assumida.

Esquadrinhada essa anatomia do protesto como forma de configurar uma das características que envolvem a relação negocial, própria da compra e venda mercantil, ou reflexo da mora, urge destacar que a posição do terceiro legitimado ao protesto denota uma segurança no resguardo de futura demanda.

Com efeito, a instituição financeira ou empresa de faturização, dispondo do crédito antecipadamente, e não simplesmente autorizada a cobrança, desponta na qualidade de exigir a obrigação em todas as suas percepções, mas não se pode impedir o livre acesso à consequência do ato lavrado.

Exterioriza o modo de sentir uma realidade palpável de haver um exame prévio do negócio jurídico subjacente, na transferência do crédito a terceiro, expondo as características, exibindo a operação, identificando seu requisito.

O deslocamento, por si só, da regra matriz que originou o crédito tem reflexo na exceção pessoal cambial, mas não implica a análise centrada no objeto ditado pela exigibilidade, resvalando na capacidade e legitimidade sob o ângulo de conteúdo formal do título.

De fato, presente a cartularidade que timbra a operação, é forçoso reconhecer o prévio examinar das condições submetidas à concretude da natureza do crédito, coisa que fica bem mais difícil na sujeição ao meio eletrônico.

É cediço e a legislação em vigor disciplina poder o Tabelionato de Protesto realizar o ato por meio magnético ou de gravação eletrônica de dados, sem a imprescindibilidade física do título e sua respectiva apresentação ao sacado.

Emerge a circunstância apontada na dicção redacional do art. 8º, parágrafo único, da Lei nº 9.427/1997, de tal validade a se equiparar à metodologia que vem substituindo aquela tradicional, por sua velocidade, redução de custo, informalidade e, naturalmente, o encurtamento da distância.

Convergente a função da modernidade na confecção e apontamento do título real ou virtual ao protesto, compete o exame formal e das condições nele descritas, a fim de exteriorizar uma técnica adaptada às exigências no seguir uma visão coerente com a eficácia da obrigação.

Flexibilizada a natureza destinada à composição do título, na rotina do apontamento, cercado de cautelas o responsável, tanto na prevenção, como numa eventual futura ação de responsabilização percorrendo o caminho de reparar o dano.

Conveniente assinalar que na hipótese de endosso-mandato, simples desconto, operação de faturização, as relações subjacentes têm conotação vinculante, significando a necessidade do formalismo quanto ao exame dos pressupostos do título, que delimita o preenchimento, as circunstâncias do saque e o emblemático campo da responsabilidade.

O procedimento se endereça ao Tabelionato que fará a triagem, elaborará sua modelagem e imporá esclarecimento, na circunstância de ausência de pressuposto ou dúvida na confecção do ato notarial.

A dificuldade maior se coaduna com as concessionárias prestadoras do serviço, na técnica da incidência de relação de consumo, e o prévio conhecimento do consumidor sobre a negativação pelo eventual protesto a ser lavrado.

2

O Ato do Protesto e sua Formalização

> **SUMÁRIO:** 1. Apresentação dos títulos e documentos. 2. Formas de intimação dos devedores. 3. Prazo de efetivação do protesto. 4. Local e destinatário do protesto. 5. O pagamento e a lavratura do protesto.

1 Apresentação dos títulos e documentos

O procedimento que pressupõe o interesse do credor na formalização do protesto e suas consequências sedimenta uma etapa que vai desde a apresentação do título ou documento que o caracteriza, o respectivo exame, seguido da convocação do devedor para saldar a obrigação, consoante tonifica a Lei nº 9.492, de 10 de setembro de 1997.

Normas e provimentos baixados pelas Corregedorias de Justiça que exercem funções correicionais nos Tabelionatos objetivam simplificar a compreensão e dotar o procedimento de maior transparência, evitando que títulos simulados, duplicatas frias, cheques furtados ou roubados possam ganhar o mesmo caminho semelhante aos que divisam as obrigações regulares e legitimamente ancoradas naquelas operações combinadas entre os interessados.

É certo que a teoria da incorporação e materialização dos documentos vai perdendo seu espaço e gradual importância, diante da cibernética e dos arroubos da informatização, tanto é verdade que a respectiva legislação mencionada, no seu art. 8º, parágrafo único, buscou denotar o meio magnético ou de gravação eletrônica como aceitáveis nas informações passadas ao encarregado do protesto.

Cumpre ao Tabelião, diante da apresentação do título ou do documento levado ao seu exame, ferir o aspecto formal, sem ingressar na caducidade ou na prescrição, e qualquer vício encontrado servirá de obstáculo à formalização do protesto, tudo dentro da esfera de competência admitida pertinente à praça de pagamento ou vencimento da obrigação inadimplida.

Os subsídios que chegam a Cartório são encaminhados pelo apresentante e na distribuição recebe um determinado protocolo que obedece a ordem sequencial, de acordo com a entrada que é feita durante o horário de funcionamento, de no mínimo seis horas diárias.

A razão de ser da competência do protesto é fundamental para atribuir o idêntico efeito no momento do ingresso de qualquer ação, visando a declaração de sua invalidade, nulidade, inexistência, ou que ataque o ato notarial desprovido de mínimo suporte autorizador.

O exame dos requisitos formais será feito dentro do prazo conferido ao Tabelião, que poderá rejeitar o ato, ou materializá-lo na certeza plena do preenchimento dos pressupostos da legalidade obrigacional.

Efetivamente, as práticas comerciais, somadas aos usos e costumes, delimitam situações próprias das atividades empresariais, a ponto de gerar aparente contradição, isto é, a compra e venda mercantil representada pela duplicata sem aceite num valor determinado passa por novação, gerando, apesar do seu perfil *pro solvendo*, uma prorrogação do prazo de liquidação daquela obrigação, também em relação à prestação de serviços, sem a presença do contrato escrito, cuja prova somente ocorrerá no campo que discute a validade do saque.

Indispensável considerar que muitas vezes o título pode ser caracterizado como *pro soluto* ou *pro solvendo*, daí por que aquela dicotomia da obrigação e seu intervalo calcado no âmbito da obtenção de garantia pelo todo da responsabilidade.

Dessa forma, o protesto deve obedecer a pura e simplesmente o saldo credor em aberto, fazendo o responsável constar o valor e aquilo recebido, sob pena de se configurar abuso e o excesso indevido daquela importância.

Em casos de quebra, é indissociável a imagem entre a obrigação e o saldo credor, na medida em que descortina horizonte adstrito à natureza da liquidez e certeza e a falha poderá não ensejar emenda e participar da carência do procedimento de quebra.

Bem por tal questão, a análise formal não é simplesmente quanto aos pressupostos que formam a obrigação cambial ou cambiariforme, mas sobre a existência do negócio jurídico subjacente e o reflexo daquele título no contexto das relações celebradas entre as partes; isto pode significar uma incursão pelo campo contratual, mas é apenas uma salvaguarda, porque sabemos que, por intermédio de singelo protesto daquele que exerce atividade empresarial, municia-se o credor ao requerimento de sua quebra.

Na submissão dos informes básicos e essenciais à lavratura do protesto, cabe ao credor subsidiar com os aspectos fundamentais, tanto da pessoa jurídica, como da pessoa física, de forma a contribuir para que possa o interessado ter o conhecimento que muitas vezes é subtraído pela convocação feita por edital.

Nessa linha de raciocínio, e também para evitar a homonímia e maior transparência possível ao ato formal e solene, a identificação passa sob o crivo da conferência feita pelo Tabelionato, que, suscitando eventual irregularidade, poderá ser questionado na via judicial, dirigido ao Juízo corregedor daquele cartório.

É indesmentível que o aumento da inadimplência provocado pela dificuldade no acesso ao crédito, nas situações conjunturais da economia, e pelo uso irrefreado de cartões e crediário específicos de médio e longo prazo, tudo englobado plasmou uma visão de arregimentação do número de protestos, sem que houvesse controle e análise para que o abuso não vingasse.

O instrumento da lavratura do protesto não pode perder a seriedade e seu significado, transmudando-se numa percepção menor de prejudicar e impossibilitar o devedor de acesso a qualquer meio de crédito; dentro desse prisma de visão o ato solene não traz uma presunção absoluta daquela realidade, e tudo provoca o aumento simultâneo das sustações dispostas nas cautelares inominadas e na hipótese do insucesso temporal de barrar o ato, na tentativa do cancelamento, independentemente do pagamento.

Exato nesse realce, sem sombra de dúvida, na feitura do protesto, feita a análise da circunstância, fundamental constar o conjunto seguro de dados a permitir uma observação detalhada, na hipótese da legitimidade, da cessão do crédito, da origem, tonificando obrigação contratual ou cambial, no aspecto de colimar o maior número de subsídios voltados para definição do ato notarial.

Dessa particularidade desponta, portanto, incontroverso, o conhecimento das características que enfocam o desaguar de consequências no meio procedimental veiculado, nascendo o questionamento em torno dessa realidade.

Esclarecendo amiúde o contexto, se aquele documento é incapaz de refletir a situação de realidade, pode o protesto, por si só, encerrar uma variante contendo vício, cuja eficácia se discute, em nível de não ocorrer sua convalidação.

Naturalmente, todo aquele que fornecer informação não correspondente à realidade, no só intuito de borrar a imagem do devedor e prejudicá-lo, ficará sujeito à reparação integral das perdas e danos, sem pôr óbice às consequências nas esferas administrativas e penais que a mácula por si só traz para efeito de dissabor.

Particularmente, naquelas ocasiões onde indústria e comércio são diretamente atingidos pelos efeitos da crise, nascem títulos sacados, no mínimo suspeitos, com intuito de fazer caixa, conseguir crédito e ilaquear a boa-fé de terceiros, donde a responsabilidade do apresentante é de índole objetiva e aquela do Tabelião, de conotação subjetiva, nada obstando que ambos respondam se ficar caracterizado comportamento lesivo aos interesses tutelados.

2 Formas de intimação dos devedores

Estando formalmente em termos e percorrido o exame normal do título, sem jaça, disso decorre a inevitabilidade relativa à intimação do devedor e das pessoas que fazem parte da relação jurídica cambial ou contratual, visando pagamento e, na falta, decorrido o prazo respectivo, fomenta-se a tirada do protesto.

Quando originário de pessoa física o título sujeito ao apontamento, consequentemente a ela se destina a intimação, propiciando o exato conhecimento acerca daquela realidade, haja vista expedição do documento com o respectivo comprovante de sua entrega, sempre na direção de localizar o responsável emitente da cambial, ou aquele assumindo a posição contratual inadimplida.

Entretanto, formatado o aspecto que giza a obrigação disciplinando a pessoa jurídica, na qualidade de responsável, assimila-se o princípio segundo o qual o endereçamento deveria tomar como referencial os exercentes da gerência ou do poder diretivo da empresa, mas é certo que pela aparência de representação se afigura essencial que o emitente do título ou responsável contratual receba a comunicação do Cartório.

Obtempere-se, por seu turno, que o domicílio do devedor deverá situar o território onde se localiza o cartório incumbido do protesto, porque naquelas cambiais de instituições financeiras, ou preenchidas em branco, além do foro de eleição, há uma circunstância de predomínio do poder econômico, onde se constata o apontamento fora da área na qual reside o principal interessado no cumprimento da obrigação, fato que mereceria melhor atenção e consequente revisão, porque o protesto sempre irradia efeitos para quaisquer locais, haja vista a rede de informação que propaga o informe.

Impende dissecar a possibilidade da intimação pessoal, por intermédio da pessoa destacada pelo Tabelião, ou na forma de carta feita e comprovada a entrega e na hipótese derradeira no edital que supre a não localização ou a recusa injustificada.

Todos os dados referentes ao título, ao contrato, ou documento que se reporta ao apontamento, constarão da notificação, visando aclarar os pontos essenciais, desenvolvendo razoável padrão no conhecimento da dívida e daqueles consectários exigidos; de modo diverso, o ato se ressentirá de falha inescusável que causará eiva insanável, repercutindo no seu caráter, timbrando o não aperfeiçoamento do próprio comunicado.

Identificados todos os matizes obrigacionais e suas peculiaridades, tendo sido recebida a notificação remetida, fluirá o prazo destinado ao pagamento ou alegação de qualquer situação impediente, sem contudo um contraditório formalmente admissível.

Somente o exaurimento desse mecanismo ditado pela pessoal intimação, frustrado o seu objetivo, permitirá o cogitar daquela por intermédio do edital que será afixado nas dependências da repartição.

Bem de se notar que a intimação será perfeita e acabada quando destinada ao endereço fornecido pelo apresentante, não havendo um compromisso formal no sentido da recepção em mãos do devedor principal; de maneira precisa se ressente de eventual equívoco, mais fortemente quando se tratar de condomínio, ou habitação coletiva, donde não se pode extrair a certeza da entrega direta à pessoa indicada.

De fato, o protesto é ato solene e inelinimável para efeito da caracterização do estado de insolvência, tanto que o legislador cerca de cautelas o encaminhamento buscando conhecimento do representante legal, exigindo um típico formalismo ligado à natureza e consequência prática objetivadas.

Faz-se comum nos pedidos de quebra o credor juntar uma pluralidade de protestos, muitos dos quais se ligam aos parcelamentos das obrigações, sem ânimo de novar, porém, é fundamental o envio e comprovação da remessa ao destinatário.

Como ato pré-processual, mas de eficácia procedimental, o protesto para fins falimentares exige maior cautela na segurança que se coaduna com o localizar do destinatário, sendo que a feitura por edital, embora válida, sempre deixa estabelecida dúvida a respeito da empresa e o exercício regular da atividade.

Os subsídios que se incorporam à intimação contêm, além dos valores, a respectiva anotação tangente à liquidação da obrigação por meio de cheque visado ou administrativo, sendo da mesma praça, além dos emolumentos, que serão pagos separadamente, tudo subordinado à compensação da cambial.

Enumera-se, outrossim, conter a intimação o título, suas características de forma e fundo, nome do apresentante, endereço do tabelionato, a causa geradora do apontamento, na linha de compreensão de se tratar de protesto por falta de aceite, de não pagamento, para que possa o devedor ter todos os instrumentos que justifiquem atitude adotada.

Deriva do insucesso da pessoal intimação do devedor e signatários da obrigação cambial ou contratual a respectiva iniciativa revestida do edital que deverá atender aos requisitos mínimos, na dicção de conter os dados presentes e ainda ter sua publicação pela imprensa.

Dinamicamente, fica dispensada a intimação do sacado ou do aceitante, na hipótese de terem eles declarado no título a recusa do aceite ou do pagamento, bem ainda naquela situação da falência do aceitante.

Essas diretrizes resvalam num plano segundo o qual os devedores solidários se livram do protesto formalmente tirado, *si et in quantum* não for dada oportunidade acenada na direção do principal obrigado, donde a cláusula inscrita veda que os nomes constem do ato, sob pena de responsabilidade pelo cometimento da irregularidade praticada.

Improsperável dar vazão ao infindável número de casos onde a feitura do edital, ao invés de ser aplicada excepcionalmente, na previsão de exceção, passa a ser disciplinada como usos e costumes, sem a necessária isonomia entre as partes, mesmo porque a maioria dos devedores não tem acesso ao órgão de imprensa que veicula a notícia relativamente ao apontamento.

Nesse diapasão, caminha a jurisprudência entendendo ser nula a intimação por meio de edital, quando nenhuma tentativa se fez para efeito de localização do devedor dentro da área territorial em que se perfez o respectivo ato.

Com inteira propriedade, colaciona-se decisão emanada do 2º Tribunal de Alçada Civil de São Paulo, cuja ementa vaza os seguintes aspectos:

> "*É inválida a intimação do protesto por edital, se o devedor é conhecido e domiciliado dentro da 'competência territorial do tabelionato', tem endereço conhecido, indicado pelo credor e constante do contrato, e nenhuma tentativa de localização foi efetivada*" (Ap. Rev. 576.984.000, 6ª Câmara, j. 28.6.2000, rel. juiz Souza Moreira).

Bem nessa visão a respeito do tema, toda a cadeia componente do título ou respectivo documento comporta elucidação, antes da forma seguida no edital, sob pena de ser inócua.

E nem se diga que o endosso-mandato elimina a responsabilidade do sacador nessa vertente, porquanto ambos ficam vinculados à tipicidade da obrigação líquida e certa, e, mais usualmente, uma vez feito o pagamento ao credor e não comunicada a ocorrência à instituição-endossatária, estaremos diante da exclusão de responsabilidade do banco, que poderá exigir reparação do titular do crédito liquidado.

Abstraindo-se do modelo invocado uma fenomenologia característica, a consumação da intimação deve ser presidida de sua essencialidade, qual seja, atingir perfeita e integral informação ao devedor da obrigação, porque o prazo tem sua contagem ininterrupta, e, constatada a falha, cuja dúvida é relevante, o próprio protesto se ressentirá de inexpungível defeito.

Havendo a recusa na devolução do título apresentado para efeito de aceite, outro com as mesmas características será sacado, na figura da triplicata, operacionalizando a feitura regular da apresentação na perspectiva de validar o apontamento.

As triplicatas sacadas precisam vir alojadas na necessidade e no vínculo com a origem, para justificar e caracterizar o crédito.

De fato, assistimos a pluralidade de saques de triplicatas sem plausibilidade e ao mesmo tempo a presença de duplicatas, mas cabe ao credor dizer sobre as duplicatas originais e quais instrumentos foram adotados na disciplina do saque, principalmente quando se cuida de instrumento destinado à quebra do devedor.

A negociação dos títulos anteriores, a exemplo das duplicatas, e a retenção pelas instituições ou empresas de fomento ao crédito, por si sós, não legitimam a predisposição dos saques de triplicatas, exceto se imprescindível ao exercício do direito autônomo ou de regresso.

Em linha de pensar, portanto, o saque da triplicata conjuga a singular posição de harmonizar o crédito com a duplicata anteriormente sacada, mas dentro do contexto de privilegiar restrição à circulação, com os dados que fortalecem a espécie da relação entre o divisar do negócio subjacente e a obrigação reencontrada.

Matéria de primordial atenção se relaciona à dissolução irregular da empresa devedora, transferindo patrimônio e a consequente não localização pessoal na intimação contra ela efetivada; somente a depuração da espécie permitirá a confecção do edital, demonstrando o suporte de sua concatenação.

Nada indica esse presumir se a empresa devedora tem sede em local distinto, ou filiais que não foram sequer objeto da situação de intimação, assim o exaurimento ditado pelo legislador não é virtual, mas prático e de efeitos diretos na validade e eficácia ostentada naquela articulação.

Justamente pensando nessa dimensão e no horizonte referenciado, cabe ao credor destacar os elementos que fazem parte da sua certeza, com o propósito de não ocultar ou forjar situação irreal, somente para prejudicar devedor ou lesar terceiros que se colocam coadjuvantes da obrigação.

Os atos inerentes às intimações poderão ser descentralizados pelos cartórios, cujos emolumentos e demais despesas são tabeladas pelos órgãos que exercem o controle e a fiscalização direta, muito embora o deslize naquele caso concreto não desvirtue a responsabilidade direta do Tabelião que contratou o serviço para a facilitação de encontrar o devedor.

As denominadas empresas de assessoria cumprem o papel de instrumentalizar a comunicação do apontamento entre o Cartório e o devedor constante da cambial, ficando credenciadas para retirada do material, mas qualquer inobservância de regras e princípios poderá abrir campo ao regresso do cartório contra aquela entidade que não se houve com cautela e zelo suficientes no cumprimento de suas funções.

Cumpre mencionar que os vários atos passam por registros internos, ou por meio de metodologia eletrônica, de calibre a resultar no encadeamento de todas as etapas, no aprimoramento formal do conhecimento, até o atingimento da lavratura do protesto, que ficará assentado enquanto perdurarem seus efeitos, deixando a relativa presunção quanto ao inadimplemento que ele próprio simboliza.

Com a modernidade dos meios tecnológicos, o uso de aparelho de *"fac-simile"*, de mensagem codificada, ou remessa via Internet conceitualmente aceita, e sem óbice legal, perpassa a distância que se mostra preocupante nos grandes centros urbanos, aliada à vicissitude do deslocamento, razão pela qual não há como descartar medidas racionais a propósito do ato notarial.

Bem se observa, no assunto disciplinado, que a remessa deve estar acompanhada de alguns requisitos formais; isso não impede, a rigor, que o Tabelionato exerça o poder de polícia e repasse todas as informações diretamente ao devedor e obrigados principais.

Demais, a impressão do texto ou comprovação de sua efetividade, por causa do encaminhamento, reduz a crítica da incerteza e faz gerar no espírito do exame de cada caso concreto um encadeamento lógico sem prejuízo que possa desconfigurar o ato notarial lavrado.

Dentro do âmbito da revolução tecnológica, chega-se o tempo de adaptação e constante inovação, assim cabe aos Cartórios o necessário investimento, cercado de cautelas, para erradicar formalismos e burocracias destoantes da evolução desse prisma de visão.

Natural ponderar a respeito que a sintonia permitida com o respaldo da tecnologia acende uma visão mais específica, sem dificuldades no percurso e nutrida por meio de pontos relevantes, os quais se desencadeiam em prol da informação segura.

Com o aumento considerável da inadimplência, cercado pela crise avantajada e pela restrição ao crédito, tem sido acentuada a forma de intimação por meio da imprensa, em jornais específicos, quando da não localização do devedor ou representante, hipótese que seria excepcional, mas que agudiza o deslocamento e localização dos inadimplentes.

Ademais, em tais situações muito pode acontecer de ser tirado fora do prazo o protesto, devendo assim ser timbrado no certificar, e se possível à causa que justifique o descumprimento do tempo hábil, a importância não é de conotação estrita, mas desencadeia efetivo relevo no encadeamento das obrigações cambiárias.

Contempla a rotinização do apontamento também um aspecto de se buscar o acesso pelos terminais centralizados e a informação no simples consultar da página pela Internet, e não se localiza dificuldade que a partir desse meio o pagamento se faça eletronicamente, sem obrigatoriedade do comparecimento pessoal a Cartório.

3 Prazo de efetivação do protesto

Tangente ao momento de apresentação dos documentos, ou títulos que se incorporam na situação do crédito exteriorizado, suscita o elemento formal de sua conferência, a contagem do prazo necessário ao pagamento ou a concretização do ato solene e formal, gerando efeitos probatórios.

Excluído o cômputo da protocolização e incluído aquele do vencimento, durante o prazo de três dias se abrirá o curso do lapso voltado para a confirmação do protesto, mas se a intimação acontecer no último dia, por causa de força maior, o ato somente será determinado no primeiro dia útil subsequente.

Conveniente assinalar que o trídio legal é aquele referente aos dias úteis, descartando-se o feriado bancário ou quando não houver funcionamento normal e regular do expediente, motivando impedimento que possa abalar a fluência livre e desembaraçada.

Denomina-se dia da graça aquele concedido para que se efetive o protesto no dia seguinte ao do vencimento apontado no título, a consagrar um intervalo suficiente para a comprovação de eventual pagamento ou recebimento da ordem judicial de sustação.

Particularmente apertado e exíguo o prazo concedido, substancialmente se constatada a sua fluência não da intimação, mas sim a começar do dia seguinte ao protocolo formalizado, havendo uma aparente contradição, num conflito de normas, entre o art. 12 e o art. 13 do diploma normativo, Lei nº 9.492, de 10 de setembro de 1997, haja vista a possibilidade de pagamento, de medida judicial para obstar a tirada do protesto, ou a invocação de nulidade que atinja frontalmente o ato perseguido.

Certo, portanto, seria que o prazo somente fluísse a partir da intimação validamente efetuada, conciliando aquele entrechoque normativo, tanto quanto pela possibilidade sempre presente de sua concretização no último dia, e mesmo de modo ficto, por instrumentalizado no edital.

Sempre que exceder o prazo legal, competirá ao Tabelião esclarecer o motivo pelo qual houve o retardo, constando do instrumento, quer pela dificuldade de localização, pela demora na conferência, excesso de serviço ou fato relevante que possa descaracterizar a sua responsabilidade.

Dir-se-ia que o trídio estabelecido estaria consonante o prazo tendente à compensação da cambial que externaria o pagamento da obrigação que objetiva o protesto, mas podem emergir supervenientes situações que refletem na inadmissibilidade do protesto, como a desistência, a justificação de pagamento e apresentação do recibo, a falta de contato com o apresentante e aspectos que envolvem a prática materializando o ato probatório.

É uma situação bem delicada na qual se desenha o papel do Tabelião, se protesta imotivadamente fica responsável; caso contrário, se houver omissão, igualmente a ele se lhe imputa culpa, passível de indenização.

Cogitamos a hipótese na qual o título exigido e apontado para efeito de protesto tenha sido preenchido muito tempo pretérito, sobressaindo desatualizado o endereço do devedor responsável, cuja indevida intimação por edital poderá não simplesmente macular o ato, mas formatar interesse na responsabilização daquele que não se cercou das cautelas básicas, mormente se for pessoa jurídica e tiver divulgado o fato por intermédio de amplo e farto comunicado, no intuito de demonstrar sua boa-fé.

Dentro desse ponto de vista, o prazo destinado à efetivação do protesto se afigura escasso; isso também se demonstra, porquanto concedida ordem liminar visando sustar sua realização e chega ao cartório quando acontecido o ato, não havendo caminho distinto, exceto para eliminação da divulgação.

A dualidade entronizada na contagem do prazo a partir da intimação feita no último dia e ainda do dia seguinte do protocolo efetivo melhor divisaria a espécie se concatenada com a posição do conhecimento que decorreria a geração dos efeitos jurídicos, razão pela qual entre o açodamento e a perquirição na prática do ato a inclinação é logicamente pela situação última, espelhando certeza e confiabilidade na sua concretização.

Ganha corpo em razão do limite temporal mínimo fixado pelo legislador a possibilidade de ser instrumentalizada a intimação por meio eletrônico, mediante *fac-simile*, transmissão de dados destinados ao conhecimento do devedor, singularmente pessoa jurídica, porque dessa forma o conhecimento seria imediato e as providências reflexos das circunstâncias do acontecimento desabonador.

Havendo regulamentação da transmissão da ordem liminar que susta o protesto, por intermédio de *fac-simile*, não se concebe nos principais centros urbanos possa ser disciplinada a intimação de forma célere eficiente, preenchendo lacuna que descurou o legislador, sem falar na privacidade, que permanecerá incólume, porquanto a publicização do edital responde por efeitos indesejados.

Rearranjar modelos e circunstâncias que desafiam o avanço técnico e científico, no padrão dos atos e fatos que têm relevo na instrumentalização do protesto, sem dificultar a correspondente remessa do informe com os elementos que fazem parte do apontamento, tudo isso sumariado indica uma ortodoxia refratária ao contingenciamento contemporâneo, exprimindo despesas e custos desnecessários.

Forçoso reconhecer nessa dicotomia encampada pelo legislador uma diversidade que em nada contribui para o aperfeiçoamento do protesto, diante do cômputo entre o *dies a quo* e o *dies ad quem*, com eventual prejuízo e dano a resvalar na órbita do crédito e do abalo, sem desconsiderar ainda a manifestação que sinaliza o fundamento do não pagamento.

Exatamente nesse quadro, muitas vezes o pagamento surge apenas para impedir o protesto, sem existir a obrigação, com os receios e maledicências que o ato solene traria negativamente para o interessado.

Relevante dissecar que a competência para efeito de protesto se posiciona em relação à obrigação e seu cumprimento, nada, porém, veicula em termos de regra processual o mesmo pensar, uma vez que na Capital de São Paulo, os Cartórios de Protesto se localizam sob a jurisdição do Foro Central, mas as demandas propostas não o vinculam, cabendo sincronizar o ditame da descentralização aplicável aos Foros Regionais, na temática dos 500 salários-mínimos, dentro dos limites de suas respectivas disciplinas.

Evidente, portanto, a feitura do protesto é um dado de exponencial importância, porém no principal alvo da questão processual, não necessariamente, na Capital de São Paulo, terá o Foro Central para si a regra de competência, eis que o domicílio do protesto não determina por consequência sua vinculação.

Pretende-se com isso significar uma valoração das empresas e partes envolvidas no ato, de tal modo a propiciar uma dinâmica que parta da obrigação cambial, visualize o contrato e preconize a viabilidade ou não do foro de eleição.

4 Local e destinatário do protesto

Atrelado ao pressuposto formal que está hospedado nos requisitos intrínsecos do título, o local da competência da obrigação tonifica um tema não menos importante na análise da praça de pagamento, haja vista a tendência convencional subordinada ao poder economicamente mais forte, naturalmente nas relações de consumo entre o aderente e a instituição no aperfeiçoamento do ato jurídico.

Muito embora a regra específica venha desenhada no título cambial a ser no momento azado apontado no protesto, a forma prevalente que orienta a situação fática diz respeito ao ponto territorial no qual está dimensionada a obrigação e resvala na continência de publicização na ordem de transmitir conhecimento mais amplo possível ao devedor.

Reside na tipologia retratada o acerto de se permitir o protesto no local competente, tanto na presença do cartório e fundamentalmente na base geográfica na qual se erige a obrigação para efeito de pontuar dicção na praça de pagamento ou no domicílio do devedor.

Desdobramento da alvitrada materialização do protesto a ser tirado, timbra o fundamento da competência que preponderará no ajuizamento da ação de sustação, cancelamento, e, outrossim, na demanda principal destinada à declaração da inexistência de vínculo obrigacional assentado naquela *causa debendi* cogitada na cambial.

Na realidade, são aspectos que delimitam a competência absoluta para gizar o Foro perante o qual deverá ter ingresso a ação pertinente, independentemente do valor ditado à causa, eis que estamos na ressonância de matéria específica sem reserva na interpretação. É a competência territorial que sedimentará a relação jurídica preparatória ou principal, sem resvalar na Súmula 33 do STJ, que determina a impossibilidade da declinação de foro na competência relativa, mas o caso enfocado cuida daquela de conotação absoluta.

Repousa nesse âmbito o cuidado do recebimento da demanda; embora a cautelar possa receber, pela urgência, o exame feito pelo juízo incompetente, tal posição não o vincula, vez que remeterá a preparatória e dessa forma a principal se deslocará, ambas sob o juízo reconhecidamente competente.

Questão de cunho interessante situa a cautelar de sustação indeferida e a repropositura antes da comunicação da extinção perante o Distribuidor; pensamos que se não houver mudança da vestibular, obedecerá à regra do juiz natural; acaso se faça alteração e a torne distinta da pretérita, sua distribuição será feita livremente.

A situação se clareia de modo mais nítido à medida que o legislador vislumbrou o predicado no art. 6º da Lei nº 9.492, de 10 de setembro de 1997, cuja redação assim está disposta:

> "Tratando-se de cheque, poderá o protesto ser lavrado no lugar do pagamento ou do domicílio do emitente, devendo do referido cheque constar a prova de apresentação ao Banco sacado, salvo se o protesto tenha por fim instruir medidas pleiteadas contra o estabelecimento de crédito."

Delimita a Lei do Cheque, Lei nº 7.357, de 2 de setembro de 1985, ponto específico que analisa a circunstância do protesto, evidenciando a concreta realidade a partir do art. 48 do invocado Diploma Legal, inclusive com os apontamentos hauridos no ato solene, tudo na visão de completar, identificando as partes e o motivo do não pagamento.

Diante do apontamento para protesto de título fora da órbita de sua competência, qual seria de concreto o desencadear da operação, no significado de invalidade, ou mesmo ineficácia do ato, em outras palavras, poderíamos afirmar que o efeito deste comportamento não implicaria a prova idônea para finalidade específica?

Não se trata de questão acadêmica ou de dificultosa ocorrência, mas a sua propositura analítica traz a preocupação do questionamento do protesto e a responsabilidade inequívoca a ser caracterizada, de imediato, naqueles casos reputados imprescindíveis para o ingresso da ação, a exemplo do requerimento de quebra.

De nulidade à evidência não se cuida, provável anulabilidade que se demonstra em virtude da irregularidade essencialmente configurada, cabendo a responsabilização do apresentante e ainda do Cartório, nos termos do art. 38 da Lei nº 9.492/1997, harmonizada com o diploma normativo, Lei nº 8.935/1994, de tal sorte que a produção do efeito probatório do ato solene não estaria repousando numa determinante sólida e real.

Balizemos o caso de ter ocorrido a emissão de cheque de empresa, cujos domicílio e praça de pagamento diferem flagrantemente do protesto contra ela tirado, e subsequente pedido de quebra, no momento de sua citação; constatada aquela realidade, na estrutura de sua defesa poderá invocar aquela preliminar, mas o depósito elisivo simultâneo assegurará maior prestígio na denotação de solvabilidade.

Nas obrigações contratuais onde predomina o interesse do poder economicamente forte, a eleição de foro não implica *tout court* o deslocamento na consideração da competência, no vislumbrar do protesto, malferindo a relação de consumo em detrimento da parte mais desprotegida da relação travada entre as partes.

Salientamos o caso concreto da alienação fiduciária em garantia, onde se negocia a venda e compra de veículo, domiciliada a alienante num local e o adquirente em ponto distinto; levado a efeito o protesto em lugar diverso, por força da eleição do foro, consequentemente desprezada a praça de pagamento ou domicílio do devedor, natural ponderarmos que formalmente a mora se revelou, porém com algumas imperfeições que poderiam ser destacadas.

Normalmente, as cambiais que asseguram garantia ao cumprimento contratual da obrigação têm suas praças de pagamento nos lugares de preferência do credor, coincidentes com a eleição do foro, o que desvincularia negativo efeito no desconhecimento daquela perspectiva em relação ao devedor.

Dívida quesível ou portável, na sua distinção, comporá o marco indelével que trará sua situação forrada quanto à praça de pagamento, ficando o domicílio do devedor em plano acessório, ou secundário, na consideração do protesto ou da demanda buscando o recebimento daquele crédito.

Qualquer fato importante poderá ser alegado pelo devedor na resposta apresentada dentro do prazo, diretamente ao notário, cabendo-lhe considerá-la ou não para a lavratura do protesto.

Concernente ao destinatário específico do protesto, dúvida não subsiste, de qualquer natureza, em atenção à capacidade e à maioridade do devedor, porém a simples incapacidade não é óbice ao referido ato solene e formalmente lavrado, absorvida a descrição acontecida no estado falimentar, ou na típica realidade da cambial não aceita.

Sendo a incapacidade superveniente ao nascimento da obrigação cambial, ou contratual, embutida no documento que lastreia o apontamento, a ressalva poderá ser considerada, sem causar empecilho ao ato notarial, nem mesmo o falecimento da pessoa obrigada acarretará a perda de se formatar o protesto, descabendo naquela oportunidade ao credor procurar os herdeiros ou os representantes legais.

As observações expendidas ainda banham o lado formal de regularidade na feitura do protesto propriamente dito, eis que a análise inicial é seguida de investigação que contorna esse campo e focaliza diversamente as etapas delineadas na concatenação válida do ato.

Primordial asseverar que o processamento da concordata preventiva, na realidade atual da recuperação judicial ou extra, por si só, não timbra situação diversa distinta da subordinação ao instituto do protesto, mas a interpretação prioriza forma prudente, nas circunstâncias específicas que não derreiem os predicados de sujeição à quadra da moratória.

Fragorosamente, porquanto, contrariaria a finalidade do instituto, cujo processamento encontra-se em curso, o protesto posterior de título sujeito aos seus efeitos, de tal sorte que o quirógrafo não identifica qualquer reação a permitir uma sobreposição no cenário da moratória, exceto se houver a indispensabilidade do ato, como pré-requisito, na condição do crédito e na delimitação de sua real soma.

Efetivamente, com o procedimento de recuperação judicial, por ser mais abrangente, e catalisar sua efetividade ao derredor dos credores de uma forma geral, não haveria maior penetração na feitura do protesto, exceto se convier na disciplina de situação nova composta a partir da negociação advinda ao estado recuperatório.

Ressalta-se nessa visão da destinação da intimação objetivando o protesto que sua finalidade não se resume a refletir o não pagamento daquela obrigação cambial ou contratual, mas significar a inequívoca recusa dele ou do aceite, ainda a não devolução do título que comprovaria a operação intercalada entre as partes.

O protesto em si, sendo detrimentoso ao devedor, não é de molde a onerar ou gravar sua situação, precisamente se beneficiado for pela moratória ou sujeito ao regime falimentar, donde se conclui que, delimitada a insolvência ou caracterizada a hipótese da impossibilidade de se cumprir a tempo e a hora aquele fato, o surgimento do ato solene se tornaria a princípio inócuo.

Capacidade no momento do recebimento da intimação não faz crer sua incapacidade no instante da assunção da obrigação; de todo modo, o ato não teria válvula de escape impediente à sua feitura, cabendo alegação, ou resposta nesta direção, sem prejudicar questionamento judicial que demonstre essa conotação.

Na esfera da insolvência civil, de forma parelha se apresenta a matéria, porque, se houver incapacidade que seja comprovada, os protestos tirados romperão a relação jurídica originária, derivando consequências próprias, na responsabilidade e conduta frente à geração dos efeitos resultantes do ato probatório.

Toda a dimensão que se apresenta no panorama domiciliando a territorialidade do ato notarial, estreme de dúvida, exerce no descortinar acentuado progresso, cuja dicotomia leva em conta a obrigação existente, a responsabilidade emergente e a praça de pagamento.

De relevante ponto de vista, se o consumidor tem inibido o direito de conhecer a respeito do protesto e manifestar sua intenção, livre contrária à sua legalidade, o modo de agir do credor pode configurar no abuso, inclusive do poder econômico, cujas cláusulas contratuais acentuam nitidamente o projetado embrião a ser interpretado no debate judicial enfocando a matéria.

Harmonizando a redação expressa na obrigação, eventual cláusula de eleição, isso não configura avocar a competência para sede diversa da praça de pagamento ou domicílio do devedor, cuja transparência na evidência comporta uma compreensão básica de prerrogativa nuclear de direitos disponíveis patrimoniais, centrados em regras mais rígidas.

5 O pagamento e a lavratura do protesto

Enquanto o protesto busca mostrar o inadimplemento e a situação concentrada na circunstância que revela uma conduta não de acordo com o devedor, tem-se que a maioria se apega à maneira ditada pela obrigação de dar, haja vista a motivação dos títulos cambiais e demais documentos que destacam a consideração.

Reconhecendo a dívida e seus encargos, o devedor ou qualquer garante, mesmo terceiro interessado, poderá, dentro do prazo legal que precede o protesto, efetuar o pagamento e receber a quitação correspondente, pela importância de face do respectivo documento apresentado ao Tabelião.

Evidente que muitas possibilidades poderiam vir à baila, na delimitação da obrigação e dos acessórios, mas a forma natural de evitar a lavratura se conforma no pagamento que representa o adimplemento, tanto em dinheiro de contado, ou cheque, que somente será reputado válido depois de regular compensação, posto que comporta repassar a sobredita soma diretamente ao credor no primeiro dia útil, desde que plasmada a liquidação de modo correto.

Os encargos, a saber correção monetária, juros, comissão de permanência, de modo específico, não serão levados em conta na presença do total do débito, exceto se houver prévia estipulação nesse propósito, como nas realizadas com instituições financeiras, empréstimos bancários e outros acessórios devidamente combinados entre os interessados.

Denota-se que o protesto também tem a finalidade de evidenciar a fluência da contagem do prazo visando inserção dos juros da mora, eventuais penalidades representadas pelas multas estabelecidas e outros pontos convencionados na determinação entabulada entre aqueles que formalizaram o negócio jurídico subjacente.

E se pretender o devedor ou terceiro interessado liquidar por valor inferior ao cobrado, naturalmente cabe consultar o credor, que não aceitando, consequentemente, será promovido o protesto, eis que a relação jurídica galvaniza um lado concreto que derivou da obrigação inadimplida.

Acaso alegue o devedor ter consignado o valor em Juízo, exibindo a guia de depósito, nessa percepção o protesto poderia ser lavrado? Havendo identidade entre as somas indicadas para o protesto e a depositada judicialmente, não haveria razão inspiradora do ato solene, mormente se há discussão quanto ao quadro do débito e seus encargos financeiros.

Aclarando mais e melhor o caso preconizado, determinado mutuário de soma bancária discute a validade da cobrança de juros sobre juros, na forma do anatocismo, e o período da incidência na renovação do contrato, depositando integralmente o valor para descaracterizar a mora, indevido portanto qualquer protesto, porque a inadimplência estaria desconfigurada no momento da comprovação daquela evidência.

Na confluência do depósito extrajudicial da soma, no desenho da legislação que rotula o instituto da consignatória, e por tal tipicidade, exibido o comprovante que se hospedasse na importância destinada ao protesto, não haveria razão perceptível à sua lavratura, bastando que se descreva a defesa à demonstração inequívoca a cargo do interessado ou terceiro legitimado.

Diante da diversidade de títulos vencidos e vincendos pela antecipação acontecida, fruto do inadimplemento, competirá ao devedor a quitação do global da soma exigida, diferentemente quando os prazos forem sucedendo para o futuro, na medida em que a liquidação se fará atenta a cada prestação existente no negócio.

Feito por terceiro interessado o pagamento, tal fato sobreviverá anotado para se conhecer também quais os acréscimos, possibilitando a sub-rogação contra o devedor principal e aqueles solidários que desatenderam ao cunho da intimação encaminhada.

A quitação se dará no instante do pagamento, quando em dinheiro, ou a partir da compensação feita por intermédio do cheque, restituindo-se o título em mãos do apresentante, sendo exigência normativa do órgão fiscalizador dos serviços públicos a cautela na conferência formal do cheque, preferencialmente à vista ou administrativo.

Essa exigência acarreta invariavelmente um custo adicional em desfavor do devedor, porque, se o título tiver um valor de expressão, cobrará a instituição financeira pela confecção uma taxa que certamente implicará um extra em harmonia com o total exigido.

Conveniente nessa linha de pensamento assinalar que a obrigatoriedade do pagamento no local também representa um problema circunstancial nas grandes cidades, cujos deslocamentos são complexos e grande parte dos cartórios tem sede territorial na área central. Com tal predicado, e para facilitar essa estrutura que burocratiza ao máximo, ao invés de simplificar o possível, nada impediria que o pagamento fosse feito a distância por meio da via eletrônica da transferência, ou de quaisquer mecanismos da moderna tecnologia, isso permitiria fosse cumprida a obrigação dentro do prazo e, depois de acusado o recebimento, a quitação teria sua razão de ser.

Poderia dentro da facultatividade expressa no desenho normativo, e instrumentalizado o pagamento por intermédio do cheque, recusar o Tabelião seu recebimento? Exceto se houver fundado motivo contemplado na forma da emissão, e de maneira justificada, caso contrário sua responsabilização seria inequívoca. O pretexto no sentido de que pretenderia o devedor ganhar tempo não seria admissível; na temática abordada, estando a cambial regularmente emitida, a recepção é imperativa.

Querendo o devedor pagar, mas com a ressalva de no momento posterior discutir a validade da cobrança, a interpretação do comportamento repercutiria no ingresso da demanda. Forçoso dizer que o apontamento tem conotação probatória, mas pode significar constrangimento, e, na dúvida entre pagar ou conseguir a sustação, preferível o caminho mais seguro, porém não eliminando o debate sobre a certeza e liquidez da cambial.

Não sucede igual raciocínio se o devedor pagou cheque prescrito, fruto de dívida de jogo, ou qualquer obrigação natural, vez que a mera liberalidade retira discussão futura sobre a matéria.

Inconfundível o valor pago para liquidar a obrigação e aquele destinado em função do serviço público descentralizado levado a efeito, margeando e constando do próprio aviso, alcançado o terceiro interessado que tomou a iniciativa de pagar aquela importância.

Cuidando-se de dívida em moeda estrangeira, a conversão será feita para efeito de apontamento, mas a soma exata teria conotação com o representado pelo câmbio do dia, posto que se trata da dívida de valor, razão determinante da adoção do parâmetro na data em que houver a devida protocolização (art. 11 da Lei nº 9.492/1997).

Conquanto se estabeleça a regra do pagamento em cheque visado ou administrativo, inegável dizer que da mesma praça onde efetuado o adimplemento, posto que o prazo de compensação será menor e as condições de verificação maiores, no tocante à liquidez e certeza da cártula exprimindo o total da obrigação.

Apesar da exigência do cheque administrativo, visado já em desuso, natural reconhecer a validade da transferência eletrônica dinheiro, regulamentada pelo Banco Central, assim se a importância é de monta e, para evitar o risco e o tempo, cabe ao devedor propugnar a remessa direto ao Tabelião, que recepcionará como numerário e evitará o dissabor do protesto.

De modo semelhante na hipótese de não dispor o devedor de todo o valor para liquidação integral e querer uma espécie de parcelamento, consulta ao credor seu interesse nessa forma de composição, por tudo e de todo o modo caracterizando a novação. Evidente que a partir da premissa exposta, aceito o pagamento em prestações, tantas quantas se dispuser o devedor, aquele título apontado perderá sua eficácia na diretriz do apontamento e, não havendo liquidação, é o novo emitido que será encaminhado para efeito do ato notarial.

Consagra a legislação vigorante a obrigação imediata de, no primeiro dia seguinte, colocar o recebedor a soma à disposição do credor, sob pena de incorrer em responsabilidade, cujo atraso somente será justificado se houver fortuito ou força maior que signifique escusa tolerável.

Quando o pagamento for efetuado diretamente em mãos do credor, ele fica obrigado a comunicar ao cartório sobre o fato superveniente, isso porque estaria inibido o protesto, e sua tirada nessa circunstância motivaria reparação de danos em face do apresentante do título ou documento.

Todo e qualquer documento que possua em mãos o devedor ou terceiro legitimado deverá ser apresentado e servir de instrumento hábil à sua defesa, na medida em que projeta um raciocínio sobre a desobrigação ou efetivo cumprimento.

Basta dizer que a mercadoria não fora entregue, o pedido cancelado, ou veio com defeito, assim o credor, para evitar transtorno, lança documento destacando esse aspecto, vez que endossou o título ao banco e simplesmente como mandato à cobrança, ponderando-se a virtual pressuposição a corroborar a defesa.

Invariavelmente, a defesa não é regrada no âmbito do Tabelião e sim transformada em cautelar de sustação de protesto, a qual tem seu âmbito de validade limitado e sua regência circunscrita, não podendo, por conseguinte, enfrentar o negócio jurídico subjacente ou examinar aspectos e circunstâncias do vínculo havido entre as partes.

Manuseando títulos, valores e documentos de responsabilidade, têm os cartórios os serviços independentes de malotes e pertinente à retirada das correspondências, isto porque o numerário entregue para pagamento tanto em dinheiro como em cheques não poderá permanecer nas dependências da entidade, sendo obrigatória até para fins de segurança a transferência para órgão que se responsabilizará pela guarda.

Recebido o pagamento da importância constante do título e passada a quitação, desaparecerá o fundamento que agita o protesto, consequentemente, a liquidação percorrerá a etapa normal, obtendo o credor a satisfação daquela obrigação, independentemente de formalidade outra a esse respeito.

Transcorrido o prazo legal estabelecido, sem pagamento, retirada do título, ou ordem judicial expressa de sustação, passo seguinte se relaciona com a feitura do ato formal e de natureza solene, sempre na transparência e padrão de publicidade, na identificação das partes, da origem da obrigação, dados de qualificação e pressupostos que participam diretamente da materialização daquela particularidade.

Bem importante assinalar que o protesto mais usual é de conotação própria pela falta de pagamento, mas não existe ressalva na definição da modalidade por ausência de aceite no prazo disciplinado de dez dias, e ainda aquela hipótese de retenção do documento, sem a devolução necessária ao exercício dos direitos configurados na cambial.

Da essência consistente, na formalização do protesto, cogitadas as circunstâncias de não aceite ou recusa na devolução, sobressai a possibilidade de gerar efeitos em relação aos obrigados postados na categoria de solidários, consoante o próprio art. 43 da Lei Uniforme, marcando com tal providência o futuro exercício do direito de ação.

Elementar asseverar que no protesto por falta de aceite sua realização será feita antes do vencimento da obrigação e depois do decêndio legal previsto, a exemplo da previsão contida na Lei disciplinadora das Duplicatas, Lei nº 5.474/1968, de molde a ser rigorosamente obedecido o lapso temporal, sob pena de invalidação do ato.

Sublinhe-se que somente poderá ser efetivado o ato solene, formal, de caráter probatório, se dinamizado na legislação que regulamenta a sua modalidade, ou seja, nos casos salientados *numerus clausus*, sem qualquer possível criação de outras formas não encontradas visando produção dos efeitos jurídicos.

Fundamental na análise procedida destacar que nos casos delineados pelo não pagamento de duplicatas mercantis ou de prestação de serviços, desprovidas de aceite, incumbe comprovação da entrega da coisa, e da efetivação da obrigação contratada, motivando o saque respectivo, cuidado esse que deve ser tomado dado o volume de títulos nascidos sem lastro, ou para mero favorecimento pessoal do interessado em situações de operações bancárias e até elevação fictícia do ativo patrimonial.

De rigor, na feitura destes protestos, exame minudente da *causa debendi*, cuja formalidade por si só é insuficiente à constatação e adequação ao regime da Lei nº 5.474/1968, com a redação sinalizada pelo diploma normativo, Lei nº 6.458/1977, podendo incorrer o responsável nas sanções resvaladas na culpa com que se houve, a par daquelas outras mapeadas no art. 31, inciso I, da Lei nº 8.395, de 18 de novembro de 1994, disciplinando o art. 236 da Lei Maior precisamente as atividades dos serviços notariais e registrários.

Incluídos estarão todos os devedores da cambial na formalidade do assento registrário do protesto, descrevendo ato coordenado na sua finalidade e unívoco no seu objetivo, a ressoar evidente que nenhum obrigado solidário ficará alheio àquela determinação.

O registro do protesto é feito de modo bastante minucioso e seu conteúdo delimita as principais fontes de segurança na colheita dos dados indicativos da relação jurídica; por tal premissa, o instrumento suscitará os subsídios que informarão diretamente o ato, desde apresentação, ocorrências sobrevindas, eventual resposta, diluindo o aspecto de se evitar homonímia pela anotação dos números individuais do devedor e obrigados solidários.

Não se impede a gravação eletrônica, ou microfilmagem do ato notarial, dispensando a descrição literal do protesto, porém sinalizando os dados essenciais para sua concretização e correta compreensão, sob a forma de armazenamento e preservação pelo tempo previsto, no intuito da obtenção de certidões e outros detalhes de posse do tabelionato.

Cabe nesse passo revelar que o protesto especial destinado ao requerimento da falência do devedor se reveste de qualidade essencialmente formal, na medida em que visa sujeição daqueles exclusivamente subordinados ao regime do Decreto-lei nº 7.661/1945, e por tal caminho tanto nas cambiais, como naqueles documentos que estruturam relação de crédito, de integral consistência o exame pormenorizado para não ensejar equívoco no propor a demanda objetivando a quebra.

Veremos mais adiante que a tessitura do protesto, com o advento da recuperação da empresa, tomou sua forma mais peculiar, isso quer significar que nas pequenas e micro, a soma mínima corresponderá a 20 mínimos e, nas médias e grandes, 40 salários; isso efetivamente provoca uma mudança de mentalidade, além de priorizar prazo e o intervalo de tempo voltado à confirmação do estado de quebra.

Não tem o menor cabimento e se afiguram abusivos e de caráter emulativo protestos de somas irrisórias com o escopo de ensejar a quebra de empresas que operam no mercado com tradição, desde longa data; agora, com a roupagem normativa modificada, se espera maior bom-senso.

Embora o protesto falimentar siga os mesmos pormenores daquele ordinário, tem-se que na sua modalidade a regra que o delimita determina, ao menos naquelas condições observadas, a presença do negócio efetivado, caso também que se positiva ainda sendo o cheque o instrumento do protesto.

Com efeito, no campo abordado ocorre com bastante frequência a transferência do crédito mediante endosso, diferente da simples cessão operacionalizada após o protesto, donde se conclui que ao portador legitimado para o requerimento da quebra igualmente diz respeito demonstrar o nexo causal que situou o estado falimentar, na essência do descumprimento da obrigação cartulária.

Não se pode deixar de lado que a legislação de quebra substantiva o protesto especial que se faz a partir da análise contábil documental dos livros, para apuração da negociação, encerrando a finalidade de assegurar a certeza quanto à realização daquela operação, evitando os percalços do requerimento e outrossim causados pela análise da escrituração do provável devedor impontual.

O compasso se justifica porque o legislador, ao preconizar o estado de quebra, na sua caracterização, apenas corroborou pensamento no sentido de que a mera impontualidade serviria de motivação suficiente ao requerimento, não se comprovando, aprioristicamente, conotação de calibre próprio da insolvência.

Nessa ótica e naquela do parágrafo único do art. 23 da Lei nº 9.492/ 1997, somente é plausível o protesto para fins falimentares de pessoas jurídicas jungidas à disciplina legal; de nada adianta e nenhuma serventia terá formalizar o protesto de cheque emitido pelo sócio, por negócio particular, com o inexato propósito de requerimento falimentar contra a empresa.

Empenhado o esforço na inteligência e finalidade do protesto, sua instrumentalidade é de aspecto formal, consolidado também na forma de seu cancelamento, haja vista consentimento do credor, determinação judicial ou irregularidade que macule a feitura do próprio ato.

Contornados todos os aspectos voltados à compreensão, análise e interpretação do instituto do protesto, a sua feitura causa restrição ao crédito e impõe variantes na vida comum, porém do seu existir sempre será viável determinação judicial a sustar seus efeitos, ou cancelar sua prática, a tutelar interesses definidos no procedimento.

3

Desistência e Sustação do Protesto

SUMÁRIO: 1. Pressupostos e lapso temporal. 2. Requerimento da desistência e seus efeitos. 3. A sustação do protesto e sua eficácia. 4. Exigibilidade da caução e sua espécie. 5. Tutela antecipada e sustação definitiva.

1 Pressupostos e lapso temporal

Analisando o ato notarial e a disponibilidade do crédito subordinado à preservação e comprovação daquela natureza, possível se torna cogitar da retirada do título apresentado colimando protesto, desde que a diligência do interessado se desenvolva no momento temporal adequado, sem qualquer relação com exame de fundo pelo Tabelião.

De efeito, fatores externos àquelas circunstâncias que marcaram o principal fundamento na feitura do protesto, diante de características distintas, sem dúvida alguma, identificam nova etapa, que, no seu encaminhamento, assinala a probabilidade da desnecessidade da formalização do ato.

Compete assim, e frisada a fonte originária da obrigação, ao titular do crédito, ou portador legitimado do título, antes que seja concretizado o protesto, revelar o seu desinteresse na prática específica, cabendo o pagamento dos emolumentos adstrito aos serviços cartoriais, abrindo mão de a perspectiva do apontamento gerar os efeitos jurídicos regulares.

Na linha de pensamento assinalada, basta apenas formalizar o não interesse em relação ao protesto, sem justificar mais a fundo substrato subjacente que permeou a declaração de vontade; dentro desse campo mostrado, toda a documentação que instruiu a respectiva apresentação seria restituída em mãos do desistente, a ponto de não ficar qualquer sinalização referente à materialização do ato notarial.

Na definição disciplinada pelo legislador, o aspecto fundamental da desistência está vinculado ao seu momento temporal exato, ou seja, deverá ser apresentado antes da lavratura do protesto, sob pena de deixar de conferir validade, perdendo sua legitimidade.

Evidente, quando estabelece o legislador um prazo exíguo voltado para a plausibilidade do protesto, consequentemente o período se destina também ao apresentante, que poderá sofrer penalização futura se a finalidade do ato for meramente de pressionar, ou provoca a desestabilização do devedor, situando abalo do crédito e dano moral coerentes com a reivindicação do prejudicado.

Frequentemente, o sacador do título permite sua livre circulação e o destina a terceiros que operam sua cobrança, sob a forma de endosso mandato ou mesmo às empresas de faturização ou fomento, e há um intervalo de tempo no sentido de a endossatária poder comunicar ao Cartório a inexistência de causa determinante do protesto, porque avisada do pagamento diretamente ao credor-favorecido.

Nada obsta, contudo, dentro do espírito que marca o dispositivo legal, a utilização de meio por escrito que imprima eficácia à desistência do protesto, por intermédio de *fac-simile*, telegrama, modelo eletrônico, que pontue, estreme de dúvida, a vontade do apresentante em não querer o registro do protesto.

Fundamental ponderar que logicamente é o apresentante legitimado à renúncia do direito patrimonial consubstanciado na desistência do protesto, portanto, se o sacador fizer contato direto com o Cartório obstativo daquele ato, improvável o atendimento, sem a consulta ou ratificação do apresentante da cambial ou documento correspondente.

A consequência prática da retirada e o ingresso da cautelar de sustação de protesto, cuja liminar fora deferida, seria a perda do próprio objeto do procedimento preparatório, diante da falta de nexo entre o pedido e a realidade do direito material subjacente.

Não é incomum acontecer a retirada pelo credor ou terceiro; encarregado da cobrança do título, quando deferida a liminar, o Tabelionato, ao recepcionar a ordem, simplesmente comunicará o impedimento ao seu cumprimento, tendo em mira a retirada feita em data pretérita a inexistir fundamento à sua consecução.

Pairaria no ar a dúvida sobre a instrumentalidade da ação principal nessa hipótese, uma vez que a retirada da obrigação cambial não impede que o legitimado conteste a relação e impeça a circulação do título, pretendendo com isso declaratória negativa que vede a reapresentação ou transferência do crédito a terceiro.

Especificamente, portanto, a solenidade que preside o ato formal do protesto autoriza proclamar mesma identidade no que diz respeito à desistência, visando duplo fundamento: instrumentalizar a ordem e determinar o prazo no qual ela se realizou para evitar os desconfortos futuros gerados pelo protesto tirado.

No conjunto daquela documentação levada a Cartório, e comprovando-se a inviabilidade do protesto no que se relaciona com eventuais títulos, desabrangendo o total do débito, resulta induvidoso possa o apresentante simplesmente retirar os respectivos documentos que se apresentam indevidos ao protesto.

Bem nesta forma de desenhar o tema, o credor de várias cambiais representadas por cheques emitidos pelo devedor resolve, depois de algum tempo, desprovidos de fundo, apontá-los a protesto, entretanto descobre que uma parte fora paga por intermédio de depósito feito na conta-corrente do favorecido, evidente que seria prejudicial e danoso o ato, motivando desistência em relação aos títulos adimplidos.

De essencial relevância saber o exato instante no qual é formulada a desistência, podendo haver protocolização do requerimento, atestando sua feitura, horário e demais dados relativizados na identificação do procedimento e suas tipicidades.

Na hipótese de estar o apresentante domiciliado fora da comarca onde houve o requerimento do protesto, a denotação dessa realidade não impede que se desloque visando formalizar a desistência, e ainda eventual procuração conferindo ao outorgando poderes específicos nesse entendimento, haja vista que o escrito público produziria efeitos jurídicos correspondentes ao desejado pelo legislador.

A própria imprescindibilidade da presença física do apresentante no Cartório seria um desserviço, acaso necessitando se deslocar fosse surpreendido com as dificuldades de percurso e não chegasse a tempo de consolidar seu pedido desistencial, portanto não encontramos empeço legal que sobreponha a vontade da regra normativa, na realidade da outorga com aquele objetivo sublinhado.

Assevere-se que o Cartório, uma vez recebido o requerimento, relativamente à manifesta desistência, deve diligenciar com bastante agilidade, evitar que o ato solene venha a ser realizado, cumprindo a vontade do apresentante, com a retirada e devolução da documentação, pagas as despesas direcionadas aos emolumentos, sem embargo de reapresentação se estiverem solidificados seus elementos exigidos pelo legislador.

Evidente que a manifestação de vontade deve expressar, sem sombra de dúvida, o impulso de não concretizar o ato em si, fazendo com que, com maior velocidade possível, o Cartório se muna de todas as diligências entrelaçadas com a desconstituição da etapa primeira de seu apontamento.

Conquanto a modernidade proclame o ingresso de meios mais eficientes, os programas obedecem ao planejamento das instituições de crédito, assim casos existem nos quais o credor chega a noticiar pagamento, mas o lapso de tempo é insuficiente para que o comunicado *on-line* entre o banco e o Cartório seja desfeito.

Nessa hipótese e tantas outras correlatas, para evitar experimentar o responsável uma carga de ressarcimento do dano, natural que elabore documento escrito, a confirmar a desrazão do protesto, autorizando a sua retirada, livre de ônus, e sem qualquer repercussão na esfera do devedor ou terceiro interessado.

2 Requerimento da desistência e seus efeitos

Naturalmente, a desistência expressa do apresentante afigura correta, estando cercada de seu requisito e trazida dentro do prazo oportuno, precedente à lavratura do protesto, ganhando contorno de validade e eficácia, abstraindo o cartório daquele exame de fundo, onde a conveniência e a oportunidade balizariam a respectiva retirada do título.

Objetivando evitar responsabilização e compatibilizar a expressão do apresentante com a sua finalidade nuclear, quadra destacar que somente cabe a investigação sobre a realidade formal que repercute no ato, no preenchimento de suas etapas, na valoração do juízo coadunado com a sua eficácia.

No entrechoque de interesses pode acontecer que, com o deferimento de medida cautelar voltada para não permitir a tirada do protesto, desista o apresentante daquela formalização, sabedor que a sua conduta obteve frustração, na medida em que sinalizava fundamento de somente obrigar o devedor e inserir forte pressão psicológica no desiderato não alcançado.

Bem na visão esgrimida, compete ao apresentante, ao formular sua pretensão desistencial, anotar os dados relevantes à correta identificação do título e seu padrão, número de protocolo e demais aspectos que cercam o procedimento na expectativa que invalide o cometimento do protesto.

Na circunstância distinta de ter sido buscada a sustação e não exitosa aquela intenção, tendo o Juízo ordenado o protesto, nada obstante a desistência formulada, entre uma e outra situação, ao Cartório somente toca de perto acatar a manifestação do apresentante e em seguida comunicar o fato, vez que desaparecido o motivo do eventual apontamento.

Não apenas o pagamento poderá desencadear a renúncia formal corporificada na desistência, mas qualquer outro ponto relevante que retire do título sua natural certeza e liquidez; a própria defesa que justifica o não adimplemento da obrigação poderá assinalar fato ressaltando uma essência que não fora bem notada pelo apresentante naquela oportunidade primeira, fazendo com que desista do ato solene.

É possível ainda que a ordem de sustação judicial chegue ao destinatário, no caso o cartório, quando o apresentante já manifestara sua desistência, e portanto liberara a questão sem discutir seu fundamento, ou seja, ficará prejudicada a determinação emanada do Juízo, se apagado o substrato da suspensão.

Na tessitura própria legal que plasma o requerimento, compete seu direto exame e tomada de providências, de imediato, eis que uma inobservância, ou eventual deslize, poderá implicar a violação do direito que estava exteriorizado num prestigioso ponto anterior à lavratura do protesto.

Dentre os principais efeitos causados pela desistência acenada pelo apresentante estão o bloqueio da lavratura do ato solene, a restituição do título e demais documentos que foram encaminhados, prejudicialidade em relação às medidas judiciais, de tal modo que é imprimida uma nova visão do conjunto que substitui seu primado, como não fosse diligenciado aquele ato de modo algum, na confirmação das partes voltarem ao estágio pretérito, isto é, *status quo ante*, sem mácula de qualquer espécie.

Basicamente, a forma exigida de natureza solene é requisito de fundamental importância que não pode ser desconsiderado; mais do que isso, é mecanismo comprobatório seguro da concretização do ato, deixando estreme de dúvida sua oportunização e a disponibilidade do cartório para efeito de seu cumprimento.

Em linhas gerais, os pressupostos que foram tomados na ocasião da apresentação serão subsumidos à hipótese de desistência, e tudo para confortar a mesma realidade, sem deixar margem ou lacuna sujeita à interpretação inconsistente, responsabilizando eventual incorreção ou interdisciplina estranha ao ressoar normativo da matéria.

Regra geral, a desistência consubstanciada na manifestação do apresentante não deixa vestígio a ponto de se descobrir a causa da falta do protesto; nada disso tem relevo na dimensão da reapresentação ou se facultativo o ato notarial, na visão da demanda que implique o adimplemento daquela obrigação.

O acolhimento da desistência, obedecidos os ditames formais, se faz imperativo, quando ainda não documentado o protesto do título; de maneira inequívoca o apresentante singularmente consolida ponto de vista no sentido de nada mais lhe interessar, concretizando o seu desejo na perspectiva de imediata diligência que coíba o protesto.

Dentro da sistemática do vencimento antecipado das obrigações *pro solvendo* e desinteressando ao apresentante fazer o protesto da primeira inadimplida, extrai-se do manuseio adequado que todo o contexto abrangido pela espécie estará subordinado à mesma sorte, isto é, a regra do principal seguiria a essência do princípio que eliminaria a efetividade do ato notarial subsequente e condicionado ao anterior.

Timbre-se que o pagamento dos emolumentos significa a contraprestação do serviço, que seria concretizado não fosse a desautorização do apresentante, porém as microempresas gozam de disciplina particularizada, donde é fixado o teto máximo devido ao tabelião, sem superar o importe de R$ 20,00 (vinte reais); com tal previsão, a finalidade é a de amparar aquele empresário de menor porte, cuja atividade, embora de âmbito mais restrito, por si só, deve merecer o cunho de preservação na eliminação de custos e pagamento de valores que comprometam sua viabilidade financeira. Com a nova legislação, as despesas do protesto seguem sob a responsabilidade do devedor, acrescendo ao valor da obrigação propriamente dita (Lei Estadual Paulista nº 10.710/2000).

Numa resenha, a desistência marca o instrumento secundando manifestação livre e espontânea do apresentante e surtidos imediatos efeitos, no obstaculizar o protesto e expungir do cartório mácula comprobatória do inadimplemento e desatenção ao cumprimento da obrigação.

Importante mencionar que em geral a maneira pela qual se manifesta a desistência deve se coadunar com o perfil da apresentação, isso sob a ótica formal do ato, assim, se houve método eletrônico, para identificar todos os aspectos, de bom modo enviar as razões e as características operacionais, no facilitar a concretização do negócio.

Em absoluto isso não é uma regra padronizada e sim uma estandardização que visa imbuir o responsável da segurança e certeza fundamentais à prática do ato, de tal sorte que isso relativize a burocracia.

No entanto, havendo algum impedimento natural, o interessado poderá levar ao conhecimento do Cartório o instrumento formal da desistência, sempre atento ao lapso, e a formalização da retirada, sem quaisquer prejuízos nas respectivas anotações dos assentos registrários.

Considerando-se que a maior parte dos títulos faz parte do universo de endosso-mandato, significando a transferência para efeito de cobrança, inclusive por meio magnético, muitas vezes a ordem de retirada ou desistência a cargo do credor não é disponibilizada pela instituição, em face do lapso e da demora no sequenciamento dos elementos.

Essencial seria, pois, que todos os subsídios fizessem parte da rede de comunicação informatizada, quando então o Tabelião recepcionaria a instrumentalização da ordem e os momentos seriam documentados, sem probabilidade de incorrer retardo na execução da manifestação de vontade.

3 A sustação do protesto e sua eficácia

Revestida de cunho cautelar preparatório, de natureza inominada, inespecífica, ou imprópria, nasce, fruto de criação pretoriana, procedimento encarregado de sustar os efeitos do protesto e permitir na lide de fundo a discussão sobre a constituição do crédito, os pressupostos da relação jurídica e o negócio entabulado entre as partes.

Sedimentada no poder geral de cautela do Juízo, fincada nos arts. 798 e 799 do Código de Processo Civil, a medida cautelar judicial se assenta na certeza e na presença dos requisitos concentrados no binômio certeza-segurança, de um lado aparência do bom direito e de seu turno o perigo que representa a demora no exame de mérito da lide principal, tudo a precaver uma situação de situar iminência do dano e as consequências desastrosas do protesto indevido.

Evidente que nos albores da criação jurisprudencial a realidade era bastante distinta e nada assemelhada àquela contemporânea, onde campeia por razões variadas uma gama expressiva de títulos apresentados sem os mínimos vínculos denotadores do crédito, tanto no sistema de boleto, como nos saques desabridos de duplicatas lastro, circunstancialmente levado a efeito para gerar presumido ativo inexistente.

Se de um lado protagonizava-se um número menor de títulos desprovidos de causas intituladas necessárias ao respectivo protesto, consequentemente sobressai um surto de procedimentos que buscam a todo o custo a suspensividade do ato notarial, aumento gradativo que nem sempre passa pelo crivo depurado do provimento jurisdicional.

É que, na justificativa da cognição sumária, simples caução real ou fidejussória permite a concessão da ordem liminar, prorrogando o cumprimento da obrigação e sujeitando o credor à discussão de fundo da lide principal, nada obstante possa manejar a cobrança, no espírito de reconvenção intentada no prazo legal.

A primeira tendência no exame dos pressupostos cautelares consiste na substância do pedido, na clareza dos fatos e significativamente na apresentação de documentação que bem demonstre a situação do dano e da dúvida quanto à razão de ser do crédito. Não pode a cautelar inominada de sustação do protesto, em função das exceções que matizam os títulos de crédito, sinalizar protelação da obrigação líquida e certa, com enorme prejuízo ao credor que cumpriu sua parte, conforme acentua o art. 1.092 do antigo Código Civil, recepcionado pelo atual art. 476 do diploma em vigor, vez que estabelece no sinalagma a reciprocidade obrigacional, entre a prestação e contraprestação, no aspecto dualista que envolve o negócio jurídico subjacente.

Prevalente o açodamento do interessado na sustação do protesto que é levado para efeito de análise no momento derradeiro, na antevisão do prejuízo e mesmo na regra que possibilita o Juízo incompetente apreciá-lo, mas tal não implica a determinação de emenda, a vinda dos esclarecimentos, ou mesmo o indeferimento da inicial.

Desgraduada a cautelar de sustação de protesto da essencialidade da ação principal, sob o âmbito do litígio propriamente dito, insta ponderar que o valor conferido à causa deve permear uma relação de causa e efeito, sem deixar transparecer obrigatoriamente a expressão matemática da obrigação.

E isso pode ser explicado na medida em que o interessado na sustação sinaliza um valor excessivo, ou mesmo a ausência de causa ensejadora da obrigação, fazendo com que haja o livre acesso e não se levante, de início, pressuposto formal de regra de competência, em detrimento do jurisdicionado.

Debalde, não há logicidade na elevação de ofício do valor conferido à causa ou qualquer tentativa de instabilizar, de início, a formação da relação jurídico--processual, abstraindo-se os elementos da condição de válida, na dicção da concessão da tutela.

Importa, no mesmo diapasão, enfrentar o pedido de gratuidade reclamado na vestibular, com a juntada de simples declaração, a beneficiar pessoa jurídica; nada obsta que se analise o tema de fundo e se renove o cunho referente ao benefício em sede principal, com a vinda de subsídios exigidos pelo julgador.

Encarta-se ao lado dessa simetria a perspectiva de vencimento de vários títulos fazendo o norte da ação principal, ao invés de subministrar a necessidade de uma ação para cada cambial; bem poderá o interessado relatar todo o negócio jurídico subjacente e antecipar eventual depósito, até porque em muitas oportunidades não se vislumbra catalogada a hipótese estruturada e radicada no art. 476 do Código Civil em vigor, motivando a seriedade e transparência que envolve o provimento cautelar preparatório.

A verificação dos pressupostos traz em si a conotação da justeza daquela reivindicação e a observação de sua veracidade na delimitação da responsabilidade e no mecanismo que afeta o nascimento da obrigação cambial, de modo a repercutir na validade do ato e timbrar uma tipicidade invulgar.

Múltiplas situações especiais aparecem onde a cautelar de sustação de protesto não é conveniente e se mostra inadaptada ao perfil de impedir o ato notarial, assim exemplificativamente o acertamento em razão de serviços não concluídos, defeito na apresentação do produto, abatimento do preço, discussão de cláusula contratual, supressão de encargos do contrato de adesão e todos os pontos que destoam do fundamento da medida cautelar.

Quadra ponderar que o tempo não é inimigo da análise formal dos requisitos do procedimento e ainda de representação, dos aspectos relevantes, referente à natureza do endosso, dos envolvidos na obrigação cambiária, e a modalidade do título, cuja requisição no padrão original servirá para dirimir dúvida e tonificar visão delimitando a essencialidade do vínculo jurídico.

Exteriorizado o procedimento de caráter provisório e transitório *secundum eventum litis*, nada obsta que haja a revogação da liminar no curso do predicado da ação e seja autorizado, por corolário, o protesto revelando um pressuposto que governa a vinculação e a inocuidade do provimento requerido.

Nenhuma relação direta há entre o provimento cautelar e aquele a ser ditado na lide principal, absolutamente autônomos e independentes entre si; de tal circunstância decorre a comprovação da inexistência de relação jurídica ou vício que retire liquidez e certeza da obrigação representada pela cambial.

Bem configurada situação que repousa na concessão da tutela liminar, seu alcance poderá subordinar-se à prestação de caução, fixando-se o prazo legal no intuito da garantia do juízo, tudo sob pena de revogação, prestigiando a seriedade do pedido e assinalando a solvabilidade do requerente daquela tutela específica.

Deferida a ordem liminar e comunicada ao cartório, tanto por ofício, ou por intermédio de *fac-simile*, a ser comprovado futuramente, resulta eficácia plena que restringe a prática do protesto, cuja feitura dependerá de ordem judicial.

Existente a tutela liminar e preservados os seus efeitos, cuja eficácia maior se hospeda na dilação probatória haurida na lide principal, surge um hiato entre a formalização do ato e o debate que cercará a validade da obrigação, mas qualquer deliberação sobre a definitividade ficará sob a égide do Juízo que apreciou a medida.

Recebida a ordem judicial, providenciará o cartório o seu cumprimento, fazendo as anotações exigidas, comunicando ao Juízo, podendo ser exibido o título, cuja finalidade seria balizar o conflito e garantir a amplo contraditório.

Muitas vezes a entrada tardia da ação e as vicissitudes de sua concretização operacionalizam um fato relativo à feitura do protesto, cujo ato notarial decorreu da imprecaução do promovente da medida, que preferiu buscar o caminho mais tortuoso e evitar, no mais das vezes, o pagamento de soma líquida e certa. Diante desse quadro, há oportunidade de se observar o valor sem lastro e até a não correlação da reciprocidade obrigacional na expedição da ordem liminar.

Inegavelmente, no aspecto da relevância dos pressupostos da medida cautelar, diante da crise que assola a liquidez do crédito e a possibilidade de eventual negativação, via protesto, muito frequentes os pleitos que convergem à sustação propriamente dita, porém é de rigor a essencialidade da noção do bom direito e a delimitação de caução correspondente ao norte obrigacional.

De modo parelho, os interessados não veem com simpatia a caução em pecúnia, e dela recorrem com o propósito de se evitar a garantia ou transformar em coisa diferente, mas a responsabilidade deve permear a situação do caso concreto, para que se evitem abusos na demanda.

4 Exigibilidade da caução e sua espécie

A plasticidade do procedimento cautelar exige segurança e certeza jurídicas que se revelam quando o requerente da tutela se dispõe a oferecer caução que permita uma adequação entre o valor de face do título e a garantia, ressaltando o bom propósito de evitar dano ao suposto credor ou dificultar sobremaneira o recebimento daquela importância, com argumentos e predicados infundados na ação principal.

Se a prestação da caução se coloca como regra, sendo exceção sua dispensa, ficando visível pela prova documental carreada a má-fé do saque, eventual pagamento do título exibido, ou fundamento outro que tenha o condão de descaracterizar o ato solene, levando em conta as condições de solvabilidade do requerente, tem-se que é bastante acesa a polêmica sobre a necessidade do depósito pecuniário, ou oferta de bem imóvel, livre e desembaraçado que efetivamente destaque função de garantia.

Embora controvertida a questão, evidenciou-se a princípio que a caução deveria ser em depósito do valor, tanto visando demonstrar a boa-fé do requerente, mas substancialmente para eliminar dúvida sobre o propósito que agita o procedimento cautelar, ainda porque, se houver reconversão compatível com a natureza do procedimento, aquela importância, ainda que julgada improcedente a demanda, terá o fim essencial de impedir o protesto, quando procedente for a cobrança.

Evidente, no entanto, que as circunstâncias foram se alterando de tal forma, donde a liquidez patrimonial de empresas e entidades que se valem do instituto se tornou uma incógnita, o grau de dificuldade alegado é tamanho que surge a dificuldade entre o dano menor, qual seja, a lavratura do protesto, e a incerteza do pagamento, quando revogada a liminar.

Em casos específicos poderá o juízo acolher bens distintos que simbolizam a dívida, formalizando a caução, instrumentalizada por termo sob o compromisso do representante legal da empresa, que assumirá o encargo de ser o depositário, mas tudo na ótica da liquidez, validade e compatibilidade entre a coisa e o crédito discutido.

Assinalava o inolvidável Professor Waldemar Ferreira a condição da insuspensibilidade do protesto, ponderando ser uma violência contra o credor ou terceiro legitimado a determinação legal liminar, eis que representaria um abalo na relação negocial, podendo trazer prejuízo, vislumbrando uma interferência na prática extrajudicial descabida.

Conquanto não admitamos essa posição, de respeitada origem e incomparável força, sufragamos ponto de vista no sentido de que o exame da garantia é pressuposto da própria validade da ordem liminar, muitas vezes, com a tutela concedida, começam as escusas visando retardar a revogação, consabido que o principal interesse seria de inibir o ato solene, nada obstante estivesse o requerente desprovido do numerário suficiente.

Ao lado dessa caução também aparece aquela de configuração identificada com a fiança bancária, cujo custo elevado desestimula a parte interessada, mas reúne todos os elementos que descartam dúvida infundada ou o temor do inadimplemento posterior, devendo perdurar enquanto a causa caminhar para a formação da coisa julgada.

A caução real atestada pelo documento do registro imobiliário busca um bem do domínio do requerente no local onde tramita a demanda, ou de terceiro, preferencialmente de valor econômico ditado pelas regras de mercado e que tenha plausibilidade na oportunidade de sua eventual alienação.

Comporta ao Juízo inferir sobre a situação concreta e ordem a natureza sob o enfoque da espécie caucionária, sem que o interessado protele ao máximo essa etapa procedimental, porquanto a garantia formalizada desponta mecanismo certo e milita a presunção de boa-fé, geradora daquele equilíbrio na perspectiva de ser afastado o prejuízo, na hipótese de restar desfavorável ao postulante.

Não se reveste de ilegalidade ou irregularidade alguma a decisão inaugural que condiciona a expedição da ordem liminar à materialização da caução, quando existem fundados receios no sentido de que se possa frustrar o objeto de fundo da ação principal ou que haja uma demonstração ao sabor de importância que supera a expectativa indefinida em sede preparatória.

A regra geral determina a expedição e comunicação da tutela e proclama certificar a prestação efetiva da caução, óbvio que interregno poderá sobrevir pleito de reconsideração, ou agravo de instrumento, mas, decorrido o prazo estabelecido sem alteração substancial, a extinção da causa é imperativa e, consequentemente, a revogação da liminar.

A decisão que não acolhe caução diversa daquela em pecúnia desafia o agravo de instrumento, ou mesmo o mandado de segurança, quando reunidos os seus pressupostos legais, mas o tempo poderá servir de empecilho à manutenção dos efeitos da ordem liminar, porque exatamente a fixação feita pelo Juízo é suficientemente curta, porém necessária, a sua feitura.

O procedimento cautelar de sustação de protesto, de fato, não contém lide, e, por causa dessa qualidade inexcedível, não comportaria contraditório, mesmo porque é imprescindível o ingresso da causa principal, no trintídio legal, cuja relevância primeira se posiciona aderida ao questionamento da obrigação e da causa que suscitou o seu nascimento.

Na vertente balizada, ainda que a citação seja despicienda, a intimação do apresentante e de eventuais interessados a figurarem no polo passivo da lide principal se afigura plenamente justificável, motivando uma cientificação e evitando que haja circulação em prol de terceiro de boa-fé, do suposto crédito que se encontra debatido naquela demanda.

Porquanto inusual, mas de eficácia considerável, têm alguns poucos Juízos ordenado a citação e determinam audiência de conciliação no procedimento cautelar, precisamente quando o valor da causa não é substancial, o motivo do requerimento é forte, e se incorporam pressupostos que sob a experiência adequada mostram a utilidade da conciliação, evitando que seja prorrogada uma definição acerca daquela matéria.

Consequentemente, a audiência prévia de conciliação prioriza uma revelação a propósito sobre a natureza do crédito e sua regular constituição, não prejudicando o ingresso da lide principal, sendo frustrado o acordo, podendo até evidenciar pontos nebulosos e respaldar a desimportância de nova audiência na mesma modalidade, no procedimento principal.

Efetivamente, existem casos nos quais a audiência na cautelar tem conotação muito peculiar, haja vista planos de saúde, negativações, assembleias de condomínios, cercados de um color satisfativo, donde a importância de uma prévia marcação do ato processual se reveste de duplo objetivo, o primeiro de avaliar a possibilidade do término da relação conflituosa, o segundo de dotar a tutela de caráter definitivo, tanto no acordo como na perda do seu objeto, elidindo a perspectiva da principal.

Acolhidas as demandas propostas, a caução reverterá em proveito do requerente, mas, rejeitada a pretensão, sendo o depósito pecuniário, poderá o Juízo, na determinação de economia e celeridade processuais, proclamar sua utilização relativa à sucumbência, ou de forma integral, no acatamento do pedido reconvencional.

5 Tutela antecipada e sustação definitiva

Com o advento da Lei nº 8.952, de 13 de dezembro de 1994, conferindo nova redação ao art. 273 do Código de Processo Civil, a significativa mudança experimentada refletiu a verificação dos pressupostos do provimento, consubstanciados na prova inequívoca, e a situação denotando a verossimilhança da respectiva alegação, colhendo-se argumento francamente inovador no enfrentamento da morosidade na primazia da efetividade do provimento.

No ensinamento doutrinário que bem explora o tema, o mestre Ovídio Baptista da Silva ponderou que o campo de incidência das liminares antecipatórias coincide com os efeitos, nunca com o respectivo conteúdo de qualquer das três ações (declaratória, constitutiva, condenatória), que se peculiarizam pela natureza de efeitos práticos, não normativos, sendo os efeitos executivos e mandamentais; de qualquer sorte, a evidência deverá permanecer explicitada na prova encartada e que revele seu pressuposto naquela direção.

O parâmetro buscado na concepção do legislador é de singular importância e transcendental dinamismo, repercute no conjunto do conflito de interesses, evita que a demora consiga perecer o direito reivindicando e protege uma determinada relevância pela abrangência dos efeitos que antecipam o provimento.

Bem elucida Luiz Guilherme Marinoni a distinção entre satisfatividade e definitividade, procurando situar na sua essência os pontos entre o provimento cautelar e simples cognição sumária, enquanto uma depende da outra, podendo ser preparatória; somente na demanda de mérito é que surgirá um provimento selando o conflito, impondo a coisa julgada que fortalece o lado não transitório daquela previsão.

Em termos de protesto, a tutela antecipada surge como instrumento ainda de utilização pouco divisada, haja vista a dificuldade existente no trato dessa diferenciação e no aspecto do seu âmbito relacionado com a dessemelhança frente à demanda cautelar. De efeito, a antecipação do provimento pode ser introduzida quando tirado o protesto e mesmo na propositura direta da ação principal, antevendo o autor tempo hábil e suficiente para suspender o ato formal e solene.

Com razão, se o protesto está materializado e na expectativa de eventual cancelamento, reivindicando a inutilidade da situação e do prejuízo acarretado, o interessado poderá requerer ao Juízo a sustação dos efeitos daquele ato levado à sua realização.

Quando o promovente da demanda toma ciência do protesto posteriormente, eis que fora intimado por edital pelo Cartório, ou ainda na circunstância da entrega da ordem de sustação posterior ao ato solene e também na hipótese de revogação da liminar, faltante caução idônea, possível cogitar da suspensividade dos efeitos gerados pelo protesto, e nesse diapasão, firmemente, o propósito se delineia com uma observância de princípio a impedir a divulgação daquela realidade, posto que desatenderia o escopo desenhado na lide de fundo e os percalços seriam de tal envergadura que abalado estaria o crédito do interessado, de modo definitivo e prejudicial à sua atividade empresarial.

Essa tendência obsta que o cartório divulgue o ato de protesto tirado e de conhecimento ao mercado em geral, outrossim na eventualidade de informações solicitadas por terceiros, tudo priorizando um grau de sigilo que permanecerá intangível até decisão sobre a validade ou não do ato notarial.

De modo semelhante poderá acontecer se o protesto fora tirado na ausência de caução, ou reputada a garantia incompatível com a natureza do título comprobatório do inadimplemento acontecido. Evidente que a sustação dos efeitos do protesto possibilita uma aparência de normalidade que desconfigura um comprometimento da credibilidade da parte que discute a validade do título; com tal repercussão, a atividade ganha fôlego e não retira do empresário a natural confiança na obtenção do capital de giro, em relação aos fornecedores e na dinâmica de sua capacidade gerencial.

No desenvolvimento válido e regular da lide principal, acontecendo o vencimento de títulos e obrigações passíveis de protestos, sob o ângulo daquela discussão travada no âmbito do procedimento, havendo nexo causal, tudo permite que mediante provimento antecipatório seja obstado o ato solene, enquanto não haja fundamento ensejador de sua concretização, mesmo porque, se o objetivo colimado é o de mostrar a inexistência do crédito, tudo comportaria uma interpretação *cum granum salis*, na direção do menor prejuízo possível.

Destarte, a antecipação da tutela, desenhada com letras maiores na redação e nos dispositivos estruturados a partir do art. 273 do Código de Processo Civil, efetivamente origina uma técnica depurada de se obstar a materialização do protesto, de suspender os malsinados efeitos causados, ou mesmo de revisar sua natureza, notadamente quando o interessado efetua o depósito da importância e requer, excepcionalmente, a tutela visando seu cancelamento.

Minorando os efeitos negativos e os dissabores que o ato de protesto, por si só, preconiza, a antecipação da tutela fornece horizonte bastante estigmatizado para não apenas coibir o abuso, mas efetivamente consagrar um tratamento apropriado diante de situações fundadas no risco, quando o remédio processual se revelar incabível de operacionalizar uma equação que corresponda integralmente à reparação do direito violado.

Sistematicamente, portanto, a égide do provimento antecipatório examina a prova pré-constituída, o aspecto documental da relação jurídica, os complexos fatores que adjetivam a circunstância, modelando uma situação pela presença da objetividade demonstrada, esvaziando a carga inócua do processo, agindo eficientemente no caminhar à revitalização do bom direito reivindicado.

Ressaltávamos que a definitividade da ordem de sustação de protesto é o predicado disciplinado à finalidade do procedimento, no sentido de apreciar a controvérsia e declinar juízo valorativo sobre a existência do negócio e a razão da emissão do título, a ponto de conservar um aspecto de solução do conflito de interesses.

Entronizada nesse balizamento, a tutela destinada à matéria de fundo passa pelo exame da demanda principal, questionando a obrigação, ou procurando desconfigurar o nascimento da cambial, por ter vício na sua feitura, desatendendo ao formalismo da cártula levada a protesto.

Poderá essa conotação acontecer sob a modalidade de exceção na cautelar, quando as partes resolvem transigir, no andamento da ação principal que acentua acordo homologado pelo juízo, também no enfrentamento de mérito da lide, quando houver acolhimento da demanda, de maneira a tirar a validade daquela obrigação e permitir que o ato notarial fique, em definitivo, suspenso.

Em quaisquer hipóteses desenvolvidas tanto no acordo, ou no color da decisão que pacifica o litígio, bom se observar quanto à entrega dos títulos referentemente à documentação revelada na direção da consolidação do protesto, tendo em mira algum interesse na preservação do elemento para exibição, e a certeza de que não poderá ser utilizado na livre circulação, na pressuposição da boa-fé de terceiros.

Na delimitação do cenário jurídico, quando for determinada a sustação definitiva do protesto, caberá a remessa do título, ou respectivo documento, ao Juízo se as partes dispuserem em sentido contrário na transação, mas, não tendo a parte autorizada comparecido a cartório para retirada dentro de 30 dias, de igual modo a devolução será feita diretamente ao Juízo.

Constituído o motivo que determina a sustação definitiva do protesto, os assentos registrários manterão o informe atualizado no subsídio indispensável à ocorrência, na confluência de sua importância e na disquisição sobre o fundamento que eliminou o marcado apontamento preteritamente efetivado.

Subsidiado nesse pressuposto, o cumprimento pelo cartório se perfaz dentro do espaço de tempo necessário às providências internas, no aguardo da retirada dos títulos e documentos pela parte interessada, mas tudo resulta na comunicação efetiva, tomando vedado o protesto e retirando qualquer impedimento desabonador à atividade da parte envolvida.

Possível cogitar a deprecação do ato, quando o cartório está localizado fora da jurisdição onde se determinou a sustação definitiva, eis que o simples mandado poderia causar dúvida, ao passo que competiria ao juízo corregedor permanente exarar o seu cumpra-se, evitando questões menores ou mesmo suscitação de conflito a ser dirimido, detrimentoso ao interesse tutelado da parte beneficiária.

Se a determinação de sustação definitiva provier da decisão sujeita a recurso que vier a ser interposto, a comunicação do Juízo somente será concretizada com o trânsito em julgado daquela sentença, porque o aspecto essencial poderá merecer reforma do órgão *ad quem*, mesmo em virtude de o ato notarial nesse tempo decorrido ficar inadmitido.

Entabulado acordo no qual as partes convencionam o parcelamento da dívida, porém estipulam a sustação definitiva do protesto, concordando com a expedição do ofício ao cartório, tem-se que na hipótese do inadimplemento a mora ficará configurada independentemente de formalidade, ou seja, *ex-re*, mas de qualquer maneira não se permitirá o ato solene que fora anteriormente suspenso em caráter definitivo.

Em razão da novação obrigacional, o protesto anterior visava uma condição própria da ação, ou demonstração da situação dificultosa do devedor, porém o reconhecimento expresso daquela realidade significa uma nova configuração na concessão de prazo suficiente à quitação do valor exigido.

De se ressaltar que toda determinação judicial contida no sentido do ato notarial em si vincula o cartório, que somente poderá agir naquela conformidade, ou mediante autorização do juízo, de tal sorte a irradiar efeito na condução do protesto, sua suspensividade, retirada do documento ou título, enfim, tudo aquilo relacionado com a prática plural ditada pela sua finalidade específica.

Conforme explanação exponencial de Levin Goldschmidt, o protesto em si representaria uma declaração notarial do possuidor da cambial, no intuito de comprovar a exigência de pagamento, pressupondo futuro exercício do regresso, mas somente no procedimento litigioso será aberta possibilidade de questionar o título, a própria obrigação e os defeitos que revelam a cártula endereçada à formalização do ato.

Positivamente, na dicção da sustação definitiva do protesto, comprovada se denota uma visão acerca de duas variantes, uma transação que cuida por seu resultado o ato solene, ou decisão de mérito que resvale na essência do nascimento da obrigação e infirme sua validade, sem prejudicar terceiros de boa-fé.

Dentro da ótica discernida, a sustação definitiva é ato que faz demonstrar a falta de vínculo obrigacional, mas nada impediente no tocante à circulação da cambial e sua força vinculante pela operacionalização da transferência, eventuais endossos, ou atos representativos do crédito.

Quando o principal responsável realiza desconto e timbra a cobrança confiada a cargo da instituição financeira, eventual decisão judicial sobre a obrigação cambial não retira o conteúdo apegado à legitimidade de reaver o valor, preservada a boa-fé de terceiro que interveio na cadeia de transmissão do título.

Em suma, a coisa julgada pontuada na sustação definitiva do protesto precisa ser concebida na ótica da circulação e nas respectivas operações realizadas, sempre tutelando o interesse de terceiros.

Esse cancelamento disponibilizado resguarda os interesses de terceiros figurantes na relação jurídica cambial, de tal modo a exclamar uma realidade distinta, na visão de equacionar o regresso, no senso de permitir exigibilidade da obrigação, notadamente envolvendo o endosso no compasso das transferências em concreto presentes na obrigação.

Dessarte, todos que participaram do momento da obrigação cambial haurida, ou na catalogação de sua cadeia de transferência, de algum modo se vinculam ao negócio que obedeceu à análise criteriosa, mas que não dispensou vínculos entre os terceiros de boa-fé.

Permeado por esse ângulo o conteúdo da obrigação, consequência disso é experimentar na dicção analítica uma visão de eventual benefício havido, na demonstração do saque, emissão da cambial, e na tessitura da solidariedade; com isso, explica-se o prisma material da negociação e o conteúdo encerrado formal, adjetivado no procedimento.

Essa proteção, que serve de resguardo ao terceiro de boa-fé, implica o seu conhecimento ao redor da função do crédito e das consequências que se buscam na discussão da obrigação.

Revestido o procedimento de seus elementos principais que estariam estruturados na relação jurídica negocial, obrigação cambial e responsabilidade em razão do apontamento, existe uma tendência nos meandros dessas circunstâncias diante de interessados que tiveram subtraídos seus documentos, ou que perderam talonários, registrando-se a necessidade da ocorrência e, outrossim, comunicação à instituição financeira.

Comporta ponderar que tem sido comum apontamento de títulos prescritos, cobráveis via monitória, ou simples ação ordinária, porém os desavisados interessados somente se restringem nas suas ações comportamentais, portanto, à ocorrência e inteiração da instituição, quando na verdade deveriam promover demandas destacadas com as finalidades precípuas de não se surpreenderem no futuro com os apontamentos.

Fundamental dizer que os terceiros de boa-fé não dinamizam informes suficientes às circunstâncias da origem dos títulos e não polemizam seu questionamento, daí por que é sempre pontual dotar a via judicial e sintonizá-la para efeito de conhecimento público e eficácia perante terceiros frente à medida adotada.

De fato, o atual Código Civil (art. 915) seleciona as hipóteses de exceção de oponibilidade à formação do título cambial, ensejando aspecto de exceção de pré--executividade, no âmbito processual.

4

Retificação e Cancelamento do Protesto

> SUMÁRIO: 1. Retificação do erro e sua forma. 2. Noção e modalidades de cancelamento. 3. Cancelamento judicial do protesto. 4. Cancelamento de protesto irregular. 5. As certidões e informações do registro.

1 Retificação do erro e sua forma

Observada a ocorrência do erro material que circunda o ato notarial formalizado e solene, permite-se a necessária correção, cujo intuito é o de manter sua estrutura e gerar efeitos regulares, expungindo vício ou defeito que pudesse contrariar a essência do protesto tirado.

Com esteio na revisão do próprio ato de natureza administrativa, na técnica de conferir legitimidade no exame de sua legalidade, a corrigenda poderá ser procedida de ofício, a requerimento da parte interessada, ou mesmo emanado da determinação judicial, tudo no exato escopo de balizar a prática do ato dentro de sua regularidade e consequente eficácia.

Não deixa de ser a correção uma re-ratificação do protesto que padece de algum vício capaz de macular sua validade e infirmar sua qualidade, donde a previsão de modificação daquela falha ou equívoco também se assenta no princípio do aproveitamento dos atos desenvolvidos, sem conotação de eventual dolo ou pressuposto que derivasse para nulidade do próprio protesto.

Nas hipóteses de gravidade maior que sinaliza situação peculiar, diante das evidências surgidas, não se cuidando, por óbvio, de mero erro de ordem material, plausível a utilização do procedimento elencado nos arts. 212 e 213 da Lei de Registros Públicos (Lei nº 6.015/1973), colimando determinação mediante decisão a ser acatada pelo responsável, providenciando todas as alterações na certeza de retirar as imperfeições normalmente destinadas à eliminação da eficácia do protesto.

A competência na situação descrita ficaria subordinada ao Juízo corregedor daquele cartório que procedeu de forma irregular, sem prejudicar a apuração de sanções previstas no diploma normativo, Lei nº 8.935, de 18 de novembro de 1994, vez que o notário se comportou fora das funções exercidas, causando prejuízo e desviando-se do efeito almejado pelo simples protesto formal e regular.

Na sequência dessa anotação, cumpre asseverar que todos os dados daquele documento, ou do próprio título, fazem parte do instrumento da lavratura do protesto, assim também é possível que a inserção indevida do nome da pessoa, cujo interesse do credor é nenhum, possa ser modificada na alteração subsequente, feito o pedido específico na direção acenada.

Os equívocos mais comuns que os usos e costumes proclamam dizem respeito à cadeia dos atos de circulação da cambial, à própria natureza do endosso, eventualmente endereço, e outrossim à expressão monetária do débito, falhas essas que serão eliminadas, na medida em que o notário encontrar o lapso cometido e fundamentar a correção encetada.

Desnecessário dizer que as correções ficarão averbadas, feita apresentação do original reportado ao instrumento de protesto, mas toda oportunidade onde se fizer de ofício a corrigenda é indispensável à necessária fundamentação, para que haja coerência e constem os aspectos principais do ato retificatório.

Os serviços que se desenvolvem baseados na correção do erro material são livres de despesas ou emolumentos, mas devem ser efetuados com a maior brevidade possível, para que permitam a produção da finalidade comprobatória irradiada na validade do protesto, caracterizada a publicidade, que tornará a demonstrar a lisura do ato realizado.

Na circunstância ditada e concentrada no apontado erro constatado, indaga-se sobre a consequência em relação a determinados atos que configurem um nexo causal com a respectiva ordem natural das coisas a ponto de infirmar uma perspectiva diferente da pretendida, ou seja, no protesto necessário contendo imperfeições seria plausível, partindo-se da premissa indicada, o requerimento de falência do devedor-sacado?

Pensamos que, sendo único o protesto, relativo a título inadimplido, portador de vício revelando sua impropriedade técnica, estaria esvaziado requisito legal denotador do requerimento de quebra, entretanto, se forem vários os títulos e o defeito se concentrar em apenas um deles, pode o devedor efetuar o depósito elisivo da soma incontroversa e alegar aquela circunstância diante do problema infirmador da liquidez e certeza obrigacionais.

Haveria algum prazo preclusivo determinante da correção da imperfeição do ato notarial? Certamente, a situação trabalha a favor da revisão do erro no menor espaço de tempo possível, e na direção divisada a própria legislação que disciplina o tema enfocado determina que os assentos serão conservados relativamente ao último lustro legal, mas em atenção à corrigenda, ainda que sob a forma judicial, o lapso prescricional comum se delimita como de um ano, até para possibilitar a solução razoável da inexatidão.

O inexcedível Mário Battaglini sufragava percepção no sentido da nulidade do protesto, quando ausente requisito de forma, afetando o direito de regresso, causando a respectiva decadência da ação, entretanto se cravará a anulabilidade do ato solene e formal que não apresente simetria e, portanto, coerência com o documento representativo do crédito.

Malgrado o equívoco assinalado e sua emenda a mão de ofício, nada prejudica eventual demanda de responsabilização dirigida em desfavor do tabelião de protesto, haja vista que a interpretação mais abrangente do art. 38 da Lei nº 9.492, de 10 de setembro de 1997, de modo expresso se refere a todos os prejuízos causados por culpa ou dolo.

Efetivamente, para que se comprove alguma responsabilidade motivada na culpa comprovada e não simplesmente presumida, comporta ao interessado demonstrar o nexo causal evidenciado no dano havido, pela falha pretérita, elemento indispensável e requisito inelimináve l da demanda de natureza indenizatória.

2 Noção e modalidades de cancelamento

Desde que formalmente tirado o protesto, conforme as circunstâncias específicas e peculiares que matizam o ato, sem sombra de dúvida, desponta o interesse de ser cancelado administrativamente, ou em Juízo, na técnica apropriada de se evitarem os efeitos negativos pelo adimplemento tardio, ou inequívoca demonstração sobre a impertinência do ato contra o qual se reclama.

Dissenso bastante do passado punha em dúvida a possibilidade do cancelamento do protesto, vez que tipificada uma realidade formada numa relação jurídica obrigacional, sem jaça, ou defeito que incidisse no seu objeto, por tal ângulo, como retirar a eficácia se o conteúdo do título apontado não fora honrado a tempo e a hora.

Na visão de Waldemar Ferreira, o cancelamento invalidaria o ato jurídico perfeito e acabado, cuja própria lei não teria a mesma identidade, verdadeira anulação de característica diversa da função probatória e pública visada pelo protesto. A dúvida haurida nas teses desenvolvidas colocava em relevo a mantença do ato notarial; se estivesse revestido dos pressupostos à sua formalização, apenas o vício ou significado mais forte poderia provocar o situado cancelamento.

Destacava Pontes de Miranda que o protesto seria o ato de fé pública, apenas atacável de acordo com a forma sublinhada para os demais atos notariais, enquanto De Semo sufragava ser nulo o protesto quando faltante um ou mais requisitos essenciais, como: a competência do oficial, a tempestividade, a integridade do conteúdo e a forma do instrumento.

Indesmentível que haja previsão normativa autorizadora do cancelamento do protesto, em oportunidades especiais, onde se pretende afirmar algum fundamento que possa infirmar a validade do ato, ou a simples circunstância que tornaria inócuo o ato solene.

Formalmente, o cancelamento é o ato de natureza administrativa, ou emanado de ordem judicial, segundo o qual o notário procederá à baixa do título, averbando no termo respectivo e anotando no índice, de molde a desaparecerem os efeitos adversos inerentes à prática do protesto.

De fato, o cancelamento será viável e deverá ser concretizado nas circunstâncias do pagamento realizado ou por determinação judicial, envolvendo a natureza da relação obrigacional e os reflexos no aspecto da validade do vínculo jurídico.

Nesse diapasão, o interessado poderá somente propor a demanda visando cancelar o protesto, ou cumulativamente pedir a declaração de inexistência de obrigação cambial, de nulidade do título, ação de consignação em pagamento, enfim, o remédio processual escolhido será consoante a tutela buscada, na etapa de comprovar o desacerto do respectivo ato notarial.

Evidente, quando o cancelamento se circunscrever à esfera administrativa, será imperativa a apresentação do documento probatório de pagamento, ou, se impossível a sua exibição, por não se encontrar na posse do interessado, a substituição recairá por meio da expressa declaração de anuência do credor, ou endossatários do título, e efetivada a identificação na declaração, com a imprescindibilidade da firma reconhecida.

Cogitada a hipótese de estar o título em cobrança pelo endossatário-mandatário, bastará a declaração de simples anuência do credor-endossante, cujo escopo atenderá a finalidade perseguida, comprobatória da quitação da pressuposição do cancelamento daquele protesto.

Projeta-se a plausibilidade de o protesto ser cancelado judicialmente quando houver interesse no pagamento, sem discutir o mérito e validade do ato notarial, mas estiver o devedor impossibilitado de encontrar o credor, desconhecendo seu endereço, pontos indicativos e quaisquer aspectos que determinassem fosse o ato consolidado administrativamente.

As seguidas transferências intrínsecas à obrigação cambiária podem formatar uma situação incômoda na visão do devedor, vez que, se não houver consenso entre os anuentes, evidente que a via administrativa restará prejudicada, aberto o limbo judicial para solução da controvérsia.

Para que a situação indefinida não seja polemizada e os aspectos desagradáveis do protesto multiplicados em razão da discussão sobre a validade da obrigação, ou do título que tornou viável o ato questionado, simples depósito do valor da cambial será suficiente na apreciação da tutela antecipada.

De efeito, muitas atividades ligadas às informações específicas do sistema protetivo do crédito necessitam manter o bom nome na praça, a presença de protesto é desabonadora e interfere, livre de dúvida, no conceito e na reputação da empresa.

Consequentemente, a existência do protesto, independentemente do valor que esteja alavancando a obrigação, nas condições atuais do mercado, desfavorece e muito a atividade empresarial, bastante nessa dicção uma antecipação de tutela, feito o depósito da importância, colimando expungir o nome dos assentos da entidade.

As dificuldades encontradas no plano administrativo do cancelamento do protesto permitirão a utilização da via judicial, a qual proclama na sua grande essência a perquirição sobre o negócio jurídico subjacente e a exploração das exceções causais e pessoais, relativizadas na dependência do título de crédito protestado.

Questiona-se se, na hipótese indireta de estar adimplida a obrigação, sem expressa declaração de cancelamento, ficar uma alternativa, capaz de preencher a lacuna e integrar a manifestação de vontade? Desenganadamente do perfil divisado, a dicotomia entre o protesto facultativo e o necessário resultará relevante, mas a princípio o cancelamento pressupõe uma tutela jurídica específica; sem o provimento direto, a impossibilidade do cancelamento seria manifesta.

Efetivamente, o dissabor do protesto leva ao interesse referente ao seu direto cancelamento, porquanto projeta resultado negativo em atenção à pessoa atingida pela sua feitura, passando a neutralizar qualquer reação no tempero do acesso ao crédito, mormente porque não se classifica a impontualidade, a insolvência, ou o valor do título em questão.

Diferente, no aspecto disciplinado, seria a expressão da empresa em crise que avoluma um número elevado de protestos, porém com o fluir do procedimento e na etapa da extinção das obrigações, decorrerá comunicado de cancelamento se envolverem, por si sós, o leque das matérias relacionadas pelos credores, na percepção da cessão, dação, ou pagamento dos valores.

A permanência do protesto, por si só, desabona e causa sensação de intranquilidade, eis que o crédito ficará limitado, a participação em concorrências vedada e as instituições sempre terão o registro que macula o nome, donde é imprescindível o cancelamento com a formação de princípio sobre a não vinculação ou pagamento puro e simples da obrigação, no visualizar levantamento do assento registrário.

3 Cancelamento judicial do protesto

Inequivocamente, o cancelamento judicial se apresenta como meio idôneo à demonstração do pagamento, haja vista a impossibilidade do êxito administrativo, bem ainda na circunstância típica que revela o questionamento sobre a validade da obrigação e os pressupostos a embasar o ato notarial.

Na conformação da realidade substancialmente identificada com o protesto do título ou documento correspondente, priorizará o interessado a relevância simplesmente da extinção da obrigação, ou ensejará pelo procedimento conveniente o debate que cercará a validade da cártula que fundou o protesto.

Restrita a pretensão ao mero depósito do valor protestado, consequentemente o pleito terá a força de conseguir antecipação da tutela, na descrição objetiva da situação, e a perspectiva de solução mais rápida, sem formalismos ou divagações em torno da liquidez e certeza do título, representado pelo aspecto norteador do próprio ato notarial.

Tipificado esse ponto, cumpre ao devedor *tout court* proceder ao depósito da soma que está materializada na obrigação cambial, eis porque o conflito de interesse será dirimido a partir da aceitação do importe, e não sendo localizado o credor, feita a citação por edital, a presença da quantia resolverá o impasse com a tônica do provimento destinado ao alcance de reverter o quadro frente ao posterior adimplemento da dívida.

Tem sido pois frequente no bojo das ações de cancelamento de protesto, naturalmente, o rápido interesse da tutela antecipada que não tem caráter satisfativo, porém visa exclusivamente não revelar aquele dado até o julgamento de mérito da demanda.

De fato, tendo o interessado agitado o depósito correspondente, acrescido das atualizações de praxe, revestido o pleito dos seus pressupostos, incumbe a decisão antecipatória, no propósito, desenraizar o nome dos registros e não publicizar, evitando a divulgação aos demais entes protetivos do crédito.

Vislumbrado o pagamento na sistemática de ser atividade-meio com o principal elemento da atividade-fim externada no cancelamento do protesto, incluem-se eventuais despesas próprias do ato e a indexação do valor pelos acréscimos a partir do protesto se não houver estipulação em sentido destoante.

Formam os devedores solidários uma cadeia relacionada com as múltiplas etapas da circulação cambial e a consequência do endosso que permite o exercício autônomo do direito de ação, de tal forma que a legitimidade poderá estar vinculada ao principal devedor, ou obrigados que tiveram seus respectivos nomes na lavratura e registro do protesto.

Sintomaticamente, o direito de regresso e o prazo temporal existente fazem com que o credor exerça o protesto considerado obrigatório, mas padecendo o título de vício, ou divisado ponto que afeta o nascimento daquele vínculo, tudo indica a discussão que poderá beneficiar todos os envolvidos no protesto.

Na dinâmica do procedimento de cancelamento que, depois de contestado, obedecerá ao rito ordinário, salvo se o valor da causa comportar imprimir aquele sumário, tem-se que na eventual ocorrência do acordo formalizado por sentença homologatória, aceito o valor em depósito, o título executivo que sela a manifestação de vontade ato contínuo conterá determinação de ser cancelado o protesto, disciplinando a entrega do título.

Quando a questão envolver a existência de obrigação ou vício que macule o nascimento do título cambial, quer pela forma ou conteúdo, a indispensabilidade do depósito da soma poderá ser cogitada, exceto se formulado pedido expresso resvalando na antecipação da tutela.

Suscita interesse destacar que a ação consignatória poderá refletir indiretamente respaldo no cancelamento do protesto, quando a mora não estiver suficientemente presente, for menor o valor da obrigação, restar indesmentível causa que sufrague a tônica da bilateralidade e reciprocidade das partes no cumprimento de suas obrigações.

Deve ser enfatizado que, nas demandas específicas que visam o pagamento pura e simplesmente ou a demonstração de imotivação para efeito de protesto, a relação jurídica estará adstrita às partes que se incorporam ao título e têm seus nomes declinados no ato do protesto, e o notário somente fará parte se houver comprovação de culpa, ou dolo, a macular o ato, gerando na sua substância anulação ou nulidade do protesto.

A decisão que acolhe a pretensão e declara inexistente a obrigação cambial tem eficácia positiva na infirmação do protesto, de modo parelho quando houver vício ou defeito no título de crédito ausente requisito formal, tudo resultando na falha insuprível e que denota jejuno o vínculo jurídico entre as partes.

Dentro dessa circunstância, o cancelamento do protesto redunda na procedência da demanda proposta e sua feitura dependerá da formação da coisa julgada, sedimentando a situação, não podendo ensejar qualquer alteração do seu estado, exceto por intermédio da ação rescisória.

Independentemente da maneira pela qual se obtenha a definitividade no cancelamento do protesto, tem-se como prerrogativa da parte interessada fazer constar o fundamento, expondo a matéria em detalhe sem deixar margem a dúvida, notadamente faltante obrigação ou inexistente a sua configuração a respaldar o protesto.

Cogitada a hipótese de tutela antecipada proclamando a viabilidade deste calibre na demanda de cancelamento do protesto, a respectiva averbação situará mera anotação sobre a medida determinante, quando então será fornecida a informação, exceto se determinação judicial vedar a divulgação na tutela dos interesses da parte intencionando o definitivo cancelamento.

Fruto do cancelamento do protesto com a expedição do necessário, será apagado o nome do devedor, não constando doravante das certidões expedidas, excepcionalmente na hipótese de requerimento por escrito e no seu interesse, ou quando convier por determinação judicial.

Fundamentalmente, a causa motivadora do cancelamento do protesto deve constar para possível conferência e seu contorno nos livros, para efeito de ser dirimida dúvida ou averiguada realidade independente da procedência ou posição daquele crédito reputado pago ou não existente.

Convergente a depuração dos fatos com a tipicidade da obrigação, poderá ser determinada incidentalmente apreensão dos títulos em cartório, colimando análise e constatação dos elementos motivadores da relação jurídica, em compasso com o protesto, mera providência que proporciona uma espécie probatória que atenda a necessidade de resolver o conflito de interesses, precisamente quando questionada a cártula, por falta de requisito de cunho indispensável.

Evidente quando alega o interessado fraude ou falsidade documental, na hipótese de não corresponder sua assinatura com a lançada no documento, fundamental que venha o título para o exame grafotécnico, uma vez que se for constatada a circunstância, o cancelamento será feito de imediato, livre de ônus, porquanto nunca existira a relação jurídica subjacente do propalado crédito.

Demais, tratando-se de título dado em garantia, objeto do contrato plural e que contenha valores desconformes às tratativas, nada impede que seja declarado abusivo.

No diapasão elencado, ditamos exemplificativamente as negociações que envolvam arrendamento mercantil, alienação fiduciária, inclusive correlacionadas ao sistema habitacional; em todos os aspectos abrangidos, o título-caução que envolve o todo da obrigação não poderia, em tese, ser protestável, exceto com os descontos de face, traduzindo a pureza do saldo em aberto.

No mesmo sentido acontece para efeito de quebra, o protesto é tirado pelo valor integral da obrigação cambiária, mas a relação evidencia pagamento parcial não relacionado na matéria específica, delimitando abuso e excesso injustificado.

4 Cancelamento de protesto irregular

Destacamos que o notário tem a obrigação de examinar os requisitos formais que cercam o protesto, recusando-o de imediato naquelas condições consistentes na ausência de elemento tipificado do próprio ato perseguido, sob pena de ficar sujeito à responsabilização.

Embora menos comum, a ação destinada a demonstrar a irregularidade ressaltada no ato notarial, a probabilidade cresce à medida que os meios eletrônicos, informatizados e da cibernética vêm à baila, precisamente porque o apontamento é feito por indicação na instrumentalização do mandato e na consequente tentativa visando caracterizar o inadimplemento.

Pensando nisso foram lançadas diretrizes particularizando os boletos que representam operação comercial ou de prestação de serviço, no sentido de precaver o tomador do título e ainda na respectiva apresentação ao cartório de protesto.

Quando o título ou o documento levado a protesto carece de pressuposto básico e não retrata situação clara, inconteste, capaz de obrigar a parte, indicando a prematura atitude tomada, onde se timbra pressão desnecessária a um propalado crédito, diante desse mecanismo tudo recomenda maior atenção para que o ato não se revista de vícios determinantes do seu cancelamento.

O surto da inadimplência e o aumento vertiginoso de títulos e documentos protestados são indicativos da crise de liquidez e da falta de recursos para fazer face às dívidas assumidas, mas invariavelmente situações vingam onde os sacadores pretendem a cata de recursos inexistentes, proclamando-se credores de somas e valores, cujas negociações se atestam ausentes.

Destarte, o preenchimento formal dos aspectos que presidem o título é condição imprescindível ao exame da natureza e da respectiva origem do crédito, cabendo verificar qual a ramificação e a ordem lógica no nascimento da obrigação cambiária, tudo na constante preocupação de se minorarem os efeitos do indevido protesto.

Não há se confundir irregularidade material considerada no erro cometido com aquela de conteúdo formal que pede a expressa manifestação judicial, porquanto uma vez lavrado o protesto, inibido estará o notário de proceder desfazimento do ato, gerando efeitos e consequências na órbita do crédito e da relação negocial.

Decorre, pois, que a falha sentida é de natureza mais próxima ao elemento que instrua o documento e comprove a razão do crédito, ou seja, típica situação na qual não seria condizente a tirada do protesto, ou dele sobressai inequivocamente vício que por si só infirma sua ordem de validade, mas para que isso aconteça é de rigor uma determinação judicial que abarcará o exame do fato e poderá impor responsabilidade ao notário.

Diferentemente da ação que pede o cancelamento por inexistente obrigação ou defeituoso o título que preconiza o protesto, o encaminhamento da matéria sob a ótica da irregularidade proclama ação contra o notário, excepcionalmente, os demais interessados na acepção do crédito poderão figurar como litisconsortes facultativos, na identificação da questão prejudicial, ou na delimitação da responsabilidade.

O foro competente para a demanda que visa anular o protesto é o local onde ele se concretizou, dirigida ao Juízo que mantém a fiscalização e supervisão do serviço, sob o prisma da corregedoria permanente; no entanto, sendo diversificada a competência entre vários juízos, a lide poderá ser distribuída para qualquer um deles, sempre na visualização territorial do aspecto do ato notarial.

Consequentemente, a ação que prioriza anular o ato e determinar seu cancelamento poderá ser intentada contra o notário, substituto, escrevente autorizado, e todos os demais que participaram diretamente da relação que culminou com a feitura do protesto, e a providência diligenciada não excluirá apuração da responsabilidade pela corregedoria a ponto de aferir o cometimento de irregularidades.

Evidentemente, quando a pretensão tocar na situação da legitimidade do crédito, particularizando o caso de duplicata fria sacada e ordenada sua cobrança mediante boleto bancário, simples indicação de apontamento, sem a necessária aferição dos seus pressupostos, os prejuízos material e moral a serem ressarcidos pelo responsável também poderão desenhar o campo administrativo e penal dos deslizes incorridos.

Presente forte fundamento que preserve o direito reclamado, na hipótese de cancelamento fruto de irregularidade do notário, salutar a tutela antecipada, a qual fundamentalmente conservará a integridade da pessoa física ou jurídica abalada, possibilitando menor grau de prejuízo, mas somente a prova colhida terá o condão de evidenciar as falhas apontadas e reputar desprovido de alicerce o protesto.

Especificamente, também, competirá ao interessado suscitar a protestabilidade do título ou documento, a ocorrência do inadimplemento, a circunstância na qual o protesto fora lavrado, os nomes anotados para efeito de regresso e toda a matéria relevante que exprime papel de importância na discussão sobre a regularidade do ato.

Introduza-se a hipótese nada improvável onde o protesto fora duplamente tirado, eis que não há sistema unificado entre os cartórios tanto para sistematização do procedimento, como para colheita dos informes; nesta vertente, o ato notarial posterior, além de ser desnecessário, peca pela falta de regularidade, pontuando excesso a merecer uma decisão judicial a ponderar sobre a dualidade, na responsabilização direta do notário e outrossim do apresentante, secundado na formulação de requerimento despido de sua essencial validade.

A pluralidade que tem conotação genérica relativa ao conjunto dos títulos protestáveis, dentro do contexto normativo, leva sempre à exigência de uma conferência e análise positiva da causa, eis que a falta de requisito ou a introdução de elemento estranho à relação faz presumir responsabilidade.

Doravante, com a integração *on-line* dos Cartórios, disponibilizando serviços 24 horas aos usuários, padroniza-se maior facilidade no acesso do subsídio e na obtenção de certidão, inclusive no âmbito negocial das empresas e no suporte protetivo do crédito.

Consequentemente, a transitoriedade do protesto, com o lustro legal fixado, pode ser hostilizada em qualquer estágio na presunção de se corrigir falha, deslize, irregularidade, no sentido de motivar cancelamento, desbloqueando com isso a negativação acontecida.

5 As certidões e informações do registro

Sob a Disciplina Legal do Diploma Normativo, Lei nº 9.492, de 10 de setembro de 1997, passaram a ser da competência exclusiva dos cartórios as informações e certidões respeitantes aos atos notariais, de tal maneira que essa tarefa exige organização e um sistema que poderá ser informatizado, onde os interessados terão meios de obter dados e demais elementos consultados.

Resultado disso, saindo o subsídio da esfera estritamente do Judiciário, recai a responsabilidade pelo aspecto da informação incorreta ou inexata na atividade desempenhada pelo cartório na pessoa do tabelião, ou daquele que contribui para o surgimento dessa circunstância adversa.

Efetivamente, na circulação e concessão do crédito, a consulta feita por entidades e órgãos de classe não apenas com a finalidade estatística, mas substancialmente para fornecer um mapeamento do volume de inadimplência, dentro do seu percentual aceitável, colima a circulação daquele dado reputado imprescindível no manuseio junto ao mercado de forma geral, portanto a atividade empresarial, por ser de risco, deve estar aparelhada de elementos suficientes à caracterização dos aspectos relevantes, objetivando descartar o prejuízo ou suportá-lo em grau reduzido.

É consenso generalizado formador da *communis opinio* que os momentos de crise, onde o pico da inadimplência se instala, revelam um aumento gradativo dos protestos lavrados nos cartórios, banalizando o instituto e sua real função; por tal caminho seria de rigor uma reformulação que atendesse valor mínimo do crédito e o exame mais acurado de suas formalidades, evitando dissabores e deslizes que afetam a segurança das relações econômicas.

De forma geral, o protesto significa alguma anormalidade da própria atividade econômica, e uma restrição ainda que indireta do crédito, sobretudo se o volume atingir repercussão e significado na concessão do capital de giro, introduzindo um complicador que, sem dúvida alguma, percorrerá etapa de efeito desgastante ao empresário.

Há uma relativização, por outro ângulo, da importância e do substrato provocado pelo protesto do título, eis que a própria legislação vem admitindo a concessão do benefício legal da moratória, fazendo vista grossa ao número de protestos presentes, às importâncias sinalizadas e ao nexo entre uma possível insolvência ou mera dificuldade transitória.

Bem mais do que isso, a legislação dispõe no art. 24, de maneira expressa, sem tangenciar em ponto algum, a plausibilidade do fator do protesto acontecer na pendência da concordata preventiva processada, envolvendo credores não sujeitos à regra do favor legal, porque certamente aqueles com privilégios ou preferências seguramente não abrirão mão do predicado, para efeito de requerimento da quebra.

Com a reformulação integral do instituto falimentar, e sua passagem para a circunstância aprimorada do estágio de recuperação de empresa, a figura do protesto fica relegada a um campo acessório, eis que, diferentemente da concordata preventiva, o procedimento de reerguimento abarca diretamente todas as classes dos credores, de tal sorte que a feitura do ato notarial posteriormente à homologação do plano, por si só, nada altera ou desestabiliza sua real concretude.

Na circunstância abordada, generalizava-se o protesto e a intenção à concordata preventiva, como maneira de impedir as cobranças e submeter os quirógrafos à vinculação ao juízo universal.

No color da recuperação, entretanto, modifica-se substancialmente esse retrato, valendo-se, em primeiro, do valor mínimo protestável, a duas da probabilidade de haver recuperação diante do pedido de quebra, por derradeiro tipificar ato isolado que deverá ser levado ao conhecimento do contexto empresarial, na perspectiva de sua viabilidade.

Com razão, porque espelha uma circunstância relevante e de realce na conjuntura da atividade empresarial, cabe ao notário manter uma regular posição nos registros cartorários, fornecendo os dados solicitados e também esclarecendo situações peculiares, sujeito ainda à fiscalização pelo corregedor que atenderá reclamos e reivindicações sobre a eficiência do serviço realizado.

A primeira colocação a ser feita em matéria de informação se refere ao caráter sigiloso de conotação restrita e balizada pela oficialidade do subsídio que fica sob a responsabilidade dos tabeliães de protesto, donde qualquer quebra do princípio ou desencontro dado à consulta formulada será capaz de pedir uma providência do Juízo corregedor, e mesmo no campo da responsabilidade civil.

Aplicam-se, congruentemente com a sistemática dos registros e arquivos constantes dos cartórios especializados, as regras previstas nas Leis nºs 6.015/1973 e outrossim 8.935/1994, sob o ângulo da responsabilidade e incidência da fiscalização nas atividades internas, a cargo do juiz corregedor, suscitando eventual dificuldade na localização daqueles elementos, razão primeira no investimento de tecnologia que mantenha informatizados no banco de dados os subsídios preservados.

Confere o legislador uma publicidade restrita ao dado constante do assento registrário; a despeito da divulgação que media o protesto do título, segue uma regra que estabelece uma certa confidencialidade no informe; isso serve para evitar especulação maior ou exploração da situação desfavorável do devedor, alcançando os próprios obrigados solidários, preconizando a ordem que o Código do Consumidor adotou de não revelar indevidamente fatos que possam desabonar a pessoa e afetar sua credibilidade na relação dos seus negócios.

Reza o art. 42 do Código de Defesa do Consumidor preceito matizando o seguinte delineamento:

"Na cobrança de débitos, o consumidor inadimplente não será exposto a ridículo, nem será submetido a qualquer tipo de constrangimento ou ameaça."

Nada obstante o caráter teleológico da norma, sua relativa serventia em grandes centros urbanos, onde o desconhecimento geral e a regra suavizariam o comando, que deve ser temperado e abrandado na consequência que poderá acarretar. De efeito, o protesto por si só de pessoa física é capaz de limitar seu crédito, proibir a prática de operação bancária, romper com a utilização de cartão de crédito, inviabilizar financiamento de qualquer espécie, afora a dificuldade que se tem em conseguir reverter a situação e demonstrar particularizadamente estar resolvida a questão, nada havendo que poderia desabonar o interessado.

Evidente, portanto, que, além dessas entidades especializadas na cobrança, a venda por instituições de créditos duvidosos, e o surgimento de via alternativa, tudo conjugado, demanda maior reflexão na proteção da pessoa e da própria imagem do consumidor. Explica-se essa preocupação haja vista a instrumentalização de circunstâncias que sobressaem sem o menor controle da parte interessada, assim quando da abertura de contas-correntes e uso de cartões de crédito obtidos com registros de identificação subtraídos das vítimas, que são duplamente penalizadas, pela perda do documento e por causa do desprestígio do próprio nome.

Formalizado o pedido referente à expedição da certidão solicitada, o cartório terá o prazo de cinco dias úteis na sua confecção, cujo teor do documento estará alcançando os últimos cinco anos, em relação ao requerimento, exceção feita se houver específico pleito em atenção a ato notarial identificado.

Inexorável assinalar que na feitura do documento requerido pelo devedor ou solicitado por terceiro interessado será imperativa a identificação, por meio de registro geral, do cadastro da pessoa física, do cadastro geral de contribuintes, além evidentemente dos dados que se incorporam ao próprio protesto regularmente lavrado.

A exigência tem sua razão de ser para eliminar o máximo possível a situação descrita da homonímia e identificar exatamente o ato praticado com a circunstância posta no requerimento desenvolvido, não causando dúvida ou gerando incerteza no fornecimento da respectiva certidão.

Quando for possível constatar, sem sombra de dúvida, evidente configuração de homonímia, por intermédio do simples cotejo dos dados particulares ditados no ato do protesto, caberá ao tabelião de protesto confeccionar certidão negativa.

Somente o aprimoramento e consequente aperfeiçoamento de informes pessoalmente identificados têm o condão de divisar uma realidade bastante adequada aos tempos da modernidade, haja vista a dificuldade com a qual se vislumbrava no sentido do aparecimento do nome e a imediata conclusão a prejudicar a indicação daquele que nada se relacionava direta ou indiretamente com o protesto.

É bastante comum na ótica desenhada que os interessados na obtenção do crédito, financiamento e implementação de operações, na comprovação dessa homonímia, solicitem dos respectivos cartórios as certidões negativas, visando sobretudo denotar que nada de comprometedor ou desabonador paira que possa informar ou privá-los do negócio pretendido.

Em se tratando de protesto cancelado, ato contínuo à certidão não conterá esse elemento, somente se houver expresso requerimento do devedor interessado, ou para atendimento da determinação judicial específica, como no exame da circunstância objetiva para efeito da concessão da concordata preventiva.

Regrada a expedição de certidão individual, também é perfeitamente admissível aquela de natureza coletiva, destinada às entidades de classe representativas do comércio, da indústria e das próprias instituições financeiras, sempre atento à relação constante da solicitação.

Objetivamente, o conteúdo das certidões coletivas concentra higidez na relação das pessoas constantes nas informações, no intuito de não ser admissível a divulgação, visando propiciar uma privacidade e conferir a regra do não constrangimento, quer no uso ou manuseio estatístico preferencialmente, ou mesmo na adoção de providências que regulamentam melhor o funcionamento de crédito.

Funda-se a certidão coletiva na prática do conhecimento pela entidade corporativa que manterá ainda o seu lado reservado, sem entrar na intimidade ou descer a detalhes na revelação de informes que se lhe fluem exclusivamente no interesse conjunto que representa. Na perspectiva esboçada, qualquer violação dessa matriz ou desatendimento do predicado colocado pelo legislador poderá sujeitar à sanção.

De fato, a penalidade a ser imposta consistirá na suspensão da informação, demonstrada a transgressão da norma, pela divulgação daquele subsídio, ou esclarecimento a respeito do protesto cancelado, sem prejudicar ação de reparação do dano eventualmente cometido, por causa da quebra da privacidade e comunicação de fato vedado pela legislação em vigor.

Indefinido o prazo estabelecido para efeito de suspensão da informação a ser prestada, destinada à entidade de classe, cuidará a corregedoria de apurar a falta e, conforme seu grau de gravidade, propor um período durante o qual o subsídio não será atendido.

A suspensão ditada pelo órgão de fiscalização remanesce pelo tempo de sua duração, mas é cabível o oferecimento de recurso administrativo, e na manutenção do decisório, a via judicial para que a punição aplicada possa ser relevada, ou minorada, em relação ao prazo fixado.

Insta ponderar que o cartório deverá fornecer na sua integralidade a informação reclamada, constando ainda a simples apresentação, data do protocolo, e o tipo de protesto a ser efetivado, para que não paire dúvida sobre a natureza e a circunstância que está relacionada com o inadimplemento do devedor. Básica e diretamente, a certidão fará constar o protesto registrado ou que tenha sido lavrado; excepciona-se a regra quando partir o requerimento do devedor ou vier determinação judicial no campo vinculado à transparência.

De se assinalar ainda que, em relação à divulgação e utilização dos dados fornecidos pelo cartório, o manuseio permite apenas posição que se restringe aos registros que ainda não foram cancelados; induvidosamente, o legislador procurou resguardar a situação timbrada que retira a publicidade do ato submetido à averbação, para que somente tenha referência o padrão legal que permanece válido e dotado de eficácia.

Necessariamente, as certidões expedidas farão constar os nomes dos devedores principal e solidários, suas posições em relação ao título, eventual regresso a ser exercido, a qualidade que os identifica em atenção ao credor, porque a transparência é fundamental na colheita do elemento pedido, não podendo o cartório se furtar desse esclarecimento, sobremodo relevante à atividade da verdade formal.

O direito de certidão vem assegurado constitucionalmente, revelando cláusula disciplinando norma cogente, prevista no art. 5º, inciso XXXIV, da Lei Maior, significando que o interessado, sem demonstração do interesse específico, poderá requerer o subsídio da emissão positiva ou negativa do dado constante do protesto, cuja finalidade seria de possibilitar eventual remédio judicial, ou simplesmente meio de denotar nenhuma relação entre o ato notarial e o fato pesquisado.

É interessante ponderar que a Constituição Federal, vigente há mais de uma década, também consagra de maneira estreme de dúvida o caminho relacionado com a informação daquele dado pessoal, por intermédio do *habeas data*, no art. 5º, inciso LXXII, de forma a prestigiar segurança e o desejo de retificação do assento que não comporta regularidade com a circunstância objetiva.

Destarte, o acesso ao informe palmilha campo bastante seguro na função de se conseguir o subsídio solicitado junto à repartição, cuja atividade do notário estará adstrita ao esclarecimento e anotação de todos os requisitos ressaltados no indicativo, sem deixar margem à dúvida, ou mesclar ponto nebuloso que torna indefinida aquela realidade.

Cogita-se sobre a aplicação do Código do Consumidor em função da circunstância abrangida pela duração do tempo de conservação do dado negativo frente ao consumidor, isto é, após cinco anos não teria mais cabimento algum a permanência do fato desabonador, na interpretação repousando na finalidade do art. 43, § 1º, do mencionado diploma legal.

Entrementes, a regra prevista na Lei nº 8.078, de 11 de setembro de 1990 (Código de Defesa do Consumidor), apenas assinala a impossibilidade de resvalar o registro da informação em prazo superior a cinco anos da protocolização do pedido. Em palavras singelas, tal poderia traduzir a necessidade da entidade que presta o subsídio de proceder ao seu respectivo "cancelamento", de forma não técnica, retirando do banco de dados na consecução de privar a comunicação em atendimento ao mencionado cânone legal?

De efeito, se entendida a disposição como a retirada do assento e do respectivo banco de dados desse predicado negativo, tem-se que todo o consumidor, comprovada a relação de consumo, faria jus a expungir do cadastro o seu nome, decorrido o prazo legal de cinco anos. Simplesmente dificultosa na prática a medida, porém a implantação de sistema informatizado preconizaria um caminho mais consubstanciado no período que abrangeria a informação, situando o tempo hospedado na legislação.

A presença de um programa informatizado que apagasse os dados de registros, decorrido o prazo de cinco anos, não relativiza a responsabilidade direta do interessado no pedido de cancelamento, haja vista a gama de serviço e o aumento brutal de títulos, de tal sorte competir à retirada pelo requerimento a cargo direto da pessoa, ou seu procurador, desaparecendo a motivação desabonadora.

Reclama-se sobre o fato da relação de consumo, prévia comunicação que se faz na intimação do apontamento para escala do protesto, entretanto é imprescindível que tome o interessado as providências mínimas, demonstrando o decurso do prazo, a legitimidade e o cumprimento ao mandamento normativo.

Expedida a certidão conforme a pretensão, seguro estará o interessado, cuja reivindicação fora atendida, não passando a constar dado ou subsídio capaz de causar restrição ao propalado acesso ao crédito.

Dúvida parece não existir que o apagar da informação somente acena para o campo dos dados e informes constantes do Cartório, assim qualquer mutação feita sem que houvesse anuência dos interessados ou determinação do juízo, concretizada expressamente, revelará o desacerto, implicando a responsabilidade do agente pela atitude tomada.

Bem, por tudo isso, compete aos cartórios manter um padrão de confiança e atualização do banco de dados, amoldando-se às circunstâncias legais, contendo transparência e denotando adequação às matérias regidas pelo Código do Consumidor.

Na esteira que preserva o banco de dados notariais, a circunstância do tempo emerge como uma variante que se amolda ao parâmetro ditado pela necessidade de incorrer uma transitoriedade inerente à validade da consulta em termos registrários.

Se de um lado não há uma exposição que constranja o devedor nos limites alcançados pela relação de consumo, d'outro ângulo, apenas transmite o serviço delegado uma formalização do ato que percorre caminho natural ao divisar uma manifestação de responsabilidade.

Sobredito lustro legal é de ser contado a partir da especificidade do registro e na interpretação que produza efeito de natureza jurídica, isso em virtude da superveniência de qualquer outro tipo que resvale na fluência do interregno computado.

Dir-se-á que a mantença do assento se faz necessária e há mecanismo como na insolvência que registra a obrigatoriedade de sua feitura, cuja delonga do procedimento experimenta duração superior ao previsto na legislação, daí cumpre diferenciar as hipóteses concretas.

No dirimir a controvérsia, forçoso mencionar, esse apagar não decorre propriamente da perda de validade do título em si, diante da respectiva prescrição, mas da finalidade que exterioriza a marca do ato notarial, livre de embaraço na direta feitura.

Avançando o campo sedimentado e explorada a faceta de se conseguir um denominador comum, na vertente do informe e seu registro, a totalização do predicado significaria um redesenhar da conjuntura com o prisma de analisar o desaparecimento de qualquer fato negativo.

Diante de tudo isso, a protestabilidade é sempre a marca que registra uma introdução, cujo significado banha a respectiva natureza, com o tempo se prioriza a perda daquela eficácia, até em virtude da condição singular do devedor e demais obrigados que permeiam o título.

Nenhum sentido haveria na conservação e preservação ilimitada do banco de dados registrários, impondo-se observância estrita ao comando erigido pelo legislador, na captação de eventual impasse.

Comporta destacarmos, no particular, a Lei Federal nº 9.841/1999 e a Estadual paulista, Lei nº 10.710/2000, ambas alterando as redações dos arts. 29 e 31 da Lei de Protesto, e a outra determinando o recolhimento das despesas pelo devedor.

De fato, para efeito de obtenção de certidão, sob a forma reservada, urge pedido por escrito, inclusive encaminhado pelas entidades da indústria e do comércio, no conhecimento da situação concreta, frente aos protestos tirados e cancelados, mantido o sigilo do informe.

A comunicação com a transmissão do dado aos demais interessados faz com que, decorrido o prazo de cinco anos, a pedido do interessado, cesse qualquer registro, independentemente do pagamento da obrigação, como forma de efetivamente desaparecer anotação.

Na cadeia de informação, a passagem do subsídio deverá ser de maneira concatenada, isso significa dizer que apagar o registro representa também colher do seu aspecto e irradiar aos terceiros inexistência da restrição.

Forte nesse sentido, a avaliação é relevante, uma vez que a presença da circunstância negativa que causa dissabor ou projeta restrição poderá ser alvo de nova demanda ou pleito expresso consistente na exclusão, porquanto cabe à entidade trazer atualizada a matéria e comunicar a todos os demais sua ocorrência.

Relevante observar que o sistema funciona interligado, cujo protesto tirado é capaz de ser registrado no banco de dados, impedindo o acesso ao crédito, vendas a prazo, financiamento.

D'outro ângulo criou-se um cadastro positivo, visando reduzir o risco e a taxa de juros, nas operações bancárias e de financiamento.

5

A Legislação Falimentar e o Protesto

SUMÁRIO: 1. Efeitos do protesto na recuperação judicial. 2. O valor mínimo para requerimento de quebra. 3. Protestos comum e obrigatório. 4. A Súmula 361 do STJ. 5. O protesto especial e sua finalidade.

1 Efeitos do protesto na recuperação judicial

O vetusto Diploma Normativo revogado nº 7.661/45, em relação à concordata preventiva, foi capaz de criar dissenso em relação aos efeitos práticos do protesto no significado da impetração da moratória.

Entretanto, a jurisprudência curvou-se à realidade e neutralizou o efeito do protesto, a fim de que o concordatário, sem mais ambages, pudesse requerer o benefício e cumprir o depósito à vista e aquele outro acordado com os credores.

Muitas vezes a concordata preventiva era convolada em falência, na medida em que não havia, naquela oportunidade, quadro legal e aparato técnico para análise do estado de crise da empresa.

Atualmente, no entanto, o Diploma nº 11.101/05, de maneira peculiar e na vanguarda do avançado direito comparado, visou colocar a quebra em segundo grau, dando importância, mais de perto, à reorganização societária.

Com efeito, a recuperação judicial deve ser buscada à exaustão, sempre no propósito de equilibrar o ativo e o passivo, manter os empregados e cumprir a função social constitucionalmente assegurada.

Dentro dessa ótica, o devedor, quando requerer o benefício legal da recuperação judicial, inevitavelmente, poderá apresentar protestos, cuja vedação do art. 48 da lei em vigor não causa, dessa forma, empecilho legal.

Evidente que na propositura do procedimento em recuperação devem estar presentes alguns requisitos: exercício da atividade por dois anos, registro público da empresa, interstício de pedido anterior, ou eventual condenação criminal.

Dentro dessa análise, portanto, e de maneira concreta e objetiva, o devedor deverá demonstrar que possui ativo suficiente ao pagamento da obrigação, cujos protestos tirados não repercutem na continuidade do negócio e no plano de recuperação a ser aprovado.

Consequentemente, proclama-se que o protesto, de forma geral, não abala ou traz impedimento ao requerimento da recuperação judicial, exceto se demonstrar repercussão no quadro geral de credores e a inviabilidade do negócio.

Bem por tudo isso, protestos isolados contingenciados não abalam a circunstância da pretensão à recuperação, se o devedor possuir patrimônio suficiente e cumprir os demais requisitos legais, demonstrando boa-fé e transparência na dicção do plano, cuja aprovação é fundamental para sinergia no propósito do reerguimento de sua atividade.

2 O valor mínimo para requerimento de quebra

Visando minimizar os deletérios efeitos provocados pelo simples pedido de quebra colimando transparecer mera execução sem sucesso, voltou-se o legislador para estabelecer premissas elencadas no art. 94 da Lei nº 11.101/05.

Com razão, na concepção em vigor do modelo disciplinado, o requerimento de quebra somente é plausível quando o valor alcançar a soma que ultrapasse o equivalente a 40 salários-mínimos.

Nessa diretriz, pequenas empresas e aquelas consideradas de pequeno porte apresentam elevado mecanismo para que se evite, por qualquer fundamento, indesejável pleito de quebra.

A quadra desenhada importa em reconhecer que o devedor não estará sujeito à quebra por um débito de valor menor ou irrisório, mas sujeito ao teto mínimo fixado pelo legislador.

Referida soma atende, em grande parte, o fundamento de se reconhecer a insolvência e não mera impontualidade, daí por que, no mencionado art. 94, abre-se a oportunidade, alcançado o valor, no sentido da pretensão à decretação do estado de insolvência.

Na prática, e isso é comum, vários credores podem se somar para alcançar o valor de 40 salários-mínimos, em litisconsórcio, possibilitando o requerimento de quebra e o atendimento do requisito obrigatório.

Sob o ângulo do protesto, novos ares advieram com a legislação em vigor, no sentido de reduzir o impacto do substrato ligado à obrigatoriedade e sua conotação especial, porquanto em certas hipóteses o protesto comum preteritamente lavrado radiografa instrumento suficiente ao requerimento falimentar.

Nessa linha de pensamento, considerando o estado que irá definir a situação de insolvência, para fins falimentares, tem-se que a impontualidade não é mais critério a ser observado, porém, a conotação de insolvência, do devedor sem recursos para continuar sua atividade a revelar insuficiência patrimonial.

O protesto específico, anotado como obrigatório, para fins falimentares, segue a natureza da relação jurídica cambial e o procedimento adotado na cobrança do débito.

Dest'arte, exemplificativamente, feito o saque da duplicata mercantil, mas não havendo o aceite, ou o comprovante de entrega da mercadoria, logicamente o protesto se afigura essencial para conhecimento dessa realidade.

No entanto, se o credor tirou o protesto por falta de aceite, encontrando-se formalmente em ordem, não há se cogitar da obrigatoriedade do protesto específico, de natureza obrigatória, haja vista que a mora restou caracterizada.

3 Protestos comum e obrigatório

A dualidade dicotômica que ressoa do protesto do título permite seu enquadramento, sem sombra de dúvida, na expressão literal daquele de natureza comum e outro específico denominado para fins falimentares.

Vimos que o protesto obrigatório, ao longo do tempo, notadamente a partir do atual diploma normativo, perdeu a sua circunstância formal, contemplando mais a realidade que caracteriza propriamente a mora.

O protesto comum disciplinado na legislação, portanto, surge em certas operações comerciais ou afins, quando o credor não detém documentação suficiente para comprovação da liquidez e certeza da obrigação.

Na realidade, o protesto não é instrumento indispensável à propositura da demanda, porém, na quadra falimentar o aspecto relevante prioriza configurar o estado de insolvência.

A jurisprudência, a respeito do tema, vem caminhando no sentido da desnecessidade do protesto especial, se anteriormente a duplicata fora protestada por falta de pagamento, assim, bastaria único protesto, estando em ordem os documentos, no sentido de se permitir o requerimento de quebra.

A preocupação maior surge quando, na análise do título submetido a protesto, o ato notarial apresenta falhas, sem estar revestido da sua conotação fundamental de tornar público e ainda conferir ciência ao devedor.

Não é sem menos que o Superior Tribunal de Justiça preconiza, nessa hipótese, a necessidade de se identificar a pessoa que recebeu a notificação do protesto, a teor da Súmula 361 da Corte.

Não é incomum vermos que, à míngua de elemento comprobatório, e de forma precipitada, o credor acaba fazendo com que o Cartório, sem mais diligências, proceda à intimação ficta, por meio de edital, comprometendo o próprio requerimento de quebra.

Demonstrada essa realidade, o protesto especial, também identificado como obrigatório, percorre o caminho de atender a regra do art. 94 da legislação falimentar, não apenas sob a ótica material, mas essencialmente formal.

Define-se a duplicidade da hipótese, a primeira, na qual o credor executa o devedor solvente e dele não obtém a satisfação da obrigação, para em seguida, baseado no título judicial, até mesmo sujeito a protesto, pretender a quebra.

Situação diversa, munido de toda a documentação, inclusive do próprio protesto, o credor descortina o requerimento de quebra, tendo prova segura e inconteste da insolvência do obrigado.

Bem nessa percepção feita entre a submissão ao protesto comum e aquele especial, sempre existirá, para fins falimentares, a demonstração induvidosa da mora, mas também do estado de insolvência.

Trabalhamos com a realidade digital, eletrônica, dos títulos de crédito, imateriais e incorpóreos, daí por que, para questão de certeza e segurança, o protesto é essencial na dicção da Lei nº 11.101/2005.

Evidencia, antes de tudo, o negócio jurídico subjacente, a constituição do crédito e o inadimplemento somado ao estado de insolvência, ainda que seja plausível o elisivo, e também, excepcionalmente, numa espécie atípica, na defesa, o requerimento de recuperação.

O substrato lógico divisa que o protesto comum sempre ocorre em casos dessa natureza, porém, aquele específico, obrigatório, na realidade, perdeu a sua condição de imprescindibilidade, exceto quando houver requerimento direto e nenhuma configuração da mora.

4 A Súmula 361 do STJ

O aumento vertiginoso da inadimplência, mas também da possibilidade da intimação por edital, de forma ficta, tornou a interpretação jurisprudencial mais exigente, no propósito de requerimentos desautorizados, e não acompanhados da documentação indispensável.

Conforme anotamos, o Superior Tribunal de Justiça editou a Súmula 361, a qual, no seu espírito, traz a seguinte vertente:

> "A notificação do protesto, para requerimento de falência de empresa devedora, exige a identificação da pessoa que a recebeu."

Identificada essa perspectiva, com o fornecimento dos dados e do próprio endereço para cumprimento do ato notarial, somente estando caracterizada a recusa poderia se cogitar da notificação pela forma editalícia.

A transformação tecnológica poderá adjetivar, também, o meio eletrônico para configuração da prática do ato notarial, por meio de procedimento regulamentado pela Corregedoria e também nacionalmente estabelecido pelo Conselho Nacional de Justiça.

Dito isso, portanto, na interpretação da consecução do protesto, o legislador colocou um termômetro, a princípio localizado no próprio valor da causa, para minimizar a importância do protesto obrigatório.

Dest'arte, o protesto especial para fim falimentar decorre da observância normativa, na interpretação do art. 94, § 3º, da Lei nº 11.101/05.

De fato, o legislador incumbiu o credor de exibir os respectivos instrumentos de protesto para fim falimentar, conforme dispositivo normativo. Essa posição, sem sombra de dúvida, exige uma revisão do conceito e uma possibilidade natural de estar caracterizada a mora e o próprio estado de insolvência.

Acaso o pedido tenha acontecimento pretérito, quando o devedor já fora citado e não efetuou o depósito, não garantiu a execução, dentro do prazo legal, bastará mera certidão para o requerimento da pretensão falimentar.

A expressão *qualquer protesto para fim falimentar* não pode ter interpretação ampla e diversa daquela impregnada pelo legislador, haja vista que além da demonstração do negócio jurídico subjacente, alcançando valor superior a 40 salários-mínimos, cumpre ao credor evidenciar a mora e o conhecimento do devedor dessa realidade.

Encaminha-se a matéria no sentido de se concluir que o protesto especial teria sua finalidade para demonstrar a liquidez e certeza da obrigação, a realização do negócio jurídico subjacente, circunstâncias típicas nas quais o protesto comum não preencheria a referida exigência.

Frustrado o recebimento da obrigação, líquida e certa, ditada a impontualidade, o requerimento de quebra traduz, potencialmente, o estado de insolvência e a natureza da dificuldade patrimonial, impossibilitando, portanto, o devedor de submeter-se ao regime da recuperação judicial.

Nessa toada, pois, o protesto especial, ou também denominado obrigatório, visa facilitar o discernimento da operação e caracterizar, sem margem de risco, o vínculo obrigacional.

Admitamos, por exemplo, o saque de triplicata, para se admitir o protesto obrigatório, dentro das condições disciplinadas na lei de duplicatas, permitindo, com isso, que se renove o propósito do credor, identificando as operações e o estado de inadimplência do devedor.

Adjetivando, pois, sublinhar referida característica, o protesto obrigatório não fora revogado, mas sim, adequado e emblematicamente temperado com a realidade pretérita ou aquela outra, na qual torna-se imprescindível a lavratura e a identificação do devedor.

5 O protesto especial e sua finalidade

O apontamento do protesto especial, invariavelmente, atende à dupla finalidade, a primeira, diante da exigência do legislador, a outra, de deixar transparente todo o lucro da operação, principalmente a liquidez e certeza da obrigação.

Explorado esse campo, sem qualquer dúvida, o protesto obrigatório também se relaciona com a circulação da cártula, eventuais endossos e a presença de garantes solidários.

Tonificada a operação, e os documentos que acompanham a fatura e o saque da duplicata, com base na fonte originária do negócio jurídico subjacente, o protesto falimentar se aperfeiçoa com o principal aspecto de identificar e dar ciência ao devedor, para, em seguida, consubstanciar pressuposto e condição da ação.

É fundamental destacar que no conjunto do art. 94 da Lei 11.101/05 o legislador disciplinou várias hipóteses para sujeitar o devedor ao requerimento de falência, assim, em cada uma delas, portanto, vamos encontrar os elementos que configuram a mora ou os atos praticados em detrimento dos credores.

Isoladamente, portanto, o protesto específico visualiza a sintonia entre a obrigação cambial e a confirmação dos requisitos do diploma falimentar, de tal modo que, com ou sem circulação, apareça o mecanismo subjetivo em prol do credor e também para obrigar os demais devedores solidários.

O saudoso Carvalho de Mendonça já distinguia o protesto para simples cobrança e aquele outro tipificando requerimento falimentar, isso porque o garante solidário, ciente daquela realidade, não poderá apresentar matéria, ou invocar exceção para infirmar a liquidez e certeza da obrigação.

As exceções pessoal e causal ficam relativizadas para serem opostas em relação a terceiros, exceção feita em relação à *causa debendi* ou vício que acompanha o nascimento da obrigação cambiária.

O crescimento da economia e o surgimento da globalização deram novos ares às relações empresariais, formas, características, e isso não pode ser desmembrado, na medida em que o Brasil apresenta condições continentais, dada a largueza de seu território, questionando-se assim protestos lavrados em áreas distintas daquelas nos domicílios e fora do espaço geográfico da tradição.

Consequentemente, de forma molecular ou atomizada, o protesto sinaliza presunção relativa na repercussão da mora do devedor e para fins específicos ligados ao requerimento de quebra.

A importância também tem conotação própria para prevenção do juízo ou conflito existente, quando forem lavrados diversos protestos e também, quase ao mesmo tempo, propostas ações de natureza falimentar.

Dessa forma, pois, a Lei nº 11.101/05, antes de tudo, não traz a mesma conceituação daquela revogada, mas apresenta detalhadamente a circunstância vinculada ao protesto obrigatório, sua modalidade e casos pontuais.

É interessante ressaltar que o protesto para fins falimentares não desapareceu, apenas perdeu seu relevo e a importância fundamental, não apenas pelos requisitos exigidos, mas substancialmente, na adjetivação do estado de insolvência.

Pontuando a realidade, e para assegurar cautela, o protesto para fins falimentares deve se revestir de formalismo, na identificação do devedor, no discernimento da obrigação e no conhecimento desta natureza, sob pena de não incorporar elemento a traduzir requisito próprio da quebra.

Evita-se, o mais possível, a intimação por edital, fora do domicílio do devedor principal e aspectos menores que possam ressoar em alguma falha para efeito de quebrar, notadamente, quando a empresa-matriz tiver diversas filiais, no conceito do principal estabelecimento.

Adjetivando pacificar o tema descortinado pelo legislador, a doutrina tem suavizado o conteúdo da obrigação do protesto, porém, a jurisprudência não elimina sua feitura, mas, para sua validade e eficácia, exige a identificação do devedor.

Uma vez configurada a recusa, existente esse elemento, comportará a notificação a forma editalícia, porquanto não houve a possibilidade espontânea de se dar ciência ao devedor, fato que, por si só, não gerará a nulidade do protesto.

Costumeiramente, o protesto especial já observa, no seu lineamento, a própria finalidade, inclusive para fins de pagamento, ressoando sua imagem como mecanismo formal, não apenas na mora, incorporando o mecanismo da insolvência.

Cioso dessa nova perspectiva, e para que o protesto não se revele abusivo, ou mesmo lesivo, flui que a jurisprudência deu interpretação dinâmica, e ao mesmo tempo formal, ao protesto especial.

Justifica-se o referido viés na medida em que o legislador, no art. 101 da Lei nº 11.101/05, quando o requerimento de quebra suceder, mediante dolo, define a responsabilidade do requerente, além do cabimento de perdas e danos.

Definitivamente, portanto, o protesto especial mostra todo o seu virtuosismo, incorporando inelutável caminho de concretizar a realidade do título e o motivo da impontualidade, sobrevindo assim o espírito que galvaniza o estado de insolvência.

Forte nesse aspecto, o que buscou o legislador, em relação ao protesto obrigatório, foi no sentido de se evitar a confusão entre mera impontualidade e a máxima condição do estado de insolvência, proclamando mediante transparência a presença do negócio jurídico subjacente, para legitimar o requerimento efetuado.

6

Aspectos Penais do Protesto

SUMÁRIO: 1. Conduta típica e responsabilização. 2. Firma falsa e obrigação simulada. 3. Protesto especial anormal. 4. Vícios e falsificações de títulos e documentos. 5. Culpabilidade e consequências do protesto.

1 Conduta típica e responsabilização

No arco composto pela relação obrigacional cambiária, frente à pressuposição do documento existente, com a típica situação embasada na estrutura do negócio jurídico, tem-se que a responsabilidade na esfera penal pode ser tanto do credor, do devedor e ainda do notário, de acordo com o ato e a conduta imputada, sobressaindo a culpa ou dolo característico da infração criminal.

Enumerando a sequência de fatos relevantes na conceituação do tipo penal, cada realidade reflete uma determinada forma de agir, onde o legislador disciplinou uma responsabilidade, defluindo possibilidades variadas que ramificam o agravamento da ocorrência, ou a circunstância do dano potencialmente provocado, na significação do comportamento essencial na ordem patrimonial.

Bem por isso, o cometimento do ilícito penal na visão patrimonial encerrada pelo responsável sempre abre uma margem de manobra respeitante à composição do dano, e por tal pressuposto é revigorado o núcleo do tipo, de molde a configurar condição superveniente de relevo para eventual descaracterização do aspecto infracional.

Em relação ao devedor, a emissão de cheque desprovido de fundos, contendo requisitos de forma e fundo, levado a protesto, é mais do que suficiente para corroborar a tese na figura do estelionato, estribado no art. 171 do Código Penal, ficando um espaço de análise quando o pagamento acontece antes da denúncia formulada, e o campo da má-fé que originaria a imputação.

Nesse diapasão, enfocando o terreno da fraude, a Súmula nº 246 do Supremo Tribunal Federal, estabelecendo a seguinte premissa:

> "O pagamento de cheque emitido sem provisão de fundos, após o recebimento da denúncia, não obsta ao prosseguimento da ação penal."

O elenco delituoso que pode envolver o devedor principal e os solidários se afigura relacionado com o falso, a própria simulação do título ou documento, mediante supressão dos dados essenciais à sua validade, resenhando uma radiografia visando depurar quais os atos típicos e resultados evidenciados nos prejuízos causados.

De seu turno, o suposto credor também fica sujeito à incidência da norma penal, notadamente quando saca duplicata fria, simulada, sem origem, procurando obter para si ou outrem vantagem indevida, considerando o traço preconizado no art. 172 do Código Penal, prevendo o crime:

> "Emitir fatura, duplicata ou nota de venda que não corresponda à mercadoria vendida, em quantidade ou qualidade, ou ao serviço prestado.
>
> Pena: detenção, de 2 (dois) a 4 (quatro) anos, e multa."

Justificadamente, as duplicatas comerciais ou de prestação de serviços são títulos de créditos causais, relacionados com uma operação típica e ligada à atividade empresarial; por expresso formalismo os comprovantes são escriturados e constam dos livros contábeis, em virtude do mecanismo que instrumentaliza uma conduta baseada no procedimento solene, malgrado o dinamismo que impera no comércio, não se admite que para o desenlace da obrigação, assumindo o risco da atitude irregular, venha o propalado credor sacar título que absolutamente não se identifica com os valores ou práticas próprias daquela situação específica.

O delito de falso poderá estar presente e absorver o de menor grau de culpabilidade, porém é fundamental apontar que o protesto resultante do apontamento por indicação, pela emissão de simples boletos bancários, cria amplo espaço e mobiliza um grau de grande incerteza, na medida em que as correspondências são trocadas por meios eletrônicos, cuja observação do formalismo sinaliza plano secundário, relegado ao aspecto acessório da operação.

O meio fraudulento de criar artificialmente um suposto crédito, bastante comum no aspecto da duplicata, alinhada na depuração do título de crédito, também ganha corpo na subsunção da forma eletrônica, haja vista o elemento que desencadeia situação do ilícito na órbita penal.

Dessa maneira comportamental, natural realçar, aquele interessado no uso de meio eletrônico na disponibilização de um potencial crédito não se livra do delito que enfoca sua característica na área de uma apropriação da tecnologia em proveito próprio, e desamparado de qualquer negócio jurídico subjacente.

E o implemento da cibernética com a modernidade da informática constituem focos que traduzem o nascimento de títulos emitidos por eletrônicos, desmaterializados e desincorporados de toda a gama de predicados reunidos sob o signo do formalismo, comandos acionados que ligam e desligam, formando banco de dados, transmitindo as mensagens, alimentando terminais, donde o maior risco da atividade e a perspectiva de mapear o suporte do protesto.

Haverá consequência de tudo isso em um concurso delituoso, na significação de se planejar na estrutura do meio eletrônico um mecanismo de fraudar, correspondendo à utilização do saque de duplicata fria, desatrelada de *causa debendi*, no escopo de erigir condição anômala, e finalidade atípica na circunstância subjetiva.

Essencialmente, não aceito o título desta forma criado, disso resulta que o protesto por falta de pagamento por si só diagnostica um abuso, por vários fatores, a começar pela segurança da operação, passando pela comprovação de sua integral feitura, alcançando o motivo pelo qual houve a recusa, de modo que forma dessemelhante praticada pelo indigitado credor poderá consubstanciar falsidade e sujeitá-lo ao procedimento penal respectivo.

De modo parelho, quando o valor do título sobrepuja o correto da operação, consistente a má-fé na forma de emitir o documento no propósito exclusivo de prejudicar o devedor, abrindo modelo ao requerimento de sua quebra, cujas condições interligadas com o depósito elisivo não são favoráveis, causando dano irreparável.

Dimana claro que a ilicitude poderá fazer parte da documentação exibida ao notário para forjar o protesto de título com vício de vontade, do consentimento, inclusive pago, fruto de novação, ou quaisquer circunstâncias capazes de elidir o ato solene e formal, donde a atitude manifestada pelo apresentante necessita ser encarada sob o propósito do dolo, independentemente do resultado provocado, mas sim do comportamento ditado.

Essa ilicitude pode estar harmonicamente divisada na questão do abuso do direito inerente ao protesto, onde na verdade inexiste um crédito, mas simples operação que se transforma ao perfil subjetivo, consubstanciando típica fraude.

Converge a responsabilidade criminal na abrangência do comportamento relativo ao notário, cuja função representa serviço público, razão pela qual eventual omissão ou falha na lavratura do protesto estará indicando crime de prevaricação, a materialização do ato notarial na região territorial incompetente, existentes outros cartórios, descumprimento dos prazos legais, atrasos injustificados, utilização de meio impróprio para viabilizar a formalização do protesto, notadamente valendo-se de boletos e documentos que indemonstram a operação comercial, ainda na esfera da falsidade e da concussão, sem deixar de lado o excesso de exação, na cobrança de taxas e emolumentos superiores aos regulamentados.

Disciplinando o art. 236 da Constituição Federal, ao dispor sobre os serviços notariais e de registro, a Lei nº 8.935, de 18 de novembro de 1994, em linhas gerais, escorou a responsabilidade penal do notário, temperando diferença entre essa e aquela civil, mas denotando, maneira absoluta e induvidosa, o seguinte:

> *"Art. 22. Os notários e oficiais de registro responderão pelos danos que eles e seus prepostos causem a terceiros, na prática de atos próprios da serventia, assegurado aos primeiros direito de regresso no caso de dolo ou culpa dos prepostos."*

Fundamental assinalar nesse diapasão que a culpabilidade penal do notário também poderá guardar conotação de alcançar todos os demais funcionários que interagiram no cometimento da ilicitude; no sentido indicado, o art. 24 e seu parágrafo único, da invocada lei:

> *"Art. 24. A responsabilidade criminal será individualizada, aplicando-se, no que couber, a legislação relativa aos crimes contra a administração pública.*
>
> *Parágrafo único. A individualização prevista no* caput *não exime os notários e os oficiais de registro de sua responsabilidade civil."*

Manuseando documentos, títulos e valores, os notários ainda respondem pela retenção indevida das importâncias pagas em prol do apresentante do protesto, de tal sorte que a falta de disponibilização do numerário, sem razão justificada, exceto força maior ou fortuito, subordina o responsável à regra do art. 312 do Código Penal, caracterizando, em tese, o delito de peculato.

Essa sistemática foi objeto de trato normativo, no qual a responsabilidade pelo pagamento dessas despesas diz respeito ao devedor.

De maneira ditada pelo comportamento criminal do notário, sublinhe-se a recusa injustificada na expedição de determinada certidão, a demora excessiva e prejudicial aos interesses do requerente, e seu conteúdo em desacordo com a expressão da verdade, tudo incidindo na tipificação, em tese, em face dos delitos cometidos contra a administração pública.

Importante mencionar a figura do terceiro de boa-fé que apresenta título destinado ao protesto, desconhecendo a sua origem de ilegalidade, como acontece na hipótese de cambiais circulantes sem que exista restrição, bloqueio ou comunicação a respeito dessa circunstância.

Com efeito, a descaracterização do ilícito se fará no divisar o erro específico incidente na conduta do apontamento pelo propalado credor interessado, desconhecendo a transferência do documento e se interpondo na fase de circulação.

Na medida em que consta a tipicidade do ilícito, com ele colabora aquele que aponta o título ou permite sua circulação, colimando o protesto, dês que pretende criar falso aspecto creditício e exercer o abuso na modalidade de coagir ao pagamento.

2 Firma falsa e obrigação simulada

A finalização da etapa do protesto pede a presença de elementos hígidos que assentem a lisura do procedimento, a obrigação válida, contendo partes capazes, diretriz aplicável tanto na circunstância do direito cambiário, mas na premissa determinante dos títulos vinculados aos contratos bilaterais ou de adesão entabulados entre as partes envolvidas no negócio jurídico subjacente.

Com a massificação dos contratos de adesão, num acentuado dirigismo, e como cláusulas atreladas à posição dominante do poder econômico, normalmente são exigidas garantias que se revestem de cambiais emitidas em branco e deixadas na posse da credora que na hipótese de inadimplemento preencherá o documento e se lhe convier poderá protestá-lo.

Cuida-se daquela circunstância na qual a mandatária pertence ao mesmo grupo econômico da instituição ou da entidade concedente do crédito, assinalando um preenchimento desautorizado do título, criando uma obrigação sem força vinculante.

Não se equipara a delineada matéria com o preenchimento de boa-fé, no caso de simples omissão, anteriormente à cobrança, ou para efeito de ser regularmente protestado o título; a saber, o contido na Súmula 387 do STF:

> *"A cambial emitida ou aceita com omissões, ou em branco, pode ser completada pelo credor de boa-fé antes da cobrança ou do protesto."*

Naturalmente, o espaço vazio posto no título em decorrência do pacto de adesão assinado entre as partes conterá simplesmente a firma assinada do devedor, ficando os demais elementos imprescindíveis ao formalismo cambial, sob a égide do credor, que lançará mão da circunstância delimitada pelo inadimplemento.

Conveniente dissecar que a firma falsa aposta no título cambial poderá ou não evidenciar uma simulação obrigacional, e, outrossim, concomitante responsabilidade criminal do falsificador ou simulador, em conjunto com o próprio notário, se, deixando de recusar aquele título eivado na sua origem, procede ao seu protesto, evidenciando uma despreocupação com o formalismo e o reconhecimento de sua essência.

Certamente, não se alberga a situação dos títulos furtados, roubados e extraviados, insuscetíveis de protesto, conforme Circulares n°s 25 e 28 do Banco Central do Brasil, regulamentadas pelas disposições das regras oriundas de provimentos sobre o assunto, porém daquelas obrigações nas quais a posse do documento se faz de maneira lícita, permitindo a consequente feitura da cambial, no entanto marcante característica invalida a firma ou denota o simulacro que desenha o ato jurídico, tudo a cogitar de melhor conferência do notário.

Corresponde ao pensamento balizado o aceite falso no qual o documento sacado ilustra uma provável realidade que tenha aparência de normalidade, mas ao depois se descobre que o sacador fustigou a essência da cambial e, à míngua de melhores dados, resolveu firmar interposta pessoa o aceite, mobilizando atenção na prática do protesto.

O renomado Mário Battaglini, refletindo sobre a modalidade abordada, assim tipifica a espécie:

> *"Diversa e la posizione nel caso di assegno con firma falsa. Sie infatti sostenuto che la falsità rende inesistente l' assegno e, diconseguenza, inutile l' atto di protesto."*

Em relação aos portadores de boa-fé tem sido sufragado o entendimento no sentido de que a obrigação cambiária perderia sua eficácia visando protesto se sabedores da falsidade da firma e dos desdobramentos inerentes à circulação do título.

Bem lembrada a lição de Provincialli, para quem "não seria preciso o exame da legitimidade pela ciência ou referente à falsidade em relação ao portador do título, bastando a mera circunstância comprovada para lhe infirmar a validade".

Explica-se o raciocínio, na dicção exata de ser o protesto ubicado à natureza do título e significaria, por tal ângulo, a constatação solene da razão de ser da cambial e o ponto final de sua circulação, donde o defeito grave que reveste a obrigação determina a inefetividade do próprio ato notarial.

Concernente à obrigação simulada ressalte-se o caso onde o portador, por supressão, retira da cambial aspectos característicos em razão do seu vencimento, ficando a impressão que sucederia à data da apresentação, e manuseando subsídio que dificulta a compreensão do notário, obtém o protesto e futuramente ingressa com ação monitória, simplesmente para deixar simbolizado o inadimplemento.

Ventilado o exemplo assinalado, ainda que se trate de cheque adulterado, prescrito, mas protestado, a matéria terá ampla discussão nos embargos, onde o procedimento monitório pedirá uma eventual prova técnica a denotar o falso e, consequentemente, a invalidade do ato notarial.

O ponto nevrálgico tange ao protesto necessário naquelas especificações dirigidas ao requerimento de quebra, onde o credor ou mandatário, de forma categórica, desnatura o título cambial e insere fato novo mediante a falsificação de elemento substancial, ou na acepção de vínculo jurídico inexistente.

Perfilham alguns estudiosos no campo relacionado a possível aplicação da teoria da aparência, para com isso observar a quase-falta de meios instrumentais na aferição das regras exigidas, no entanto sua incidência merece interpretação restrita, substancialmente no trato de empresas e sociedades comerciais, onde a emissão e circulação dos títulos cambiais repercutem nos negócios e envolvem o patrimônio da entidade, bem por isso o conteúdo da relação exterioriza um padrão mínimo, isso sem desconfigurar a eventual necessidade do regresso contra a pessoa desprovida de legitimidade na criação do vínculo obrigacional.

Essa dualidade dinamizada pela falsificação da firma, ou desencadeamento de obrigação simulada, ainda que não denotado a tempo e a hora pelo notário, poderá ser objeto de impugnação para efeito de invalidação do ato notarial, sem que ocorra a preclusão, pela garantia constitucional ampla.

A decorrência ínsita nesse tipo de ato notarial revelado pela forma incompleta, permeando falsa firma ou simulação obrigacional, tangenciando a concretização destacada no aspecto regular do protesto, evidencia uma situação de invalidade, dado o ponto cogente da norma de ordem pública.

Com base nessa circunstância, pois, qualquer parâmetro distante do circuito de realidade não enseja a convalidação do ato notarial, na distinção entre a manifestação de vontade e de verdade, existindo defeito que palmilha a etapa por contaminar o substrato da eficácia do protesto.

Formatada a transparência como predicado inseparável, mitigado com a legalidade que se denota, ao lado da moralidade no trato da atividade desenvolvida, qualquer defeito que situe a falha na consecução do protesto, por seu turno, tem o condão de constituir outra realidade radiografando a confirmação de sua invalidade.

O retrato do falso documental está a exigir a necessária perspicácia, pelo lado e na situação curial do elemento de cancelamento ou sustação dos efeitos, bem se observa que o argumento somente terá sua logicidade conferida no campo probatório.

A falsidade que se reporta pode ter duplo ângulo, relativamente a grafia do documento, no preenchimento daquela importância, ou no que concerne à firma lançada, sem harmonia com o verdadeiro devedor daquela obrigação.

Essas formalidades aparentes não dizem respeito à aferição pelo Tabelião, mas são precedentes e imputáveis ao terceiro legitimado, credor, e todo aquele que por algum motivo, envolvido na circulação, haja desnaturado substancialmente a cártula.

3 Protesto especial anormal

Quadra ponderar que as obrigações cambiais e cambiariformes expressam valores líquidos e certos passíveis de protesto, dentro do padrão da exigibilidade conferida na disposição de vontade, entretanto merecem maior pontuação as circunstâncias particularizando os casos de duplicatas frias, simuladas, onde o pretenso crédito, notadamente por indicação, faz brotar uma desvantajosa posição do sacado que terá meios administrativos, civis e de conteúdo penal, ainda que paga por terceiro a soma, no intuito de invalidar o protesto.

Num trabalho bastante elucidativo sobre o assunto, cujo enfoque é assaz ilustrativo da realidade, o professor Celso Barbi Filho revelava uma perspectiva gerada com o nascimento das duplicatas simuladas ou frias, sem comprovação da entrega da mercadoria ou do efetivo serviço prestado, ponderando que a circulação do título não desfigura a invocação, na significação de proclamar desnaturado o título de crédito.

No mapeamento das relações cambiais, uma obrigação que não tem *causa debendi*, visando o protesto especial e o requerimento da falência, porta defeito que se amolda à falta de sua exigibilidade, abrindo terreno seguro para que o sacado prejudicado proceda à impugnação na ordem administrativa, diretamente ao Juiz corregedor do cartório, ou na hipótese de se defender contrariando a pretensão da inicial.

Bem advertia João Eunápio Borges ao sustentar que "o protesto não é feito contra ninguém, mas se destina apenas, como prova legal insubstituível, a documentar falta de aceite ou de pagamento. Tanto assim, que o próprio sacado, a quem a intimação é feita, não tem a feição de devedor cambial e, como sacado, nunca poderá ser responsabilizado pelo pagamento da letra que não aceitou, da qual não é signatário".

Inescondível a responsabilização daquele que comete a impropriedade e forja situação contrária à realidade dos fatos, criando uma incerteza e a insegurança na concessão do crédito, mas é fundamental atestar a boa conduta do notário no comportamento havido em divisar aquela situação desconforme à normalidade, a ponto de obstar o protesto do título.

Com bastante preocupação entidades de classe se manifestaram contra a onda perigosa que expunha os nomes de empresas e comerciantes que nada se relacionavam com os títulos "fabricados", desprovidos do imprescindível aceite, mais grave ainda o protesto fora tirado sem anexação da documentação visando aferição do negócio jurídico ensejador da cobrança.

Independentemente da causa viciada que origina o título cambial, resulta incontornável a proteção concernente ao terceiros de boa-fé, haja vista a própria insciência da realidade e as exceções que não incidiriam para o escopo de impedir a vinculação na cadeia de endossos ou avais posteriores.

Bem na direção esgrimida, a declaração de nulidade da duplicata, sem lastro, com a definitiva sustação do protesto, obriga à ressalva no tocante à endossatária, que pode exercer o regresso contra os endossantes e avalistas, eis que o ato notarial se fazia inelinimável para aquela precípua finalidade, evitando a preterição pela prescrição incorrida.

É certo e natural que o protesto tirado nessas condições encontra eiva insanável, não podendo, portanto, produzir os efeitos jurídicos, antecedentes ao ingresso da ação falimentar; no que pertine aos terceiros, ainda que desconstituído o ato notarial, seu fulcro remanesce na exata finalidade de regresso, evitando a caducidade.

Entrementes, necessário se faz frisar que, ausente o aceite, o recebimento do título pelo endossatário, nessa condição, concretizaria uma antecedência imprescindível ao apontamento que na ocasião ditará um instrumento, por sua vez, nada vinculado ao prisma da obrigação, sob o ângulo da falta de pagamento.

Muito bem pode ser feita a recusa fundada em situação convergente ao primado do negócio jurídico, de venda e compra, ou de prestação de serviços, daí por que sobressai, estreme de dúvida, no dissenso articulado, uma realidade que se apresenta de imprimir uma discussão a respeito das confrontações do ato realizado entre as partes.

Se o próprio Código de Defesa do Consumidor, interpretado na visão de jurisprudência, funda um prazo para proteção ao vencimento da garantia, sem o funcionamento desejado e regular, o obrigado pode querer um abatimento no preço final do produto, ou desconsiderar o vício na visão de anulação que não se lhe permite eficiência na utilização da coisa.

Concatenando a Lei Uniforme de Genebra, a Lei nº 5.474/1968 e o Decreto nº 2.044/1908, denota-se um ponto saliente que se refere à incorporação dirigida pelo efeito do título cambial, na proteção da boa-fé de terceiro, com a restrição em função dos argumentos de exceção que poderão derrear o vínculo e infirmar a obrigação, porém é essencial o conhecimento específico que torna o título circulável, a partir do enfrentamento calcado no endosso efetuado.

Existente pluralidade de endossos, os quais podem ser classificados na ordem: mandato, translativo, garantia, caução, cada qual desenvolvendo um papel característico ligado à transferência do crédito, ou pura e simplesmente da legitimidade de cobrança, de modo a suscitar um relevo que fará parte da discussão na lide objetivando desconfigurar o protesto, eventual regresso, ou a manutenção de condições irradiadas a partir do saque, sem interferir na subsunção propriamente dita do sacado.

O substrato que disciplina o protesto especial, apesar de nada relacionado com aquele na ordem comum, traz traço marcante, diferente que pede uma diligência mais fiscalizadora do notário, a começar do formalismo do título, das comprovações exigidas e das individualidades relativamente ao devedor, nas hipóteses que desenham o estado pré-falimentar.

Revelado o saque de duplicata sem lastro, desprovida de arrimo que possa justificá-la, apontado o título a protesto, observa-se, sem maiores incursões, não ser o sacado comerciante, e portanto desabrigado do conceito e do grau de fomento do diploma legal, nada obstante é materializado o ato notarial, sobrevindo dupla ilicitude na ótica da responsabilidade penal.

De fato, o sacador daquele título que não contém fato de verdade em atenção à existência de causa subjacente própria do ato negocial incorre nas sanções do art. 172 do Código Penal; de seu turno, o notário que leva a efeito o protesto especial cambial dessa natureza, agudizada pelo fato de não ser comerciante o sacado, de modo idêntico pratica ilicitude disciplinada concernente à culpa com que se houve e, outrossim, no que tange aos delitos contra a administração pública, cujas consequências serão apuradas e suficientemente esclarecidas na oportunidade do investigatório, fornecendo subsídios à futura propositura da ação de natureza penal.

É bem verdade que a existência de condição típica de nulidade, para efeito de pressuposição ao pedido de quebra, serve como meio indestrutível de defesa, a ser alegada pela parte interessada, inclusive constante da nova roupagem ditada pelo texto que cuida da recuperação da empresa.

Destacado o protesto como meio necessário ao fim de se alcançar um aspecto na projeção do interesse voltado ao requerimento de quebra, abranda a nova dicção da reforma, pelo lado do valor mínimo e do lapso temporal.

Com isso se pretende mostrar a relatividade do instituto, cuja flexibilidade aponta norte que enseja prova contrária, de molde a admitir questionamento, sendo a presunção *juris tantum* a preconizar a possibilidade de não incidir estado de insolvência, de sorte a viabilizar recuperação da empresa.

4 Vícios e falsificações de títulos e documentos

Revestindo-se as obrigações cambiais de seus requisitos intrínsecos e extrínsecos, dependentes da conferência pelo notário, no primeiro momento de sua apresentação, nem sempre concorrem as condições exigidas na estrutura exibida, causando um descompasso que prioriza mais e melhor o exame de fundo, no sentido de configurar vício de vontade, de consentimento, sem descurar da natureza do falso, ideológico ou documental.

Bem no desenho salientado, o defeito que se incorpora ao título de crédito pode estar representado pela supressão, adulteração, desconformidade da escrita numérica e por extenso, ou elemento substancial no sinalizar a existência da obrigação livre de pontos nebulosos.

Os aspectos indissociáveis, para efeito da constatação dos fundamentos que viciam na senda explicitada, têm conteúdo e razoabilidade que destacam a atenção do notário na percepção da causa impediente, numa dicotomia entre o falso ideológico e o documental.

Simboliza o princípio o mecanismo ligado ao título ou ao documento que sofre um procedimento capaz de invalidá-lo, na tipicidade relacionada com a incorporação da manifestação ao surgimento da cártula, ao passo que os informes transmitidos aos notários, com espírito doloso, situam uma ideologia para induzir o notário em erro, capaz de viciar a feitura do protesto e desencadear a invalidade do ato notarial.

Essa distinção precisa dimensionar o horizonte e trazer à baila as circunstâncias que resvalam na autenticidade do documento, manifestação de vontade, diferindo dos subsídios levados ao conhecimento do notário, contendo declaração de verdade, porquanto se o apresentante declina o falso endereço do sacado, objetivando o protesto e a precedente intimação por edital, consequentemente de qualquer forma induziu o responsável na direção errada e o dolo intenso foi capaz de tipificar a ilicitude de sua conduta.

Sobrevinda alguma colocação que impeça, por si só, a tirada do protesto, e sendo mantida a posição assumida por causa do serviço, comporta reclamo através de suscitação de dúvida, a qual, levada ao conhecimento do Juiz Corregedor, poderá desembocar no exame de fundo do título, no exame de sua autenticidade.

Embora rara a hipótese, é sintomático observar que se o documento, no sentido amplo, evidencia ponto controvertido e que afasta o âmbito de sua condição na lavratura do protesto, com a recusa nasce o mecanismo voltado à configuração de suas etapas e por meio do devido processo legal oportuniza-se a constatação.

Compete na circunstância dirigida ao exame do título, a ser levado formalmente a protesto, apor o defeito ou enumerar a falha que impede a repercussão do ato notarial, cuja ciência transmitida ao interessado ou terceiro legitimado implicará possível submissão da questão na arquitetura de seu desenlace jurisdicional.

No enraizamento da cadeia de transmissão dos títulos de crédito, forçoso reconhecer que o vício ou defeito que macula uma relação não tem o condão de por si só atingir toda a integralidade obrigacional, preservando o direito de regresso e dos portadores legitimados que agem com inigualável boa-fé.

Ao endereçar um título de crédito a fim de ser protestado, o interessado, conhecendo sua origem ilícita, ainda assim, numa reserva mental, desinforma o notário ao não destacar pontos relevantes, resultando um desserviço público que irá, portanto, afetar a validade do ato solene, questionamento plausível de acontecer perante o Juiz Corregedor, ou na importância do incidente a ser suscitado durante o procedimento no qual a obrigação está sendo exigida.

Se no nascimento da obrigação pode ser denotado o dolo com que se comporta o agente rotulado de credor, na ilicitude do ato praticado, de seu turno, nem sempre é possível captar o mesmo sentimento do notário; em tal circunstância a culpabilidade desloca o campo de apuração para mitigar uma falta de nexo entre as condutas, ambas contaminando o protesto, mas precavendo eventuais terceiros de boa-fé.

Vícios consubstanciados no consentimento ou na vontade de adesão ao contrato ou referentes à obrigação cambial repercutem na eficácia do protesto e não necessariamente podem estar vinculados ao falso documental, ou de matriz ideológica; isso toma uma conotação imprescindível circunstancialmente naquilo baseado na comprovação, cujo ônus cabe ao prejudicado, sem elidir ressonância, inclusive do notário.

Inserem-se no rol que integra as situações dos pressupostos contendo vícios e destoam da realidade subjetiva do negócio realizado não apenas os títulos reputados clássicos, mas todos os demais que têm tipologia própria e se pautam pela natureza de perfil extrajudicial, visando a cobrança em execução singular.

Com a nova previsão encerrada no Código de Processo Civil, dentre os títulos portadores de eficácia executória se alinha a própria debênture, a qual significa um lançamento feito a pedido da companhia, a fim de angariar recurso junto ao mercado; se houver o vencimento, cabe a cobrança, e eventual protesto poderá ser lavrado, como forma de garantir direitos inerentes, tanto de regresso, contra obrigados, ou empresas que fazem parte da emissão.

Essa perspectiva foi bem utilizada no procedimento de privatização, onde muitas estatais se socorreram de debêntures na posição de reequilibrar o estruturar acionário, mas muitos debenturistas ainda permanecem olvidados no aspecto de pagamento.

Com efeito, os títulos e notas de financeiras, consórcios, empresas de fomento, faturização, ainda na obtenção do capital de giro, e também na concessão de crédito no cheque especial, quando o interessado emite simbolicamente o título, mas somente documenta a operação mediante sua assinatura, competindo o preenchimento ao credor.

E nesse diapasão, com o vencimento global da dívida e a necessidade da comprovação inequívoca do inadimplemento, a feitura da nota ou letra de câmbio de financeira obedece a um grau de complexidade hospedado nos indexadores e parâmetros incidentes por causa da mora, que na maioria das vezes sequer identificam o valor empenhado, sob a responsabilidade do mutuário.

Na verdade, a imposição unilateral do crédito pelas mãos do interessado ou por intermédio de pessoa por ele indicada causa uma série de transtornos e aborrecimentos, refletindo na forma do abuso do poder econômico, na dificuldade de compreensão do cálculo e na correspondente diminuição de vingar a purga da mora; nessas hipóteses, ficaria o devedor impontual autorizado a questionar a validade do protesto, porque, se demonstrar que o contrato se prova pelo próprio título extrajudicial, nada descortinaria a viabilidade do uso da cambial-garantia, haja vista os limites da negociação e sua validade, querendo pontuar a razão de ser do ato notarial incidir no pacto bilateral.

Firmemente é preciso mencionar que a falsidade posterga o exame do vício que acompanha o título ou do documento, dês que o maior interessado na proposição é o suposto devedor, de modo semelhante quando houver inovação e lançamento de garantia que não participava da cambial no seu nascimento.

Na ótica de elucidar o assunto, competindo a obrigação à pessoa jurídica, o credor expressa uma garantia por força do aval aposto na cambial, assinado na circunstância pelo representante legal da empresa que passa por sérias dificuldades econômico-financeiras, acabando por falir, e na improvável condição de receber por causa do rateio, o titular do crédito se vale de expediente que não é observado pelo notário, que nem ao menos cientifica o garante dessa realidade.

O falso documental comporta arguição na primeira oportunidade, incorporado ao título de crédito se manifesta grave vício que derreia a obrigação e suscita abuso na ilicitude praticada, gerando ineficácia do protesto, mesmo que não requerida de forma expressa e direta.

Incumbe enfatizar, na ótica do defeito que vicia o protesto, que compete ao interessado arguir a matéria, de molde a desvendar o mais rápido possível, na sua estruturação, qual realidade se perfaz contrária ao nascimento da obrigação.

Cuidando-se de aspecto que preside o binômio crédito-débito e monitorado por um vício insanável, nada impede que venha alegação com o exame minucioso do título, ou se houver evidência mais dificultosa na prova grafotécnica, sustando-se qualquer restrição ao crédito ou divulgação do ato notarial.

Na concessão do crédito rotativo e na especulação do mercado, a maioria dos consumidores sequer dispõe de conhecimento a respeito do assunto, se limitando ao financiamento e ao preenchimento garantias, mas se ela não espelha a operação, por corolário isso não pode gerar efeitos, razão pela qual cumpre apontar em quais circunstâncias se contratou, ato contínuo, o fato gerador incorreto daquele protesto a ser lavrado.

Ao ser forjado o nascimento de uma obrigação cambial não correspondente à sua verdadeira quadra de autenticidade, com o espírito de privilegiamento de um lado tão somente, isso gera incerteza e insegurança concomitante, mas poderá exigir o notário o campo maior da documentação a fim de minimizar dúvida na compreensão do título.

Acerca da matéria, ele, no exercício da atividade delegada, poderá recusar a feitura do protesto, diante do exame plural da questão, e incidirá a suscitação da dúvida inversa, a ser dirimida pelo Juízo corregedor.

Comporta observar que uma vez alegado o falso, a sua prova ganhará contorno na perícia grafotécnica, ou por meio de subsídio complementar que permita o convencimento do Juízo, na vertente de eliminar qualquer característica real de crédito válido.

5 Culpabilidade e consequências do protesto

Inevitavelmente, o ato notarial que padece de vício quer na sistematização do título, ou na feitura de sua forma solene, está gizado ao grau maior ou menor de culpabilidade do agente, ou seja, a ponto de revelar a alteração e a incorreção do ilícito e sua relevância no contexto da obrigação.

Decompõe-se o arco de tal sorte a permear a validade, eficácia e apresentar vigência na confecção do ato ditando o protesto, mas disso depende o concurso de predicado a sustentar a atividade desencadeada, fortificando uma distinção entre protesto nulo, sem gerar consequência alguma, e o anulável, que pode revelar característica de refletir na ordem obrigacional, enquanto não suscitado o vício que o inquiria.

Articulada a matéria entremostrada na feitura do ato notarial, plausível acentuar o fundamento da obrigação cambial ou de natureza contratual, primando a essência do exame, destacando os pontos primordiais, sob a cautela e zelo reunidos, implicando uma averiguação, a qual determinará efetividade e eficácia.

Utilizada a expressão *culpabilidade* no sentido amplo, tem-se que o protesto será nulificado ou anulado dependendo da hipótese concreta, evidenciando o aspecto onde encerra o fato típico e o nexo em atenção ao perfil global na circulação da cambial, porque a proteção de boa-fé é projetada como se fosse cláusula pétrea na dinâmica da relação obrigacional, não afetando ou demonstrando a imperativa necessidade da perquirição pretérita.

Materializado, pois, nessas circunstâncias adversas e imperfeitas que o viciam, o protesto aparentemente goza de regularidade, mas a invocação dita uma verdade quanto à exploração do mecanismo do ilícito descoberto, ou seja, a investigação demandará caminho preconizando o argumento ou reportando o elo que macula o ato notarial.

Bem no diapasão segmentado, por tal raciocínio, a ação principal, que pode ou não estar estreitamente relacionada com a sustação do protesto, conterá carga visando declaração de nulidade do protesto e contingencialmente do vício da obrigação cambiária.

Com essa prerrogativa se mostra indispensável não apenas retirar eficácia do protesto propriamente efetivado, mas, sobretudo, de erradicar a obrigação, porquanto, se for facultativo, nada obstará a execução ou cobrança, ainda o procedimento monitório que se aplica naqueles casos singulares onde há prescrição ou está ausente título líquido e certo, exigível em referência por caminho mais simplificado.

Comporta destacar que se houver nulidade, nada mais precisará ser abordado, mas, se o defeito apenas anula a feitura do protesto, a obrigação estaria intrinsecamente disposta no conteúdo da declaração negativa a ser tutelada em sede da ação principal.

Dessa forma, e de modo mais concreto, se há o saque de uma duplicata simulada, cujo endosso fora manifestamente viciado, cumpre ao sacado, ou terceiro de boa-fé legitimado, provocar a declaração, mostrando com isso a ressalva do próprio direito e o caminho na dicção de acionar aquele responsável.

Fundado o defeito na categoria interna ou externa que governa a obrigação, sua discussão pode se fazer na perquirição da prova de natureza documental, pedir o exame fincado na perícia grafotécnica, ou sugerir mera revelação do encadeamento do negócio subjacente.

Congruentemente com a sinalização imposta, inexiste no ordenamento a imprescindibilidade de se demonstrar o ilícito penal, numa suspensão da executoriedade do crédito, para se cogitar dos reflexos na órbita civil, eis que independentes e distintas as perspectivas envolvendo cada seara.

Conveniente destacar que o ônus da prova caberá ao prejudicado, sem inversão e dependendo do falso observado, a prova técnica requerida poderá ser dispensada, autorizando conclusão tirada sobre os demais predicados que infirmariam a obrigação.

Entretanto, a prova técnica deferida possibilita concluir sobre a autenticidade do documento, do ato notarial; e de quaisquer aspectos que resvalam na tipicidade do inadimplemento, proclamando um conteúdo que irradia alcance para o campo criminal.

Divisada a temática na linha abordada, se a prova produzida no Juízo Cível concluir sobre a falsificação do documento levado a protesto, cuja assinatura não pertencia ao executado, vislumbra-se uma circunstância que atinge duplamente o contexto, a obrigação que se torna inexigível e o protesto declarado inválido.

A relação jurídica que analisa a concretude do fato também possibilita seja alcançado via reflexa o notário que contribuiu para a arregimentação daquele protesto, sem as mínimas condições, ou requisitos formais preenchidos, de tal sorte que figurará como litisconsorte e a prova colhida terá o principal efeito de esclarecer a verdade e apontar irregularidades sublinhadas.

Evidente que o falso diagnosticado na prova técnica gera presunção a ser corroborada numa sintonia emprestada do procedimento, na ótica criminal, uma vez que a investigação se afigura independente e nada direciona na imputação certa, individuada, sendo mister que além do falso, seja determinado quem o praticou.

Havendo defeito que se materializa no título protestado, ou no ato notarial lavrado, banhando a esfera da ilicitude penal, independente da nomenclatura e grau de responsabilização, tem-se que o resultado eclodido determinará a anulação ou nulidade daquela instrumentalização, respeitante à culpabilidade, sem interferir na boa-fé e no regresso, jorrando dados indicadores na circulação e formação de relação autônoma.

A hipótese é de sobejo interessante no quadro típico do protesto objetivando decreto de falência, haja vista a duplicata simulada sacada e destinada a protesto, regularmente levado a efeito, mas durante o procedimento, sobrevindo defesa, nela se depara com o argumento do falso atado ao título de crédito.

Consequentemente, e de forma excepcional, será oportunizada a prova técnica por diversos aspectos, a uma para dirimir a controvérsia, em segundo lugar para atestar a autenticidade daquele documento e a validade do protesto, por último e igualmente relevante, o ato notarial é obrigatório, e sem título que o legitime, a carência da ação será inelutável, sem prejudicar apuração de responsabilidade em palco próprio.

É de suma importância divisar a nulidade que se corporifica na obrigação ou no escrito particular, diferente da hipótese vista que simboliza a prática do ato notarial externado com o vício subsequente à confecção dessa relação, no desenvolvimento e no encadeamento de transferência ou cessão do crédito.

Na instrumentalidade do ato examinado, por esse ângulo, a imperfeição pode deixar subsistir um liame pretérito, sem afetar, portanto, o tipo legal que sustenta o vínculo jurídico ambicionado na demonstração do fator insolvência, daí por que a distinção, sem sombra de dúvida, enaltece o conhecimento formal ou literal que cerca o negócio subjacente.

Depurado o exame que converge com a exposição aguda da questão, sua decorrência exprime o alcance do título, ou de falta do requisito dissecado na confecção e lavratura do protesto, gerando consequentes repercussões na ótica do negócio analisado.

Descoberto o ponto ou a circunstância que imprime o situar da culpa ou do dolo na emissão e projeção da obrigação ou do título que se reporta ao documento entabulado entre as partes, não gerará o protesto, por corolário, seu principal efeito na inadimplência, e haverá um nexo que ficará adstrito entre as constatações anotadas, isto é, comprovando-se o saque de duplicata sem lastro, por si só, tal configuração cataloga um horizonte bem delimitado e que no seu bojo elidiria a prática do ato notarial.

Dispondo dessa forma, entre o vício do documento ou do título e o falso que emblematicamente o acompanha, eivado estará o protesto, consequentemente, não porém se hígida a obrigação e apenas se denotar falha na ilicitude que contaminará o ato notarial. Junta-se um elo de estreita sintonia, mas a convalidação do protesto será admissível, na medida em que a culpa havida era perfeitamente aceitável naquelas condições e não visava desnaturar a própria obrigação.

Sumariando o pontuar do caso concreto, sempre que for evidenciado ilícito que acompanha o título, o documento, o protesto, ou ambos concomitante ou simultaneamente, sobressairá a declaração própria ou incidental que atribuirá efeitos e causará via de regra invalidação do ato notarial.

Estudado o ato notarial componente de um todo como padrão complexo que se amolda à concretização pura e simples do protesto, uma de suas características mais fundamentais e próximas toca de perto ao atraso no cumprimento da obrigação assumida.

De fato, a impontualidade como presunção do inadimplemento se funda na origem de um vínculo jurídico que as partes entabulam, mas, se descoberto enraizamento que permite com sua eficácia desconstituir a sua lavratura, mitigado a seu aspecto de forma, o propalado credor experimentará os percalços de sua conduta.

Matéria que ainda não recebeu uma disciplina mais específica na diretriz da consequência prática em torno da invalidade do protesto, evidencia a função assentada no protesto e os danos evidenciados no conjunto.

Com razão, a invalidade determinada que segue a sua característica implica a existência pretérita de um instrumento que participou o espírito público, norteado mediante a divulgação do fato ao conhecimento de terceiro.

Se de um lado o protesto abusivo ganha corpo na dicção evidenciar um comportamento desconforme à legislação, em detrimento do terceiro prejudicado, todos eles podem assumir uma metodologia de responsabilizar quem agiu visando destoar a verdade literal da obrigação, ou do contrato.

Haveria uma tendência que se apanha do modelo de funcionamento do serviço, agora com a tessitura acenada no Provimento 747/2000 da Corregedoria do Estado de São Paulo, atrelando o serviço do protesto ao Cartório de Notas, com isso a delegação da atividade sempre coloca sob a ótica do Estado uma disposição de vontade na atribuição do padrão.

Proclamada a responsabilidade pelo serviço que não funcionou, se mostrou atrasado ou retratou circunstância atípica de sua atividade peculiar, a responsabilidade, por esse defeito, não pode ser tirada dos ombros do Estado, e o interessado não precisa articular, em passivo litisconsórcio, essa figura, até porque a obrigação não é necessária, voltando-se com regresso na hipótese de indenização configurada entre a autoridade Estatal e o serviço público delegado.

Na convergência abordada existe um caminho a ser cuidadosamente explorado, concernente ao ato em si, a responsabilidade emergente, os envolvidos na disposição e a vontade de exigir a reparação, calcada no pressuposto da ação indenizatória.

Concretamente, poderá o campo criminal depurar reflexo na órbita da responsabilidade civil, se houver a possibilidade da aplicação do Diploma Normativo, Lei nº 9.099/1995, enraizado nos delitos de menor potencialidade ofensiva, uma vez que a transação imporá uma confissão sobre a não existência de qualquer obrigação.

Influente dizer que o tipo penal destacado ao título falso proveniente de ato específico, e aquele que tem participação do notário, ambos perseguem estruturas diferenciadas na apuração do delito, eis que se trata de atividade delegada pelo poder público.

Bem de ver que o fundamento que abriga o falso projeta sua eficácia no âmbito da responsabilidade civil, sinalizando o tema costumeiro do dano moral e sua radiografia específica, ante a alegação frente ao Estado e, outrossim, ao terceiro considerado particular.

Compreendemos na inteligência dessa matéria que o dano moral teria conotação de dívida alimentar e como tal não repercutiria, mais diretamente, na liquidação por intermédio do precatório, em dez vezes, porém, incluído, no orçamento, de modo análogo àquela catalogação, sem o que implicaria no incremento de uma realidade desfavorável ao prejudicado.

Na conjugação de esforços aplicados na determinação da eliminação da consubstanciação articulada ao protesto, no momento primário enxergamos o cuidado de se retirar a restrição, mais adiante o prisma do dano, incluindo o de natureza moral que poderá se reportar à categoria do falso ou se basear na consideração do salário-mínimo.

Efetivado o protesto de título desprovido dessa qualidade e fundado no falso demonstrado, a exclusão será feita de modo agilizado a ter incidência na própria desnegativação, com o intuito de minorar o dano sofrido pela vítima.

Concernente à pessoa jurídica, o falso também se apresenta, na dicotomia do representante, e a teoria da aparência, sempre visando apurar o negócio jurídico subjacente e a criação de obrigação desvinculada de sua origem.

7

Responsabilidade Civil

> **SUMÁRIO:** 1. Fundamentos jurídicos e classificação. 2. Abuso e desvio de direito no protesto. 3. Abalo de crédito e profissional. 4. Protesto indevido de títulos e documentos. 5. Dano moral e sua quantificação.

1 Fundamentos jurídicos e classificação

Fiel à sua longa tradição enraizada no Direito Romano e transposta à luz do Código de Napoleão, o atual Código Civil preconiza a situação da responsabilidade tipificando os seus elementos, a partir da dicção do art. 186, com observação a respeito do dano moral.

Essa relação deve ser interpretada como simbiose dos arts. 186 e 927, ambos do Código Civil em vigor, na tipificação da responsabilidade adjetivada pelo cometimento do dano, diante da ilicitude comprovada.

Nesse diapasão, podem estar presentes, de forma concomitante, os danos material e moral, ou exclusivamente o último, cuja comprovação cabe ao interessado, na disciplina do negócio jurídico, e a culpabilidade delimitada no aspecto do nexo causal.

Atento à respectiva causação, conserva o novo diploma a circunstância do ilícito, com a perspectiva de dano moral e seu âmbito de projetar interesse em relação ao perfil identificado na pessoa voltada ao tempo de sua existência, radiografando tônica que permite o ressarcimento

O lineamento da matéria afeta ao protesto e seu aspecto, que aponta irregularidade na realidade formal do ato; caracterizando culpa na esfera civil, fundamenta a irremovível posição do prejudicado no sentido de exigir algum tipo de indenização, cabendo delimitar bem de perto as diretrizes envolvendo o exercício da demanda e a revelação da subordinação, na técnica da legitimidade, em harmonia com as condições encerrando os pressupostos da lide.

De início é absolutamente inquestionável a instrumentalização palpável do responsável no cometimento do ato, na omissão, ou eventual comportamento lesivo aos interesses, tanto partindo do apresentante do propalado credor, em alguns casos do endossatário que abusa do próprio direito, e ainda da possibilidade de encaminhar o dualismo para o *modus operandi* no tocante ao notário.

Concentrando o elemento causal e o respectivo dano havido no encontro dos responsáveis pela materialização do ato contrário à norma vigente, transgredindo a estandardização que regula o instituto e sua finalidade específica, disso decorre a imputação da culpa civil ao causador da lesão, a qual poderá abranger o notário e todos os que praticaram o ato *interna corporis*.

A Constituição Federal, depois de sua primeira década de vigência, concebeu a mola propulsora que indica o fundamental caminho que se assenta no art. 5º, inciso X, na proteção da pessoa, de sua honorabilidade, da imagem, assegurando a reparação nos casos de dano material, ou moral, em virtude da ressonância que adquire a violação.

Bem evidenciada a circunstância que propala seus efeitos jurídicos, teremos ação comum porfiando a indenização pela culpa e de modo que ficará no poder-faculdade do agente o acionamento do Estado, haja vista a atividade exercida pelo notário, abrindo um ponto mais particularizado, quando entre o ato e seu nexo existente intencionar exigir do poder público o ressarcimento compatível com o dano experimentado, observando o art. 37, § 6º, da Lei Maior, e sua compatibilização com o art. 22 da Lei nº 8.935/1994, porquanto há um controle e fiscalização no funcionamento do serviço, com equiparação das funções, não se eximindo o Estado do propósito de compor o prejuízo, na organicidade que identifica o regramento da circunstância envolvendo os notários.

Desenvolvido o acionar do Estado e cabendo indenizar o prejudicado, sobressai inconteste o direito de regresso contra os responsáveis diretos pelo ato que legitimou a demanda proposta, sem impedir outras providências correlatas, nos âmbitos administrativo e penal, incursionando pelo comportamento, sua manifestação e as contrariedades advindas na violação das regras em vigor.

Dessarte, a identificação dos responsáveis é a primeira consequência prática extraída na depuração do ato anômalo, sua consecução, e o surgimento do direito de ação na reparação daquela irregularidade.

Com integral propriedade se descortina o núcleo que evidencia o modo comportamental na lavratura do ato notarial, por tal ângulo, e *pour cause*, se pode enxergar todo o procedimento delimitado nas suas etapas, ou avançar na digressão de cada uma delas, proporcionando a livre investigação em torno do elemento culpa, ou presunção, e ainda a eventual concorrência entre os autores do malsinado modo de agir.

Faz-se notadamente importante e sobressai relevante a classificação, haja vista a crescente perspectiva alojada no campo da reparação do dano moral, atingindo a pessoa física e também jurídica, as quais experimentaram algum tipo de prejuízo advindo da indevida protestabilidade.

Conjugando esses elementos, no divisar da questão e desaparecendo a razão de ser que motiva o protesto, cumpre observar na contingência submetida à análise o elo de ligação na cadeia de transferência, ou se o vício acompanha a obrigação desde o seu nascedouro.

A característica obrigacional pode estampar a presença de coobrigados e implicar a assunção do ônus afeto à responsabilidade, a qual se descortina com o manifesto interesse no cogitar a culpa que se funda na descrição de elementos objetivos, para efeito de subjetivar aqueles envolvidos na temática do ato.

Espelhada a visão de forma bastante direta, o dano moral estabelecido em nível de regra constitucional e consagrado na situação jurisprudencial bem revela a forma açodada ou incorreta de agir, na circunstância culminando com a imposição de responsabilidade, de tal arte a distinguir posição no contexto do título, da obrigação, ou do próprio contrato.

Esquematizados esses subsídios, sem sombra de dúvida, pois, configura vislumbre sempre possível que preserva a imagem natural da pessoa alvo do protesto, ou da entidade que realiza a atividade permeada por requisitos de tempo e confiabilidade.

Dessarte, por si só, o protesto evidencia uma coisa que no substrato geral das relações do comércio e da atividade econômica, naturalmente, preconiza uma restrição da normalidade, colimando abalo ao próprio crédito e as dificuldades inerentes à exposição do nome aos efeitos registrários.

Qualquer que seja o valor repousando no título ou documento endereçado ao protesto, por toda a razão motivada, estrutura uma visão mais aguçada que se faz notar a partir do conjunto ditado pela rede que mobiliza ilimitadamente o acesso a todos que fazem a consulta.

Filiando-se à teoria subjetiva da culpa, desenhada no art. 159 do Código Civil, atual art. 186 do diploma em vigor, o legislador cuidou de considerar o elemento configurador de sua existência, somente descartando sua essência quando a Ação estiver voltada contra o Estado, permeando conteúdo próprio que não exige a demonstração sob o fundamento da culpabilidade.

Sinalizado o preceito que edifica o predicado da demanda, a classificação estaria situada num primeiro momento na reparação do dano civil proposta pelo lesado, ainda aquela ação contra o Estado, e por último a de regresso, pontuando o interesse de individualizar a falta e aclarar seu cometimento.

Tipificada a ação, omissão, ou conduta do agente público na realização do serviço, o prejudicado poderá acioná-lo, ou se preferir intentar demanda contra o Estado, haja vista a objetividade que preside a natureza da causa, sustentada pelo nexo causal comprovado, prescindindo do elemento culpa propriamente dito no elenco da submissão ao ressarcimento.

No enfrentamento do aspecto principal da matéria, José Aguiar Dias afirma a restrição da responsabilidade civil à espécie de obrigação que deriva do complexo imputabilidade mais capacidade, na estrutura da reparação do dano, as obrigações de indenizar, tudo enfeixado consequentemente naquele liame que faz aparecer o primado da vinculação jurídica.

Aparentemente, pois, a ação que se dirige à indenização do dano, na sua catalogação, nada exige quanto à declaração de ineficácia, ou invalidade do protesto, como condição de agir, muito menos a demonstração na órbita da inexistência de obrigação jurídica vinculante entre as partes.

Demanda autônoma e destinada a consolidar eventual abuso do direito, mapeado pela malsinada ação que se exterioriza no comportamento lesivo direto, podendo ter sido prestigiado negativamente pelo notário, a responsabilidade civil parte do pressuposto caracterizado na figura do dano, de tal ordem que seu conteúdo é precisamente patrimonial.

Definida a relação que enverada pelo aspecto do dano acontecido no situar a circunstância indevida do protesto, também não se pode esquecer, com relação à característica extrapatrimonial do perfil moral, que nem sempre exige uma prova na fixação de sua natureza.

Admita-se, a título de exemplo, aquela realidade na qual os títulos apontados a protesto tenham sido efetivamente pagos e liquidados, donde o apontamento se cravou não apenas indevido, mas sobremodo abusivo, razão pela qual nenhum motivo radica na necessidade que teria o prejudicado de exasperar o ponto formatado e dilatar o procedimento, com verificação comprobatória no predicado. E nesse passo, por menor que tenha sido o intervalo de tempo entre a lavratura e o ato que produzirá o efeito de cancelamento, a simples publicação é de molde a exteriorizar uma diminuição no conceito da empresa, apto a abalar seu próprio crédito.

Não se cuida de prova de difícil ou impossível produção, mas sim do pontuar do seu exame, haja vista seu grau de solvabilidade e nenhum deslize marcante ao longo de toda a sua existência, daí por que simboliza *capitis diminutio* emprestar na visão específica nomenclatura de inadimplente ao pagador que concretamente saldou a dívida.

Verdadeiramente, não há se confundir o dano de natureza fundamental extrapatrimonial com a condição de procedibilidade da ação e o repercutir daquele valor a título indenizatório, percorrendo cada caso concreto uma realidade distinta.

Não se cogita, na realidade, de inversão do ônus da prova como se pretende denominar relação de consumo, mas simplesmente de atacar as vertentes, de um lado o aspecto material do dano, por ângulo reflexo a peculiar filiação do predicado moral, ambos traduzindo a soma revestida no título e seu conteúdo na fenomenologia da adequação do fato ao seu resultado.

Pontuado nessa linha de pensar, se o protesto fora capaz de fazer com que o prejudicado perdesse uma concorrência ou a feitura objetiva de um determinado negócio, tal se exprime como perdas e danos, na modalidade de conjugar o aspecto material e de conteúdo moral.

Conceitualmente, se não podemos abrir grande espaço para uma tônica do dano moral, com a pluralidade de pedidos acenados, d'outro cumpre observar se há uma culpa dentro de seu peculiar e grau de atribuição, dentro do contexto da obrigação cambial, documento ou obrigação.

A exploração plural e segura desse acervo é peculiaridade que se coaduna com a prejudicialidade alegada que levou o interessado a sofrer uma circunstância bastante danosa e alheia à sua vontade e, na fixação do valor moral, tem-se admitido um primado do salário-mínimo, passando pela realidade da cártula ou obrigação, ainda resvalando na relação que seria capaz de inibir o faltoso a cometer atos de igual jaez.

Compreendida a atividade de bloquear o indevido protesto, toda a reparação precisa se amoldar à conjuntura e refletir bem precisamente o lineamento da culpa e seu desdobramento materializado.

É importante ainda frisar que forma diversa se timbra na faceta do dano moral que evidencia parâmetro, circunstâncias, e limites bem diversificados, somente haurido por causa do ato irregular, sem incidir direta ou definitivamente no campo econômico, porquanto, em tese, as pessoas física e jurídica gozam de conceito e reputação a que o ato notarial, por razões lógicas, traz desabonos e irrefreável abalo de credibilidade em geral.

Forte nesse aspecto, consubstanciada a irregularidade, o traço marcante que agita o pedido, em conformidade com a natureza divisada em torno da Súmula nº 37 do Superior Tribunal de Justiça, no pomo de se evitar discussão, tornando plausível a cumulação dos danos material e moral, para efeito indenizatório.

Galvanizado o leque a fundamentar a responsabilidade civil, compete ao prejudicado situar o ato lesivo, as condições que levaram a sua prática, suscitando fato impediente que certamente inviabilizaria o protesto tirado, contrário ao preceituar normativo disciplinador.

A maleável situação quanto à fixação do dano moral, de seu turno, exige um trabalho específico do juiz que funciona na condição própria a fim de arbitrar o devido valor, com base na máxima de experiência, traduzindo o campo operacional e espelhando o reflexo negativo experimentado.

De fato, inolvidável reacenar a circunstância de uma ampla esfera de conhecimento, sendo normal pedidos elevados quando se trata de instituição financeira, empresas de faturização, grandes estabelecimentos comerciais, no mais das vezes prestigiados os interessados sob a batuta da gratuidade processual.

Conciliar o predicado timbra o elo entre o devido no campo extrapatrimonial e o suficiente à consecução do abalo, suscitando um contingenciamento seguro para se evitar o enriquecimento sem causa, normalidade adicionada aos fatores graduados na condenação.

Bem se observa, sem qualquer desprezo, que o interessado na reivindicação do dano moral poderá estar sendo beneficiado da gratuidade e ao mesmo tempo revelar condição de desempregado, sendo isento do imposto de renda; bem de olho na particularidade, a fixação sempre expressará um desestímulo, mas sempre compatível com o ângulo subjetivo do requerente.

2 Abuso e desvio de direito no protesto

Em termos de crédito e sua concessão, a sociedade moderna mostra uma extrema sensibilidade na tarefa de conseguir detectar a aparente normalidade, de modo a partilhar pontos negativos e concorrer para a regra de exclusão de todos os que não podem descaracterizar o estado de coisa; essa grande massa de tomadores de empréstimos utiliza o crediário facilitado na aquisição de bens e serviços, imprimindo ritmo forte no comércio e eventualmente na circulação das coisas.

A despeito disso, em todas as relações negociais, cambiais, ou assemelhadas, o preceito da boa-fé presumida vai deixando de lado seu tradicional aspecto, vislumbrando um avanço marcado pelo abuso do poder econômico e também do desencontro de equilíbrio que denote a transparência da operação.

Sem a menor dúvida, todos que se deparam com as relações empresariais, negociais e do comércio, em particular, têm grande dificuldade na percepção das exigências em atenção ao acesso ao crédito.

Vários departamentos negam uso do cheque, ou limitam sua emissão àqueles que comprovem um ano de conta, outros apenas aceitam determinados cartões, alguns somente pagam em pecúnia, e à vista.

Tudo não passa do reflexo sentido a partir dos prejuízos experimentados, mas a generalização tem sido ruim e a desconfiança retira do bom comprador o alimento que nutre seu interesse de consumo.

Enquanto, se propalado um cadastro negativo alentado por um número elevado de devedores, não se cogita daquele orientado de pessoas com amplo trânsito e livre crédito na praça, as quais, iguais às demais, se sujeitam às burocracias e mesmo tratamento dos inadimplentes.

Contemplando o modelo esboçado, Alípio Silveira, comentando sobre o princípio da boa-fé no campo do Direito Comercial, ponderava que a menor rigidez e formalismo desse ramo refletem na sua interpretação. Em matéria comercial, portanto, a liberdade do julgador é mais ampla, orientada pela preferência pela atuação da equidade, concentrada na boa-fé e dos usos comerciais.

Evidentemente, o alentado crescimento das relações negociais, ladeadas da técnica do manuseio próprio dos meios informatizados, ditando acesso de crédito e ainda banco de dados permitindo a rápida consulta, refreando a presunção de boa-fé do consumidor e de todos que lidam com o mercado, impuseram a premissa do desconhecimento e da avaliação indesejável voltada para os que necessitam se socorrer das regras de mercado.

A figura do abuso e do desvio do direito líquido e certo na realidade inspira um vício conceitual no substrato da obrigação e dissimula sua finalidade prevista, calcando numa irregularidade que contagia o ato notarial. O poder é exercido de forma destoante com a sua natureza, lesivo aos interesses das partes dispostas na negociação, defletindo consequências abusivas que demonstram o descrédito no papel presumido da boa-fé, cuja aparência é remediada por ação desafiando a prevalência do titular em relação ao devedor da vinculação jurídica.

Nos usos e costumes das relações comerciais, aflora incontornável a tipicidade do abuso e do desvio do direito, na contratação do negócio, na imposição de cláusulas unilaterais, no indexador inserido, no indevido protesto do título, nos requerimentos de falência, cadastramento negativo pelo sistema que impede e restringe o crédito, e todas as demais sequelas provocadas pela situação ao arrepio do bom direito.

Bastante comum a existência do primado naqueles contratos com instituições financeiras, empresas de arrendamento mercantil, entidades gerenciadoras do crédito e as incumbidas de participarem do elo da cadeia de fornecimento de recursos, haja vista uma falta de padronização que afeta os negócios e repercute no momento do inadimplemento.

O espírito que assola o abuso do direito na efetivação do protesto resvala na sua formalidade e nos elementos indicativos da obrigação, onde o propalado credor se protege e acoberta o seu desejo de não atingir o limite da negociação, ou mediante acréscimos não convencionados, por mecanismo extrapolando o vínculo da contratação, ou qualquer exigência capaz de acarretar lesão.

Relevante a lição de Caio Mário da Silva Pereira ao posicionar que o revogado Código Comercial de 1850, no art. 131, nº 1, disciplinava a regra interpretativa, aglutinando o princípio da boa-fé com a forma de entender as cláusulas contratuais: "A inteligência simples e adequada que for mais conforme à boa-fé e ao verdadeiro espírito e natureza do contrato, deverá sempre prevalecer à rigorosa e restrita significação das palavras."

A teoria inspiradora do Código Civil atual muito centralizou seu espírito na boa-fé que preside os atos jurídicos, os negócios, e notadamente os contratos, com transparência, clareza e o pressuposto da efetividade notadamente de cláusulas e condições, registrando ampla âncora publicística.

Em que pese o preceito, a maioria dos contratos, fruto da era pós-capitalismo, granjeia simpatia na esfera de adesão, e naqueles padronizados, cuja influência e interferência do consumidor se restringe à concordância das cláusulas pré-fixadas, nada atrapalhando eventual rediscussão em juízo.

Fundamental apontar que a propalada revisão, ou declaração de ineficácia ou invalidade das cláusulas, se sujeita ao ditame plural do fato superveniente, de sua imprevisibilidade, cujo núcleo repousa no posterior desequilíbrio provado e alegado.

Decorre do pressuposto da transparência a exata congruência a ser realinhada entre a documentação apresentada e o ato notarial buscado, inexatidão que trará internamente uma condição lesiva aos interesses e finalidade do ato notarial, temperando uma presunção que não encontra alicerce em relação à conduta do titular do crédito.

Tangente ao desvio de direito no apontamento do título a protesto, representa uma reserva ou tendência à descaracterização de uma realidade, cuja utilização poderá encerrar o próprio ato, ou destinar a fase subsequente no propósito de prejudicar terceiro.

Quando o credor é detentor de um determinado título, expressando soma compatível com a atividade e o negócio subjacente, mas sua procedência em nada peculiariza a situação de comerciante do devedor, mas por evidente visão distorcida agrega esse significado e encaminha o documento na prática do protesto, colimando requerimento de falência, sequer enquadrado na hipótese normativa, simplesmente para abalar o crédito e afetar o nome da empresa devedora.

Embora possam vir conjugados abuso e desvio, nada obsta o realce do instrumento isoladamente, porque dependerá sua aferição de variante positiva que delimite o alcance na finalidade do ato, ou seja, a provocação do interessado em comprovar a eventual anormalidade, destacando qual o fundamento primeiro da obrigação ou do contrato entre as partes estipulado naquela oportunidade.

Para Said Cahali há tênue linha-limite entre normal e anormal do direito, exercício regular e não regular do direito, cabendo admitir para identificação do ato qualificável como de abuso de direito a projeção anímica ou subjetiva da conduta do agente.

Somente isoladamente o elemento não traria, pensamos, o efeito esperado no diagnosticar a lesão e sua presença, eis que aliado ao comportamento do agente é preciso situar o momento que originou a obrigação e as circunstâncias objetivas dos negócios, ambos conjugadamente irradiarão os fundamentos na técnica visando consecução e indicação do vício derreando sua envergadura.

Destacada a irregularidade que permeia o protesto tirado com abuso ou desvio de poder, atrelado à própria obrigação, ou manuseio de elementos que visam respingar na pessoa do propalado devedor, notadamente quando está o credor cercado de várias garantias, o diagnóstico da espécie caminha no sentido de se coarctar o procedimento.

Aparentemente, no desvio se busca formalmente um ato que se descortina completo, mas com imperativo distinto, na medida em que prioriza a criação de nova situação, estranha à circunstância da operação, em detrimento do devedor, e como forma de compelir ao pagamento.

No que diz respeito ao abuso ele se configura na modalidade de consubstanciar prática lesiva e que gera deformação na visão do liame entre as partes, haja vista o intuito de transformar sua natureza ou aglutinar ingredientes que não participam do conceito da obrigação cambiária, documental, ou derivada do contrato.

De qualquer sorte, o excessivo necessita ser visto com bastante cautela e repensado, na função do ato notarial e nas bases que formam o negócio jurídico envolvendo os seus participantes, na conotação de verdadeira simbiose capaz de fincar a responsabilidade pelo caráter irregular comprovado.

Essa triagem compete, de início, ao Tabelião, que exerce o poder de fiscalizar e exigir o complemento para basear na lavratura, deixando de lado o aspecto meramente financeiro, e partilhando a regra normativa no teor de solução emprestada ao mecanismo do ato material como um todo.

Obedecida, uma a uma, a fase do procedimento, comporta esclarecer sobre desatenções e irregularidades, no propósito de não ser lavrado o protesto sem reflexo na legislação, e sua disciplina.

Essa verificação inicial e repleta ditada ao procedimento visando feitura do protesto, de total a responsabilidade do notário, precisa reanalisar todas as variantes, suscitar complemento, autorizar providências e, se for o caso, negar a sua materialização.

Com a expressão dos meios magnéticos e linhas interconectadas, as observações são feitas em menor intervalo de tempo, sem prejudicar os requisitos essenciais do título.

Sabido, por assim dizer, que a responsabilidade hospeda seu pressuposto na conjugação de seu tipo material e formal, ambos deslocados da finalidade de simples lavratura, mas identificando as naturezas emergentes habilitadas ao próprio ato notarial.

3 Abalo de crédito e profissional

Levado o título a protesto, injustificadamente, contendo eiva capaz de infirmar o seu aspecto primordial como meio probatório, surge a presença do abalo do crédito, ao mesmo tempo em que o afetar profissional terá seu campo específico, na interligação entre a atividade e o dano sobrevindo.

É fundamental apontar que os danos material e moral podem partilhar pontos de difícil separação, assim na hipótese do cabimento dos lucros cessantes e danos emergentes, com enraizamento distinto do abalo psicológico, bastante saber se pessoa física ou jurídica para mensurá-lo e adequá-lo ao contexto de sua realidade.

De fato, o abalo de crédito traz no protesto irregular uma afirmação desabonadora e ao seu encontro outros poderão advir, na sistemática que encampa a proteção do mecanismo de informação, que não retratam a situação verdadeira.

Consequência do protesto, todo o sistema protetivo do crédito é operacionalizado e os bancos fornecem dados atualizados, a exemplo do SPC, Serasa e outros mecanismos que tendem a disponibilizar detalhes a respeito do fundamento da negativação, implicando um abalo do crédito que vai sendo esvaziado e da credibilidade da empresa, ou de sua profissionalidade, reduzindo as expectativas de lucro e sobrevivência concorrencial no mercado.

Fundamentalmente, no esboço da restrição do crédito, as mencionadas entidades funcionam como catalisadoras das informações que lhes chegam ao conhecimento, não sinalizando papel ativo de maior realce, premissa que destaca a qualidade extraprocessual atinente ao cenário das instituições no simples ato registrário ditado pelas circunstâncias informadoras.

Bem assim, como banco de dados, apenas registram as ocorrências que lhes chegam ao contemplar de informes disponibilizados, concernentes à inadimplência, motivo pelo qual a respectiva inclusão no polo passivo da lide se afigura desprovida de legitimidade.

Esclareça-se à guisa de informe, e à míngua de maiores subsídios, que os bancos de dados são monitorados por entidades que formam um bloco coeso na transmissão, numa espécie de circuito fechado, desenvolvendo determinada atividade que proclama aparelhamento em relação aos negócios empresariais, daí por que uma coisa é conter o nome em cadastro, a outra é saber quem assim procedeu, e por último tentar a respectiva exclusão.

No encadeamento plural da informação constante do registro, os dados revelados indicam as bases formais, relacionadas à data, o valor da operação, responsável pela negativação e os subsídios permeados que preferem sua constatação com o catalogar a veracidade do elemento ditado na sua observação.

A importância soma-se à concretização, por si só, do contexto levado a efeito, na medida em que permite caracterizar a data, seu fenômeno de inclusão e demais aspectos de responsabilização.

Notadamente, circulando o título, recebendo os endossos, ou fruto de cessões, ainda desconto bancário, os legitimados figurarão na equação da sequência e a origem, como tópico aos preceitos das exceções pessoais e causais, em matéria de classificação da obrigação e sua validade.

A eliminação do cadastro negativo, ao longo do tempo, tem sido uma marcha constante contra abusos e convênios estabelecidos, com o propósito de não atender a regra do Código de Defesa do Consumidor.

Na ótica precisada, não é admissível que o simples ingresso de ação judicial, sem a formação da coisa julgada, estabeleça o núcleo de encaminhar o nome do figurante no polo passivo ao sistema de cadastro e eventual restrição; esses dados se fazem sigilosos na medida em que nenhuma inclusão é possível antes da decisão que não permita mais mudança, exceto por ação rescisória.

Ademais, movimento que vem sendo acompanhado de perto sustenta a impossibilidade de inscrição do cadastro, cuja condição irremovível seria a propositura da ação, e não a inibição em relação ao devedor, e empecilho à sua atividade profissional.

A questão da ação judicial que discute a obrigação, tessitura da dívida e o contexto da responsabilidade, tudo é de molde a inibir a inscrição do propalado inadimplente, até decisão de mérito, mas em muitos casos a tutela antecipatória converge na mesma direção.

Bastante interessante ponderar que não é qualquer ação que impede a negativação, mas somente aquelas que visam à discussão do endividamento, do negócio jurídico subjacente, na temática de não haver confusão entre a realidade e sua consecução.

Admita-se, a título de exemplo, o devedor que busca exibição de documento contratual da operação bancária, ou do aderente de cartão de crédito que prioriza a prestação de contas, ambos não se incluem no mecanismo instrumental de proteção à impossibilidade do cadastro negativo, porquanto procedimentos preparatórios ou incidentais, sem reflexos diretos na cobrança ou caracterização da mora.

Ao ser negativado, na etapa precedente, assiste razão ao devedor de saber qual o motivo, a razão concreta; sendo comunicado pessoalmente, isso elimina a incerteza, derreia a dúvida, e mantém uma coerência que parte do princípio de se permitir demonstrar a inconsequência do ato e sua moldura equivocada.

Na lição sempre abalizada do saudoso mestre Nelson Abrão, "abalo de crédito significa o estremecimento, que varia da simples diminuição até a total eliminação da boa fama que alguém desfruta e lhe proporciona condições capazes de obter a prestação de um bem presente para repor futuramente seu valor. Englobado na noção econômica que fortalece a conotação, o fenômeno desempenha implicações invariavelmente no segmento da atividade profissional que alcança a pessoa lesada".

Notadamente, a função exercida pela vítima do protesto que lhe retira precisamente o oxigênio financeiro destinado ao movimento de sua atividade profissional intenciona uma avaliação bastante condizente com a etapa do acontecimento e o grau de culpa do agente causador do evento, por traduzir o móvel que adequará seu pedido à indenização justificável nas definições objetivas em torno do fato agravado nas circunstâncias corroboradas pelos argumentos expostos na ação judicial

Insta logo afirmar que o protesto pode ser avistado como isolado e provocar o dano em si, ou estar comumente adstrito à atividade que interdisciplina sua finalidade, muito comum nas vezes em que se ultima na concatenação do requerimento de falência, donde o abalo é bem maior, não simplesmente pelo ato notarial que em relação ao pedido de quebra divisa prejuízo menor no conjunto do dano existente.

Exatamente também na insolvência civil do devedor, onde, sem motivo fundado e conhecedor da realidade escolhida, o credor efetua o protesto e bem antes de proceder conforme a previsão legal, atua visando buscar declaração inviabilizando a continuação da atividade pelo prejudicado.

Estigmatizando o perfil que hospeda o conteúdo da realidade do prejuízo, Clóvis Beviláqua entendia que o Código Civil brasileiro admitira a indenização decorrente do dano moral, regulando em casos específicos o ressarcimento.

O instrumento mais visível que inspira a criação deita sua disciplina no art. 186 do vigente diploma Civil, quando preconiza a atitude configurada do ato ilícito e sua indenização exclusiva na esfera do dano moral. Bem de ver a redação e sua interpretação teleológica assentada na premissa, da forma seguinte:

> "Art. 186. Aquele que, por ação ou omissão voluntária, negligência ou imprudência, violar direito e causar dano a outrem, ainda que exclusivamente moral, comete ato ilícito."

Seguindo na toada do legislador, uma coisa é a função anômala do ilícito civil puro e simples, outra a causação que se correlaciona à matéria declinada na consubstanciação do dano moral.

Reportando-se ao texto da Carta Política de 1988, o legislador do Código Civil trouxe para a nova realidade a possibilidade, portanto, plena e exclusiva, de se aferir dano moral sem repercussão na seara do ressarcimento material.

A distinção fica mais evidenciada na dicotomia entre o abalo profissional ligado às causas pessoais da vítima e aquelas ditadas pela economicidade do crédito propriamente dito, no que toca à empresa, ou a experiência negativa que se reporta à pessoa natural, mas em ambos os casos sempre deverá subsistir convencimento probatório estreme de dúvida, a dissipar zona nebulosa e a temperar seu reflexo com o grau de avaliação do cometimento da ilicitude.

Vem se firmando corrente esposando tese no caminho de ser o abalo de crédito inadvertidamente um dano patrimonial por seus inevitáveis reflexos na ordem econômica, atingindo a honra, a personalidade, os direitos imateriais mais perenes, abarcando ainda uma área típica da infração de natureza penal que ataca os direitos intangíveis da pessoa, conceituando ato emulativo, cuja ilicitude é de tal forma a romper o esquema de naturalidade alcançado após longos anos de atividade profissional.

Na realidade, o protesto injustificado tem caráter odioso e afeta a atividade do devedor, razão pela qual é admissível indenização pelas perdas e danos, resultantes do abalo de crédito, a pessoa que se aproveita da circunstância e, mesmo pago o título, de modo inaceitável, procede ao ciclo visando a prática do ato notarial.

Dificultoso avaliar e tormentoso comprovar o prejuízo incorrido, uma vez que as circunstâncias conjunturais, inerentes ao sabor do momento e coligidas nas vicissitudes do mercado, causam maior ou menor impacto, mas sempre toda e qualquer restrição, em compasso com o desvirtuamento da finalidade do protesto, as duas faces indicarão a necessária adaptação à realidade, de modo a prestigiar a reivindicação, cujo decurso de tempo terá o condão de apagar eficiente e decisivamente as rusgas que o ato notarial sintetiza na sua perspectiva.

Compreende-se no abalo profissional um instrumento que está mais em harmonia com a pessoa física no seu cotidiano, embora possa igualmente atrelar-se à conduta da atividade empresarial, porque o protesto irregular causa em ambas prejuízos que esmoreçam as forças produtivas e aquelas visando manutenção do padrão de sua reputação.

Bem por tal ângulo, um profissional que exerce as funções de Juiz de Direito, Promotor de Justiça, em cidade de rápida divulgação dos fatos, tendo injustificadamente o protesto de título pago, ou que não corresponda à situação espelhada na obrigação, logicamente terá uma repercussão nociva de tal monta que o abalo patrimonial será minúsculo, na razão inversa daquele vinculado à atividade exercida, caminhando para situar um desconforto que militará presente, cuja reparação não alertará com a mesma velocidade a coletividade acerca do engano incorrido.

Da mesma forma e no modelo acenado, um comerciante numa pequena comuna que desempenha há anos sua atividade sem qualquer mácula ter um protesto indevido contra ele tirado, por espírito emulativo, até por um concorrente, tal representa um descrédito que, a princípio, refoge da seara patrimonial, e deita raízes na topografia que encerra a circunstância negocial e os efeitos emergentes.

Da mesma forma de conotação análoga, o profissional de mercado que exerce sua atividade hospedado no critério do crédito e na confidencialidade de sua pessoalidade nas relações com o mercado e sua clientela pode sofrer um abalo diante do protesto, com a respectiva demissão do emprego ou diminuição do polo de atração dos consumidores negociadores, fatos que precisam ser encarados com o espírito aberto na condição do ressarcimento do prejuízo.

Reflexo da existência negativa do fator protesto, quanto maior a celeridade na sua exclusão, melhor será a eficácia à probabilidade de se encurtarem as etapas, no direcionamento de um dano de delimitação determinado no tempo e no espaço.

A medida poderá ser determinada no contexto da ação cautelar preparatória, ao mesmo tempo em que se tomam providências paralelas, no bojo da principal, em sede de tutela antecipada, ou como antecipação dos efeitos do provimento de mérito acenado na lide.

O restabelecimento da veracidade na concatenação dos fatos é sempre mais demorado do que a velocidade negativa da repercussão e sua forma de transmissão; isso gera um flagelo moral que pode inibir a atividade e secar o crédito de instituições que sempre prestigiaram o interesse no aporte de recursos e desconto de títulos.

Nessa hipótese, a sustação dos efeitos do protesto, simplesmente para vedar sua divulgação, exerce um predicado singular, até que se atinja o timbre da matéria sujeita ao cancelamento, na dependência de eventual prova e na instrução da causa.

Desse modo de ver, portanto, a manutenção injustificada de um protesto ilógico afronta ao ordenamento, reduz a recondução do interessado às condições pretéritas de sua atividade e ainda concentra adversidades, por si sós, endereçadas a fulminar o imprescindível aspecto da questão, no enfrentamento do mérito reclamado.

Não há agressão interna, que toca no espírito, no íntimo mais fundo da pessoa lesada, agravada a descrição do fato pela demora na recondução dos acontecimentos ao palco da verdade, intervalo que também serve para recrudescer as expectativas e elevar o desprestígio desabonador do protesto infundado.

Explicitada a realidade que concentra fundamento à finalidade de excluir abuso, excesso, desvio, na significação do indevido protesto, as medidas judiciais se fazem inafastáveis, tanto no aspecto de acautelar, antecipar, ou refluir efeitos, na dicção de evitar um prejuízo acentuado e um espaço de tempo que em termos da atividade empresarial poderia se marcar irremovível na recuperação.

Se não é verdade que o protesto isolado apenas indica um estado de dificuldade e não de insolvabilidade, d'outro ângulo a temática aborda o critério da restrição subsequente, donde o bloqueio e a escassez de recursos no desempenho desse elemento, ambos somados, partilham efeitos desastrosos.

E, hoje mais do que nunca, a velocidade impressionante do informe, acessado e observado na tela do computador, disputa a primazia de influenciar uma camada da opinião e revelar desconfianças generalizadas em torno da real situação da empresa.

Bem por tudo isso, a capilaridade, mola chave da atividade, na presença do protesto de empresa que negocia em bolsa ou mercado seus títulos, ainda fora do país, trará sensíveis desgastes à sua imagem, aos negócios e inclusive ao valor da negociação.

O raciocínio que se absorve, ditado o predicado, em termos de reparação do dano moral, consiste na sua integral natureza, a ponto de refletir de um lado o abalo à imagem, d'outro as consequências.

Sobredito pensamento se reveste da necessidade de coadjuvar elementos efetivos na apuração do dano moral e a reparação plural que alinha os aspectos negativos e de culpabilidade da medida.

4 Protesto indevido de títulos e documentos

Discrepavam os lineamentos em torno da repercussão na seara da atividade empresarial, sobre os questionamentos emergentes do indevido protesto de títulos de créditos e documentos apontados, sob o padrão ortodoxo que o dano necessitaria vir demonstrado, com absoluta identidade e horizonte divisando as circunstâncias objetivamente referidas na hipótese do caso concreto.

Dissipava a dúvida o ponto de vista no sentido da imprescindibilidade da prova como relação de causa e efeito, uma vez que o simples protesto indevido, assim considerado, não motivaria pedido de indenização, bastando consultar o seu fundamento e as causas reais que advieram em desfavor do prejudicado.

Entretanto, o avanço no enfrentamento do tema dispondo na sistemática do protesto indevido ganha corpo, à medida que o intercâmbio entre dano moral e material se apresenta distinto, e a Constituição Federal garante o ressarcimento, ainda que não tenha havido prejuízo palpável, líquido e certo, indemonstrado no contexto probatório.

Incabível discriminar a afetação e o repercutir do protesto indevido no correspondente papel ligado à natureza da operação, na sua efetivação e consequência, o ato notarial representa desestímulo, e no seu interpretar nada justificaria a irresponsabilidade que provocou o dano, mesmo potencial, desde simples valor reputado menor, até grandes operações balizadas pelos formalismos das garantias concedidas

E a transferência dos créditos para empresas habilitadas nas cobranças, por si só, não elide a responsabilidade da titular daquela soma, exceto se houver demonstração inequívoca do endosso que opera completa revitalização do instrumento, de ordem translativa, para que assuma o endossatário o ônus da indevida incorreção, exceto se for tirado o protesto na prerrogativa do regresso, mantido o padrão da boa-fé que cerca sua feitura e realização.

A explosão da inadimplência, aliada à facilitação do crédito e à falta de avaliação da conjuntura estrutural, provocaram uma banalização do protesto e a relativização de sua importância; essa temática, longe de alcançar um denominador comum, somente destina aos cartórios sinais inquestionáveis da ausência de liquidez e de meios preventivos do mercado para erradicar males desse jaez.

Simboliza estreitamente o assunto o método incorporado no boleto, de duplicata mercantil sem aceite, onde as informações se processam eletronicamente, e ao invés de ser formalizado o protesto por motivo da recusa da devolução, ou mesmo pela não recepção, invariavelmente é consolidado por falta de pagamento, quando vencida a obrigação.

Dentro desse prisma de visão, a consumação do protesto indevido pode estar forrada no vício que sintoniza o título, a causa obrigacional, ou matéria estrita que desenhe horizonte da inexistência da vinculação jurídica, tornando inócuo o ato notarial.

Depois de longos anos de atividade empresarial, na dura conquista do mercado, com a inegável competência, prestígio de fornecedores, da clientela e apoio das instituições financeiras, a empresa que se depara com o protesto indevido, em fração de segundos, vê ruir toda a sua credibilidade construída a duras penas, por ato impensado e absolutamente incompatível com a existência de qualquer obrigação, daí por que o mero registro do ato notarial é suficiente para levar ao conhecimento e consequentemente minorar as probabilidades de obtenção do capital de giro.

De nada adianta retirar o nome da empresa ou do lesado do sistema negativo se as repercussões causadas atingiram limites que dificilmente o tempo reconduzirá à normalidade, diante dos instrumentos e abalos que ocasionam uma radical mudança no comportamento em relação ao pretenso devedor, dispensando-lhe tratamento de menor importância, podendo essa segregação, ainda que temporária, excluí-lo do mercado competitivo definitivamente.

Consistente o exercício irregular do direito passível do apontamento do título, ou documento em mãos do portador legitimado, do credor, e ultimado o protesto marcadamente indevido, eventual falta de diligência do interessado no campo administrativo, numa primeira oportunidade, nada coibirá a discussão da matéria e o pedido de indenização fundado no dano moral.

As condições que formulam a apresentação podem representar uma sobrevalorização do crédito, dificultando o pagamento e ainda a sustação do ato em Juízo, assim, pela não avaliação correta da circunstância, premido pelo tempo e relacionado com importância descabida, cabe ao devedor exigir reparação, vez que a iliquidez e incerteza do crédito revelaram marcas inexcedíveis do abuso configurador daquele ato.

Pensável se cogitar da reparação dos danos emergentes e do propalado lucro cessante, quando a empresa sofre todo o tipo de prejuízo e não capta crédito na praça, reduzindo sua atividade, ou reduz o número de clientes e fornecedores, sob o propalado fundamento do indevido protesto.

Quantificar os lucros cessantes configura verdadeira noção que se classifica na percepção do resumo concreto daquele quadro, ao divisar um balanço e a ruptura de vertentes, capazes de diagnosticar com precisão o nexo causal.

De fato, não pode ser impreciso e deslocado totalmente do seu tempo e do espaço o reivindicar na seara dos lucros cessantes, bastante a dualidade da recessão de mercado e a transição operacionalizada via protesto, eis que o liame da prova se faz essencial para dissipar dúvidas e levar à conclusão segura, inclusive no âmbito probatório adequado.

Na cadeia de transferência do título e na posição dos terceiros de boa-fé, urge questionar o papel assumido pelos endossatários, haja vista a culpabilidade meridiana do protesto indevido, mas cabe sua atribuição exclusiva ou concorrencial, visando salientar quem contribuiu decisivamente para o protesto.

Bem natural dizer que o comerciante, ao alienar mercadorias, concomitantemente destina as duplicatas ao banco para cobrança, porém os bens foram restituídos por apresentarem defeitos e tornarem imprestável a coisa, razão pela qual, se o sacador não comunicar a tempo o mandatário, disso resultará a culpa exclusiva do vendedor, que terá a responsabilidade indenizatória em face do sacado, nada desautorizando porém que a instituição financeira figure no polo passivo da demanda, até apuração integral do deslize motivador do protesto.

Qualquer causa que sirva de modalidade ao perfil do defeito e não concretização do ato jurídico, a exemplo da venda e compra mercantil, necessita ser comprovada e reclamada no tempo previsto na legislação.

Não basta invocar relação de consumo e a inversão, uma vez que o provimento de urgência, que se basta nas tutelas de emergência, reflete mínimo conjunto probatório acerca da imprestabilidade, dos defeitos e vícios do produto.

Conquanto se assevere uma responsabilidade do fabricante pelo fato do produto, as negociações intermediadas sinalizam um caminho seguido a merecer a discussão em torno da obrigação, quando o elemento da exceção alegada reflete a não concretude da operação subjacente.

Nas operações comerciais de faturização, quando o faturizador antecipa o valor relativo à venda do produto ao faturizado e esse lhe confia as duplicatas representativas da venda e compra, surgindo qualquer fator que implique o não pagamento, a não ser que forem simuladas, caberá o protesto para o exercício de regresso e preservação dos direitos em relação aos coobrigados.

No detalhamento operacional do negócio jurídico subjacente, na catalogação sumariada da culpa havida, essa pode se adstringir à imprudência que mareou o apontamento, na negligência pela recusa do informe, calcado no fato superveniente, ou ainda na imperícia de emprestar efeitos obrigacionais a relações de garantias no sistema da criação da obrigação, nada impedindo, d' outro ângulo, a concorrência e a repartição, diante de cada modalidade examinada.

Desse ponto de vista, haverá a condição de exteriorizar a noção do protesto obrigatório, assim classificado, na dicção de permitir o direito de regresso, o exercício do direito de ação, ou também a imprescindível executoriedade consentânea com a documentação arregimentada no contrato, haja vista quando da hipótese do adiantamento feito no câmbio concretizado, para desencadear operação de exportação de produtos ou serviços.

Seguindo a linha mapeada, dado o balizamento aceso, nenhum detalhe da operação poderá passar ao largo da observação que se fizer, obtemperando as dificuldades e as circunstâncias temporais, ao divisar quadro seguro que permita concluir a respeito do acerto ou desinformação que pautou o protesto.

Concreta e objetivamente, as premissas marcantes do protesto tirado simbolizam forma emblemática da mora, mas sempre que decorrer a perfeição e a circunstância exata ligada ao negócio jurídico interpretado e consolidado entre as partes envolvidas.

Destacamos que o protesto, antes de ser tirado, permite ao devedor, interessado, a respectiva impugnação, no prazo legal, e tudo com a finalidade de exercer lídimo direito de defesa e invalidar sua formatação.

No entanto, em muitos casos, como costuma acontecer, o destinatário não recebe em suas mãos o aviso do cartório, ainda poderá ser levado a efeito por meio de jornais, na condição ficta, donde, com a sistematização do setor informatizado, doravante a procura se tornará menos complexa.

Ao se introduzir um sistema de acesso *on-line* em torno das informações e dados cadastrais constantes do lineamento dos respectivos cartórios, com isso, sem deslocamento, e mediante simples acesso, ainda que sob a forma remunerada, se permite ao interessado fazer a consulta e apresentar suas razões focadas incrementando a tese sobre o protesto indevido.

5 Dano moral e sua quantificação

Erigido no princípio constitucional e guarnecido pela Súmula nº 37 do Superior Tribunal de Justiça, tem sido aceito com bastante propriedade o cabimento do dano moral no campo do protesto abusivo, indevido, que impõe um prejuízo patrimonial indireto, característico do abalo de crédito, competindo ao lesado ingressar com o procedimento visando essa composição do dano.

Enfatize-se que o prejuízo na órbita pessoal, de caráter psicológico, não necessita estar ladeado da comprovação do dano material acometido pelo protesto irregular tirado, bastante nesse ponto sublinhado que o interessado argua a matéria e demonstre o seu nexo causal entre o aspecto e seu resultado, independentemente de ter experimentado lesão na ótica patrimonial.

Consoante bem observa Francesco Galgano, a jurisprudência formou uma diretriz que busca a reparação do dano patrimonial indireto, incidente na repercussão provocada nos atos comuns da vida e ainda relativamente ao conceito que se ostenta no meio social.

Os pressupostos e as condições do direito de ação se baseiam no fato concretizado do protesto lavrado, sem fixação potencial no dano que é dispensado na espécie, haja vista a proteção e a manutenção da expressão pessoal divisada na integração à sociedade, refletindo toda atividade desabonadora que imponha um sacrifício, sofrimento, transtorno, capaz de internamente desassossegar a vítima e afetar os caminhos normais de sua conduta.

A simples inscrição irregular para efeito de protesto é bastante para fundamentar o pedido indenizatório, na lição sempre profícua de Araken de Assis, sublinhando uma presunção *juris tantum* que preside a boa-fé de quem alega o prejuízo havido e a incontornável necessidade de situá-lo na dimensão dos seus desdobramentos.

Se de um lado o aumento desproporcional do número de protesto estabelece uma preferência do credor, na opção levantada, a par do irrefreado inadimplemento provocado pela crise de liquidez, d'outro se faz sentir um combate de menor dimensionamento na procura do ressarcimento moral desse prejuízo, notadamente elevada pela gratuidade de justiça e outrossim pelos predicados formadores do direito de ação, onde bastaria alegar o fato e não comprovar o efetivo dano, a ponto de ser beneficiado com o provimento jurisdicional.

Com irrecusável acerto, o simples negativar do nome da pessoa representa uma atitude que ataca seu crédito, diminui seu conceito e desponta uma desconfiança que é gerada a partir desse ato que simboliza a própria redução da capacidade de contrair compromissos, devendo ser visto o terreno com cautela para diferenciar a pessoa honrada daquela que se habituou, haja vista sua contumácia, aos atrasos e impontualidades obrigacionais.

Como bem analisa Chaim Perelman, a regra a ser aplicada terá força universal, afirmativa ou negativa, contendo obrigação de tratar de certo modo todos os seres de uma determinada categoria. Assim, a universalidade da regra é apenas um critério que pode contornar uma obrigação de fazer ou de abster-se; por tal ângulo de visão, aquele que protesta um título e conhece sua impossibilidade, ainda que formal, assume o risco de indenizar a vítima, na esfera moral, porque contribuiu decisivamente na retaliação do seu conceito e na dilapidação dos elementos de sua personalidade.

Coincide com a reparação do dano moral a primazia na aferição dos elementos que repousaram na feitura do protesto, porque não há obrigatoriedade alguma da parte lesada de requerer, vinculando à sua demanda o cancelamento, eis que a cumulação dos pedidos deve ser compatível e constar da vestibular, tanto em relação ao apresentante, no respeitante ao notário, ou ainda ao próprio Estado, que desponta responsabilidade objetiva e igualmente se adstringe à composição do dano moral, não apenas funcional, pela desídia do agente público.

Proposta a demanda que objetiva a reparação do dano moral, lícito se torna ao requerente pretender sob a forma de antecipação da tutela a exclusão de seu nome do sistema protetivo do crédito, posto que a negativação, quanto maior sua duração, igualmente repercutirá na regularidade dos negócios da empresa e trancará chances e oportunidades de sua recuperação, diante do abalo de crédito que atrofia sua potencial força de competir sem peias no mercado.

Com a privatização de vários setores da economia e prestação de serviços, empenhados por empresas participativas, e dentre elas várias estrangeiras, o procedimento também não se faz diferente, em relação às contas de telefonia fixa, celular, energia, transporte, comunicação, enfim, ingressando na tipologia de configurar solução de continuidade ou mesmo comunicar eventual inadimplência ao sistema, amparada ainda na emissão de fatura protestável.

Frisado esse aspecto, nascem novas relações jurídicas endereçadas à realidade que se forma a partir da estrutura baseada na aquisição de bens ou serviços, colocando o consumidor no ângulo rastreado pelo interesse do adimplemento e as consequências da mora.

Não sendo o critério de impugnação das faturas ligadas ao serviço tarifado destacado no contorno do contraditório, mesmo que o usuário consumidor não reconheça aquela ligação, ainda assim, as empresas se empenham no resultado positivo da cobrança e negativação.

Bem imprescindível positivar que a comunicação é fundamental e motivo preliminar à consecução do ato notarial, daí por que as concessionárias não podem concatenar a feitura pura e simples do protesto, sem antes cientificar ao interessado.

Forte no sentir, quando os valores são irrelevantes, o protesto tirado causa maior constrangimento pela sua natureza, e algumas empresas, fruto da malsinada privatização, se consolidam nas informações de concorrentes, dando a impressão de um misto de responsabilidade solidária e um contexto de irresponsabilidade na administração do negócio empresarial.

Inúmeras situações denotam a existência do dano moral pela incúria na feitura do protesto, redundando uma projeção desfavorável ao lesado, dentre as quais descortinamos a realização do ato notarial frente à presença de título pago, de documento que não tem aceite, ou comprovação da operação negocial, tirante a boa-fé do endossatário, títulos eivados de vícios, ou falsificações, sem os requisitos mínimos de protestabilidade, os boletos bancários que se resumem numa informação sumária e nada ampla ditando a origem do crédito, e as demais vicissitudes que tornam inadmissível o ato portador de alguma falha a esfumaçar sua validade e aparência de legitimidade.

Elencável a hipótese de pessoa que na contingência de realizar concurso público, para o qual se preparou com afinco e invulgar dedicação, tem seu nome injustificadamente apontado para efeito de protesto, fazendo com que sofra um desprestígio que seguramente terá sido o fator decisivo para sua reprovação no certame; diante dessa circunstância imprevisível para o candidato, qual seria a justa indenização, na reação tomada contra o causador da irregularidade, sequer observando cautelas preliminares na concretização do apontamento?

Ponderando sobre a existência do protesto e sua eficácia nociva no tempo e no espaço, salutar dizer que o grau de penetração do indicador negativo terá um raio impreciso e indeterminado, fator aglutinante que se incorporará à fixação do dano moral.

Sofrem as pessoas jurídicas, tanto quanto as físicas, os malefícios e aborrecimentos que os protestos indevidos suscitam, na medida em que o ente moral tem expressão abrangida pela atividade que desempenha e a par do cunho patrimonial da apontada irregularidade, certamente indicará traços característicos ensejadores do dano moral que protegem organicamente aquela entidade que se viu constrangida pela realidade negativa.

Muito embora a pessoa jurídica não tenha sofrimento intrínseco, ligado à dor, aos dissabores, na experimentação individualizada, não é menos infensa aos problemas advindos com o protesto indevido, assim os reflexos poderão ser catalisados na órbita patrimonial, posto que as pessoas morais no exercício de suas atividades têm predicados objetivos que são influentes na condução dos seus negócios.

Alistando o nome da pessoa jurídica no rol dos inadimplentes, pelo protesto abusivo, seguramente haverá, dado o lapso temporal, uma repercussão que poderá ser mínima, no ditar sua atividade, mas de maior amplitude se determinado ato desabonador significar sua exclusão de concorrência pública, ou procedimento que fora alijada, em virtude de não reunir os pressupostos necessários à participação naquela disputa.

Quando se fala da pessoa jurídica, não se pode descartar aquela entidade dotada de personalidade moral que abriga um comando específico, bastante típico e coeso com sua finalidade, a exemplo de fundação, da associação, do ente dito pela comunhão e qualquer outro, posto que, a exemplo do que ocorre na maioria dos casos, as entidades experimentam danos e podem reclamar reparações.

Basta a existência e o respectivo registro para o nascimento de sua normalidade, sem sombra de dúvida, porquanto a pessoa moral desencadeia atos, fatos e obrigações, e qualquer incorreção poderá alcançar sua imagem e repercutir nos seus negócios.

Demais, desinteressante saber se o escopo que prestigia a sua existência tem escopo de lucro ou não, porque, quando arranhada a imagem, a própria sobrevivência se mostra dificultosa, principalmente se necessita de subsídio, incentivo ou aporte onde seu grau de lisura, transparência e moralidade podem respingar dado o protesto indevido.

Hipótese diferente surge quando o responsável pelo protesto irregular, de antemão, reconhece a falha do procedimento e assume toda a iniciativa de consertar o equívoco, extraindo os documentos para o cancelamento do protesto, retirando o nome do sistema protetivo do crédito e ainda conferindo declaração nesse propósito ao interessado, quando se presume que agiu dentro da conformidade; não podendo ser outra a conduta, inocorrente alternativa, o dano moral estaria excluído.

Motivação subjetiva pode estar presente no ato do protesto, desde uma tendência de eliminar a concorrência, prejudicar o estabelecimento comercial, impedir que consiga financiamento para uma determinada atividade, ou colher dividendos do fato negativo, numa espécie de roleta russa que espalharia essa circunstância e provocaria uma solução de continuidade no exercício profissional.

A consumação do fato pode estar sendo previamente entabulada, quando uma empresa vem apresentando balanços negativos, dificuldades de renegociação de sua dívida, falta de fornecedores, e sobressai um protesto de elevado valor que, além de impedir eventual moratória, arrefece os ânimos da empresa que amarga prejuízos de toda a sorte. Com isso, se pretende significar nessa linha de pensar que o acontecimento também se coloca no pressuposto inigualável do abalo na atividade, mesmo que a devedora possua dívidas e atrasos nos compromissos assumidos, porquanto não há desconsideração da culpa, essencialmente se preconizada visando combalir as forças produtivas daquela entidade.

Enfocando o propósito prestigiado pela Constituição Federal, tem-se que a preocupação não conteve ponto de vista na distinção entre a pessoa física e jurídica, razão pela qual a princípio a indenização se aplica indistintamente a ambas, desde que assentes os requisitos de fundo no encaminhamento do litígio.

Reportando o dano moral ao predicado exclusivamente jurídico de seu fundamento, na comprovação do fato, a prova do dano se apresenta dispensável, na situação de conotação específica, porque do erro, da desídia, da conduta irregular, decorre o direito à reparação, posto que nenhuma razão assiste ao responsável por tal desordem e abalo no crédito do interessado.

Questionável uma provável inversão do ônus da prova, se a matéria estiver vinculada às relações de consumo, mas tratando a disciplina do fato concreto demonstrado, o responsável teria apenas a oportunidade de revelar menor grau de culpa, a concorrência, a força maior, ou caso fortuito no intuito de elidir eventualmente o padrão condenatório.

Em matéria de reparação de dano moral, portanto, a fase de instrução probatória, a rigor, poderia ser dispensada, exceto se houver fato relevante que permita o alcance do estágio procedimental específico, não se descartando porém a audiência de tentativa de conciliação, a qual, no interesse das partes, terá a finalidade de aclarar eventuais pontos polêmicos e conduzir à transação.

Fato relevante ao desencadeamento da matéria é a prova do abalo, por si só, com elementos formados nos documentos e testemunhas que elucidem sua concretização em termos de responsabilidade e quantificação do prejuízo.

Efetivamente, vamos ao exemplo em que uma empresa de arrendamento mercantil, procurando caracterizar a mora, em termos de viabilizar a busca e apreensão do bem, leve a protesto valor assentado no contrato e estipulado em moeda estrangeira, sabedora de que não houve aporte ou não contraiu empréstimo que justificasse o padrão diferente da moeda nacional. Consequentemente, demonstrado singularmente e *quantum satis* esse predicado prejudicial à motivação da causa, que não reúne os pressupostos, ciente da realidade, pode a arrendante ter prejudicado o arrendatário, mormente se fazia uso de veículos que foram apreendidos por decisão liminar e compunham a frota na principal tarefa atrelada ao seu objeto social.

De fato, todo o caminho tonifica a necessidade de explorar as circunstâncias que marcaram o protesto, a tempo de conhecer sua causa e detalhar, na repercussão, qual o prejuízo material e extrapatrimonial no coligir de fundamentação acenada pelo interessado.

Com efeito, a prescindibilidade da instrução probatória está vinculada à temática do ônus que não se dirige ao promovente da demanda, isso se explica porquanto, diante do protesto indevido e a reputação posta em jogo, disso surgem elementos que autorizam uma sanção proclamada pelo legislador.

Nada obsta a denunciação da lide no procedimento ordinário de reparação de dano, a uma pela proteção do regresso, a duas para assegurar maior transparência, por último na tentativa de conhecer os verdadeiros corresponsáveis do fato negativando a pessoa do autor da demanda.

No que concerne ao dano moral, fruto da desídia do notário, na lide intentada contra o Estado, surge plausível a denunciação da lide, para que não haja perda do direito de regresso, na formação de título que no futuro permita àquele que respondeu baseado na objetividade da responsabilidade receber do culpado subjetivo pelo acontecimento.

Dimana da simples pecha de mal pagador, do nome constante do protesto, uma série de consequências que, refletindo o estado de coisa, qual bola de neve, num efeito cascata, desconsidera a importância do sujeito atacado na sua alma, por ato ofensivo, congregando passo decisivo numa formação precipitada do juízo valorativo.

Se a pessoa jurídica tem objeto social e colima obtenção do lucro, na árdua concorrência pela primazia do mercado, o protesto indevido, de qualquer forma, arranha a sua imagem, tornando sua reputação duvidosa, abstraindo espécie, verberando presunção que colhe dano moral, no sentido mais largo e amplo da significação, ultimando desestimular os efeitos e minorar o sentimento negativo.

As construções pretorianas têm sido edificadas em pilastras que condizem com a norma constitucional e também o grau de disciplina ditado pela Súmula 37 do STJ, no entanto, terreno árido, firmemente problemático, alberga a quantificação do dano moral; qual o instrumento que elimina a insegurança e compatibiliza o equívoco à justeza da reparação fixada pelo Juízo?

Fortemente, não se pode extrair aleatoriamente uma regra que sirva de parâmetro, mesmo porque cada caso concreto terá um elemento diferenciador na submissão da ofensa, na subjetividade da vítima e na expectativa de ressarcimento no nível do sofrimento experimentado.

Efetivamente, algumas condicionantes que balizam a fixação, quantificando seu valor, exprimem pressupostos objetivos e que tragam um alívio à alma da pessoa atingida pelo protesto que humilha e deixa transparecer constrangimento sem igual, donde surte inabalável, e a tônica ditada assinalando que o perfil indenizatório deve ser de tal ordem a desestimular definitivamente a repetição daquela marcha contrária ao direito e à legalidade.

Demais disso, se compete ao Juízo, segundo seus critérios confortados pela prova produzida, o estabelecimento do valor indenizatório, por outro lado não há espaço para uma subjetividade acentuada, primeiro porque desuniformiza os entendimentos acerca da matéria, em segundo lugar propaga uma incógnita em relação ao jurisdicionado ofendido, por derradeiro tal técnica simboliza imprevisão a configurar confusão e restrição à difusão da relação no nexo causal, na tessitura do dano moral.

Ao demandante não se obriga, no panorama da lide, a título de valor da causa, conferir uma soma que representa o total que reputa justa e merecedora, até para que não signifique um embaraço ao acesso à Justiça, mas desenhar parâmetros que estimem o dano potencialmente acontecido.

Dessa luz nasce a possibilidade do interessado ditar um mínimo que reputa satisfatório dentro do seu grau de razoabilidade e visão conjunta dos fatos articulados, uma vez que a reparação irrisória representa um dano que ainda preserva seus malsinados efeitos.

Pontuando a matriz do pensamento, portanto, se descabe ao interessado, condizentemente, avaliar o total e retratar no valor conferido à lide, a título de dano moral; em contrapartida não se pode, por idêntico raciocínio, admitir que numa operação complexa se faça declinar importância desconexa com a pretensão.

Explorando mais o ponto de vista aludido, se há contratação de somas elevadas, as quais fundam o pedido do interessado, sem o menor cabimento, abstraindo-se desses elementos tonificar valor da causa muito inferior ao limite preconizado, a tal ponto de ferir incoerência e marcante imprecisão.

Demais, têm se observado ainda com maior frequência as hipóteses nas quais os interessados reivindicam uma soma razoável, ou de porte considerado e, concomitantemente, para não experimentar o elemento risco, pleiteiam os benefícios da gratuidade processual.

Embora caiba ao interessado impugnar o pedido mediante peça processual adequada, cumpre ao Juízo, preambularmente, trilhar seguro caminho na direção apontada, evitando assim que a concessão se transforme no pretexto para a difusão do pedido de indenização por dano moral.

Examinados os casos submetidos às decisões judiciais, vimos que os critérios adotados não são homogêneos, porém permeados por casuísmos que não refletem a situação exposta, reduzindo o grau de certeza e segurança e outrossim de reforma do julgado, até porque a matéria será incapaz de sujeitar-se ao recurso especial ou extraordinário, vislumbrado o dissenso no *quantum debeatur.*

O parâmetro mais aceito e difundido tem sido o catalogado no salário-mínimo, passando excepcionalmente pela fixação em dias-multa, contornando com maior incidência o valor da cambial indevidamente protestada, ambivalência que suscita o referencial objetivo do fato arguido e subjetivo relativo à pessoa sujeita à humilhação ou ofensa no direito de personalidade.

Bem por isso, o padronizar do salário-mínimo entre 100 e 200, que tem sido utilizado amiúde, cobre casos normais onde há uma dificuldade maior na expressão monetária da reparação, porém é indesmentível que tornar essa realidade verdadeira súmula vinculante causa inócua sensação e não reflete o estado geral sentido pela vítima, notadamente quando for pessoa jurídica e o abalo de crédito tiver conotação significativa.

É fora de dúvida, ainda, que o balizamento pelo valor inserido na cambial prioriza um entendimento mais harmônico e consentâneo com a realidade, exceto se contiver expressão pouca que seja insignificante para traduzir uma justa indenização, na esfera do dano moral.

Compatibilizar indistintamente os elementos objetivos do fato e subjetivos da vítima atingida pelo constrangimento do protesto indevidamente tirado quadra ser o maior desafio emergente nos momentos decisivos que importam na quantificação a ser paga à vítima, no entanto, os subsídios mais apropriados estão relacionados com a indescritível situação trazida pelo percalço, dissabor enfronhado no cotidiano e que muitas vezes influencia no estado de saúde da pessoa alcançada pelo desastroso ato notarial.

A situação evidencia a imprescindível demonstração do bom-senso, da equidade, da interpretação mais equitativa que corresponda à expectativa e concomitantemente tenha um vislumbre de superar a refrega sofrida injustamente pela vítima, caso contrário o desestímulo não será atrelado ao resultado proclamado no decisório.

Casos extremados existem onde as dificuldades se fizeram de tal natureza que desencadearam a ruína financeira da empresa, onde o administrador dos negócios, tolhido pelo resultado negativo e toldado diante dos dissabores vindos à baila, toma nefasta decisão de tirar a própria vida, circunstância nada destoante do contexto no qual se divisou a hipótese.

Desta forma, os familiares da vítima, que sofreram todos os males possíveis, a começar do abalo de crédito, da quebra da empresa, da perda de ente querido, farão jus à indenização compatível com os colores inseridos na receita indigesta, proporcionando ataque na órbita afetiva, contribuindo em grande parte na quantificação privilegiada do dano moral, repercutindo enormemente na tentativa de pelo menos minimizar os aspectos angustiantes que atingiram em cheio os requerentes da demanda.

Trata-se, sem a menor dúvida, de uma nova realidade, repleta de nuances e pontos inexplorados, onde se fazem insuperáveis os conceitos baseados na administração do fato e sua relação com o evento, no suporte indispensável do nexo causal, na fixação de parâmetro que, em razão das componentes, tenha elucidado no ponto discutido o grau de sofrimento e constrangimento da vítima.

De fato, a heterogeneidade que crava a indenização subministrada no campo do dano moral ainda se mostra tímida, e, para que tenha efeito determinante, passará por evolução situada na definição do valor a ser fixado pelo Juízo, sempre procurando fundamentar sua exteriorização para que possa coadunar com os interesses em disputa, sem perder o elo de ligação com os reflexos negativos adjetivados pelo protesto negativo.

Malgrado o prejuízo moral não comporte reparo, o mínimo a influenciar no juízo valorativo se apega à fixação que tenha a finalidade de inibir novas condutas reprocháveis, soerguendo o primado de prestigiar a dignidade humana, no sempre árduo caminho voltado para a distribuição da Justiça.

Evidentemente, a criação dos Tribunais vem se adaptando à realidade e aumentando as indenizações por danos morais, sem um parâmetro tarifado, como muitos setores pretendem, mas de acordo com a expressão típica do prejuízo advindo, do grau de sofrimento experimentado, da culpa em maior ou menor extensão caracterizada.

Nesse tipo de avaliação, circunstancialmente, qualquer responsável pelo protesto indevido deve receber reprimenda correspondente ao erro praticado, grau de lesividade e implicações na seara do interessado.

A esse respeito, o STJ, enfrentando o assunto, teve a oportunidade de editar a Súmula 281, na seguinte dicção:

> *"A indenização por dano moral não está sujeita à tarifação prevista na Lei de Imprensa."*

Bem assim, fica ao pendente arbítrio do juízo fixar o valor conforme os parâmetros da lide.

No propósito de evitar valores elevados e desconformes à realidade existente, o Superior Tribunal de Justiça proclamou linhas, verdadeiras diretrizes, em relação à exposição do prejuízo extrapatrimonial.

Conforme predomina no Superior Tribunal de Justiça, via de regra, a importância fixada tem se identificado com soma de R$ 5.000,00 a R$ 10.000,00, não sendo qualquer norma vinculante, mas que baliza previsão para protesto indevido ou abusivo.

Referido parâmetro não serve de camisa de força, ou representa qualquer constrangimento para que o juízo possa, diante da realidade concreta, plasmar valor compatível que sinalize o nexo causal e a importância arbitrada.

Sabemos que muitas empresas, principalmente de pequeno porte, e aquelas microempresas apresentam sérios problemas em função de protestos indevidos, podendo derivar a quebra, motivo pelo qual, no arbitramento, o juízo deverá mostrar prudência e acuidade.

O fator de correção do valor fixado, a título de arbitramento, experimentará atualização monetária desde aquele momento, portanto, se a sentença de primeiro grau for reformada para elevar ou reduzir a soma, a indexação retroage para o ato sentencial.

Hipótese diversa, se o arbitramento veio a ser feito, quando do julgamento do recurso, a partir dessa data fluirá atualização monetária, conforme previsão da Súmula 362 do STJ.

Aspecto relevante, também, diz respeito à análise reflexa do dano arbitrado em atenção ao ônus sucumbencial. Estimando o credor valor que não comporta adequação pela sentença, de modo mais módico, por si só, tal não representa decaimento, ou sucumbência recíproca.

É o que se extrai da Súmula 326 do STJ, no sentido de configurar o nexo causal para fins sucumbenciais, quando o valor estimado não for aquele conferido pelo julgado, mas sim inferior.

Divisada essa circunstância referente ao protesto, forma e classificação, não podemos, de forma alguma, mediante o simples apontamento, traduzir expressão do prejuízo extrapatrimonial, mas sim mediante a publicização do ato.

Consequência prática, quando o interessado consegue a sustação do protesto, ou inibe sua lavratura, e na ação principal declara-se inexigível a obrigação, em tese, não estará demonstrado o nexo causal submetendo ao arbitramento do valor do dano moral.

Enfim, nessa análise plural do tema procurou-se explorar não apenas a doutrina, mas também o comportamento da jurisprudência e o encaminhamento da interpretação dinâmica a cargo do Superior Tribunal de Justiça.

8

Responsabilidades do Estado e do Notário

SUMÁRIO: 1. Teoria objetiva da culpa. 2. O serviço público e seus agentes. 3. Culpa subjetiva do notário e prepostos. 4. Autonomia do direito de regresso. 5. Culpa concorrente e sua excludente.

1 Teoria objetiva da culpa

Visando proteger aos interesses dos prejudicados, pelo cometimento de atos praticados, na qualidade de agentes públicos, erigiu a Constituição Federal disciplina que assenta o princípio fundado na responsabilidade objetiva, forte e amplamente encontrado no art. 37, § 6º, sem impedir o respectivo direito de regresso, haja vista circunstância dolosa ou culposa na conduta exteriorizada por meio de mecanismo ditado pelo diploma normativo, Lei nº 9.492, de 10 de setembro de 1997, com as determinantes previstas na Lei nº 8.935, de 18 de novembro de 1994, de modo que ambos especificam a submissão direta da pessoa faltante, mas nada impede acione o interessado diretamente o Estado.

A princípio, quando a atividade é organizada e disposta pelo poder público, a ele compete dotar de meios e instrumentos regulares, para que o funcionamento do serviço não apresente falhas ou defeitos que causem danos a terceiros, indicando uma vertente da delegação, porque na realidade os agentes dos cartórios atuam na consecução da atividade regularmente estruturada pelo Estado.

Na realidade, compete ao Estado o poder de polícia da atividade delegada, exercendo ininterrupta e diuturnamente seu gerenciamento que em primeiro lugar busca manter a coerência e o funcionamento permanente, num segundo aspecto edifica regras disciplinando o serviço e no perfil derradeiro consagra os procedimentos adotados que priorizam esclarecer as dúvidas e reprimir faltosos, eliminando dos quadros dos serviços delegados.

Diretamente essa situação não implica, concreta e efetivamente, a ingerência que proclama uma liberdade na organização e na forma de agir da entidade que desempenha a atividade, mas dentro de um certo controle, fiscalização na supervisão de sua eficácia.

Sobreditos predicados se destinam à transparência, certeza da moralidade, encarregando-se de transpor barreiras entre os interessados e o Tabelião, de molde a concentrar esforços que priorizam uma boa técnica de informação a respeito das necessidades e finalidades a serem alcançadas.

Diante do contexto legalmente especificado, o lesado não necessita apontar a pessoa que cometeu a irregularidade, basta frisar o nexo causal como suficiente e imprescindível na configuração dos pressupostos da ação, haja vista o conteúdo objetivo da responsabilidade na intenção de fruir do serviço que se preste à finalidade para a qual fora criado.

É improvável pela redação e sua clareza meridiana destacar uma sujeição subsidiária do Estado pelo ato do agente público; os diplomas normativos que foram mencionados não descartam a força da Constituição Federal na descrição da responsabilidade objetiva, padrão mantido para finalidade dupla, de um lado evitar a individualização direta e sistemática da culpa, do outro, na reparação do dano, para efeito de haver segurança patrimonial condizente com a realidade do prejuízo.

Na interpretação do art. 37, § 6º, da Lei Maior, sem a menor margem de imprecisão, torna-se constatável que a responsabilidade do Estado se afigura direta pelos atos, em sentido amplo, praticados pelos seus agentes, sinalizando um contexto no qual o lesado exporá o direito violado, na junção do dano e seu respectivo nexo causal.

Otimizando a finalidade do dispositivo legal, com o princípio da economia processual, situa o legislador a responsabilidade do poder público que de qualquer forma participa na determinação do ato contrário aos interesses da parte lesada, haja vista estarem sob sua inteira supervisão a tarefa e todos os predicados na organização do setor que presta serviço de natureza pública.

Bem por tal preceito, dispensável a demonstração da culpa do notário, em virtude da possibilidade primeira de ser acionado o Estado, que, na linha da responsabilidade objetiva, ficará obrigado a reparar, inclusive, o dano moral, presentes o prejuízo e o nexo causal descritos.

Desenhada a regra da ação contra o Estado e os privilégios a que se lhe assistem, na competência, prazos e demais preocupações de ordem legal, promana da demanda catalogar sistematicamente essa atividade-função, exibindo a prova pré-constituída da alegação, notabilizando a supremacia da disciplina e seu descumprimento.

Comporta destacar que, no estabelecimento do modelo levado à consequência do nexo causal fixado, o interessado simplesmente retrata os fatos, expondo de maneira estreme de dúvida, em sintonia com o pedido de indenização.

Fato é que a responsabilidade pode repousar na maneira falha da regulamentação da atividade ou no próprio serviço exercido de maneira inadequada, incondizente, a revelar um desvio ao instrumento legal.

Esquematiza-se o argumento necessário sobre a qualidade inadequada, imprópria do serviço, cujo dano, por si só, não é o elemento imprescindível praticado e os reflexos emergentes.

Na delegação do serviço público, exigem-se do agente os mínimos predicados referentes à prestação da boa qualidade material concretizada na consecução desse instrumento, de tal modo que a falha, o deslize, ou qualquer incorreção, ferem os mecanismos voltados para a realidade notarial.

De fato, se o agente delegado é provido por meio de concurso, de provas e títulos, sua forma de comportamento deve se adequar às necessidades do serviço, aos padrões da moralidade, impessoalidade, transparência, eficiência, cuja legitimidade decorre da habilitação, mantendo a estrutura em funcionamento com recursos de mobilidade de mão de obra e material informatizado.

Em que pese à atividade-meio delegada, sua finalidade persegue o lucro; ainda que tenhamos uma formatação sobre os preços praticados na realização dos atos, tudo não elimina o preceito de explorar a técnica e auferir ganho em escala.

Nasce dessa circunstância a efetiva garantia do consumidor – usuário do serviço – frente ao Estado, que se reserva ao direito de regresso, na projeção do elo entre o agente e o nexo a revelar lesividade e obrigação de reparar.

2 O serviço público e seus agentes

A atividade desenvolvida pelos servidores públicos, na condição de agentes, se apresenta voltada para os interesses da coletividade, na própria organização, nos princípios regulares e na atribuição de responsabilidades, caminhando numa direção de comportar relativa autonomia, porém sujeita à fiscalização dos padrões da administração que dita normas a respeito da delegação do serviço.

Importante destacar a definição destes serviços, conforme o art. 1º da Lei nº 8.935, de 18 de novembro de 1994, dispondo:

> "*Serviços notariais e de registro são os de organização técnica e administrativa destinados a garantir a publicidade, autenticidade, segurança e eficácia dos atos jurídicos.*"

No complexo centro de atividades que sublinham a técnica usada e a fé pública como característica das funções exercidas, os deslizes praticados e as irregularidades cometidas tornam direta a responsabilidade do Estado, que não disporá de excludente, notadamente quando houver o prejuízo e sua causa estiver vinculada estritamente ao comportamento do agente do serviço, cuja delegação feita é apenas na maneira de funcionar, nada privando o Estado de indenizar em casos típicos de lesão e incorreção dos notários.

Vislumbrada a concepção organicista do ente público, nada mais certo do que sujeitar o Estado ao risco que assume na definição lógico-estrutural do serviço, delegando aos seus agentes poderes nos exercícios de suas atribuições, conferindo direitos e obrigações, mas sempre presente por eventual dano causado ao patrimônio de terceiro.

Com efeito, os notários são considerados agentes públicos, e, na consecução dos atos destinados ao protesto, buscam conciliar regras e predicados que derivam das normas que assentam o caráter de suas condutas, de modo a permear uma linha voltada para a garantia do cidadão e da continuidade do serviço, sem desvio ou função destoante da finalidade original.

A responsabilidade é inerente ao exercício de qualquer atividade, com a ressalva no sentido de que o agente público representa, por meio da delegação, uma vontade manifesta que operacionaliza todos os meios que sinalizam a viabilidade do protesto considerado.

Participando desse tempo no qual ele analisa o documento e verifica sua coadunação com a forma e realidade da essência, voltada para o protesto, sempre há no seu desempenho uma tomada de posição que deliberará acerca da viabilidade ou não desse registro.

Divisada a espécie, portanto, analiticamente cumpre o retrato mais fiel possível daquele subsídio encaminhado e obediência às regras do procedimento, porque a quebra de qualquer uma delas, exceto motivo justificado, simboliza o destrato da disciplina inerente ao ato notarial.

Consequentemente, o notário não pode criar situação ou lançar dúvida pura e simplesmente no espírito do interessado, mas alcançar, por meio do exercício de sua atividade, exata compreensão no discernimento de sua consecução objetivamente vislumbrada.

Afastando-se de tal padrão de comportamento, sobre ele recairão as correlatas sanções que podem encerrar mera advertência, suspensão de sua atividade, chegando ao limite da previsão de exclusão dos quadros, mas esse fato, de modo isolado, não é de molde a paralisar aquela ação contra o Estado que busca reparação no cometimento de irregularidades *interna corporis* detectadas na feitura do serviço.

Extrai-se dessa premissa que o Estado tem responsabilidade objetiva por causa dos atos relacionados com os titulares das serventias extrajudiciais e seus prepostos, amargando prejuízo direcionado ao protesto, tanto na sua atitude como na respectiva omissão, fato que tem uma dicotomia envolvendo o apresentante do título, ou eventualmente o devedor, posto que da existência da relação jurídica e da obrigação líquida e certa, forrada de seus elementos, aparecerá a possibilidade da formalização do ato solene e probatório.

Baseado no modo de ser, na forma de atender à finalidade pública, e da delegação conferida aos agentes, fica reservada ao Estado a condição principal de gestor da atividade levada a efeito, competindo responder pelos abusos, excessos, eventuais desvios, objetivamente, independentemente da culpa, diante do dano e seu nexo, até para assegurar liquidez patrimonial indenizatória.

A inversão do ônus da prova em harmonia com o Código de Defesa do Consumidor poderá ser aplicada, em matéria de competir ao Estado, delegado do serviço público, demonstrar que a atividade se marcou pela normalidade, sem abuso ou vício que pudesse ensejar reparação.

A incidência de relação de consumo possibilita ditar alguns elementos na visão da responsabilidade propriamente do Estado, de natureza objetiva, de fixar as suas vertentes, de mobilizar transparência e sobretudo propiciar disposição à comprovação da correção do ato notarial.

No divisar estabelecido, portanto, existe um comando que gera eficácia entre a atividade delegada e o órgão delegante, mas a demonstração incorrerá na revelação da prática conforme o procedimento.

Necessário enfatizar um regramento proveniente da legislação própria – registros públicos – com aquela específica – de protesto – subsidiada por contornos das normas oriundas da Corregedoria Geral da Justiça.

Evidente, pois, que na questão da dúvida a ser suscitada, o agente não se sente seguro para a prática de determinado ato e se reporta ao conhecimento técnico e com isso evita qualquer sanção, tornando realizável a determinação, pelo suprir da integração à declaração de vontade emanada.

O caminhar do compasso entre a delegação da atividade e a responsabilidade que resta no protótipo elencado na responsabilidade objetiva torna transparente a classificação da regra de segurança, muito embora se possa cogitar, na hipótese condenatória, na tradução de simples precatório, com a faculdade constitucional, de liquidação no prazo dez anos, nada palatável à luz do predicado.

Notadamente, na esfera do dano moral, defendemos a direta indenização, sem o color do precatório, a título de dívida de natureza alimentar, e seu lançamento no orçamento, para efeito de desembolso à vista, de uma só vez, como forma de minorar o dano havido, caso contrário, seu parcelamento, e a angústia da fila, por si sós, criariam maiores entraves ao interessado.

3 Culpa subjetiva do notário e prepostos

Embora ocorra com menor frequência, a responsabilidade civil dos notários e prepostos, que exercem a delegação do serviço público, vem disciplinada nos diplomas normativos, sem dúvida alguma, conferindo o ônus da prova ao terceiro prejudicado, visando demonstrar que o ato ou omissão foram danosos e se revelaram distintos da previsão legal.

Emerge do art. 22, da Lei nº 8.935, de 18 de novembro 1994, o princípio que atesta a responsabilidade, da seguinte forma:

> "*Os notários e oficiais de registro responderão pelos danos que eles e seus prepostos causem a terceiros, na prática de atos próprios da serventia, assegurado aos primeiros direito de regresso no caso de dolo ou culpa dos prepostos.*"

Colima a legislação estabelecer um comando direto que enfrente a natureza do ato e seu resultado danoso à parte interessada; no caminho permeado ainda se cogita da Lei nº 9.492, de 10 de setembro de 1997, cujo art. 38 sublinha a seguinte previsão:

> "*Os tabeliães de protesto de títulos são civilmente responsáveis por todos os prejuízos que causarem, por culpa ou dolo, pessoalmente, pelos substitutos que designarem ou escreventes que autorizarem, assegurado o direito de regresso.*"

Na precisão da disciplina específica, sobressai uma responsabilidade na prática do ato e outrossim aquela referida ao serviço público, sob a ótica de sua organização, bem por tal questão o notário deve manter um conjunto de técnica que viabilize o cumprimento dos mecanismos dispostos na atribuição da delegação, ou seja, internamente disporá de instrumentos reveladores das anotações e registros, externamente responderá por causa de infrações lesivas aos interesses dos prejudicados.

Respeitante ao apontamento do protesto e às consequências intrínsecas ao ato notarial, compete ao titular da serventia extrajudicial e seus prepostos análises e observações sobre os requisitos formais, haja vista o fundamento que orienta o cometimento da prática e sua eficácia comprobatória do inadimplemento.

Certo dizer, na dicção conjuntural do suporte que significa toda a gama de serviço convergente ao protesto, que há um ato complexo e naturalmente conjugado, sedimentado na depuração do documento, ou título, e todas as providências que se realizam internamente, até o momento da publicidade do ato, sem deixar esquecidos os caminhos das ações judiciais que priorizam obstar a lavratura do próprio protesto.

Preconiza-se, pois, a responsabilidade do notário e seus prepostos quando agem em flagrante arrepio da legislação, causando prejuízo aos terceiros, assumindo a obrigação indenizatória, facultado o regresso.

A título exemplificativo, à guisa de compreensão, mencione-se o caso de empresa que consegue tutela específica para sustar os efeitos do protesto, porém o ofício expedido não fora cumprido, dando ensejo ao pedido de quebra baseado naquela obrigação cambial.

O simples pleito de quebra representa um abalo ao crédito e de conotação mais aguda a prejudicá-la seria o decreto falimentar, a causar dano a ser reparado na esfera da responsabilidade civil.

Com razão, fosse anotada no título, a sustação dos efeitos do protesto, seguramente não haveria instrumento destinado do pedido de quebra.

A fortificação da responsabilidade culposa, fundada na culpa representada pelo ato dentro do âmbito do protesto, por seu modo de ser, não se confunde com aquela de natureza administrativa propriamente dita na tipologia de configurar o serviço e não diretamente o agente público.

Sinalizando esse ponto de vista que envolve a atividade destinada à fruição do serviço, tem-se que ao Estado cabe reparar o dano quando não há consentâneo funcionamento, esse se faz de maneira imprecisa ou sem base sólida a justificar sua estrutura.

Bem por isso, a coroar no lineamento essa preocupação, sem a menor dúvida, pode acontecer a causa do agente não desenvolver a contento a sua atividade, num apanhado direto do caso concreto, de efetivar o protesto sem os meios necessários, ou não erradicar as imperfeições, além disso, o postulado da materialização do ato tardiamente ou com falta de pressuposto suficiente.

Existem dois momentos bem distintos e separados na relação homogênea da administração da culpa e heterogênea no primado de sua responsabilização, haja vista a situação hospedada no direito de regresso legalmente previsto.

De fato, sendo o Estado acionado, e condenado pela decisão e reconhece a inconsistência do serviço delegado, se lhe cabe, por força legal, conceitualmente, implicar o eventual responsável que se destacou na indisciplina no cometimento dessa circunstância.

Intercalado com o pensamento, compete ao notário se valer da posição na hipótese de ocorrer a falha do preposto, com isso é fundamental que haja a identificação ímpar frente ao responsável, na demonstração que se lhe permite assegurar um direito líquido e certo, para não experimentar prejuízo derivado da conduta de terceiro.

Bastante ponderar ser o regresso uma faculdade a qual não se correlaciona com o interesse do acionado, no sentido de querer, no âmbito da demanda, a intervenção de terceiro, colimando a partir desse comportamento a radiografia da culpa e a carga da responsabilidade, numa relativa presunção de solidariedade, mas isso fica na dependência do processo admitir e na valoração do importe reclamado pelo interessado.

A teoria da intervenção obrigatória de terceiro, na lide específica ditando responsabilidade objetiva, não empresta a desejada finalidade na sua consecução, na medida do entrechoque encerrada entre a principal e secundária, visto que numa independe o elemento culpa, n'outra ele se funde como seu pressuposto.

Destarte, a interface que se materializa a partir do subsídio componente da relação abstraída do título e o cometimento de irregularidades, a ponto de extrairmos comportamentos ilegais, tudo isso delimita um campo a ser radiografado e mais bem explorado na junção dos responsáveis direta e indiretamente.

Hospedado nessa posição, portanto, a interveniência do terceiro, dependendo da natureza do procedimento, poderá acarretar o âmbito da dilação probatória, ou discussão em torno de duas vertentes distintas, porém nada inibe a qualidade de assistente litisconsorcial, a formatar, naquele litígio, sua condição e o reflexo da decisão.

4 Autonomia do direito de regresso

Independentemente da culpa objetiva ou subjetiva, fixa o legislador a faculdade do responsável acionar o causador direto do prejuízo, na especificação do direito de regresso, tanto pelo Estado, ou por conduta agitada no interesse do titular da serventia, cuja finalidade primacial é descobrir o agente que não se comportou conforme a norma em vigor.

Com razão, o direito de regresso permite que se chegue ao verdadeiro responsável pela imprecisão do ato delegado, refletindo a culpa pessoal do faltoso e salvaguarda do patrimônio, ainda que possa haver penalidades administrativa e penal.

De fato, quando o Estado ou titular da serventia tem uma definição indiscutível a respeito da responsabilidade, comporta ponderar que o legislador incluiu na categoria o preposto, de tal maneira que a descoberta do agente é de fundamental importância na sistemática operacional e outrossim ligada à sanação da falha.

Ao facultar o direito de regresso, antes de tudo, o preceito normativo cogitou de alcançar quaisquer pessoas que de alguma maneira participaram do ato lesivo aos interesses de terceiro, assim a complexidade do ato notarial assinala uma diretriz questionando cada funcionário que agiu desrespeitando a norma e revelando dessemelhança com a finalidade imposta pelo legislador.

Positivo manter, na interpretação do dispositivo, grau de coerência e logicidade, porquanto inexiste uma limitação no direito substancial do regresso, muito menos formal, assim se houver necessidade operacional da denunciação à lide, tantas quantas indispensáveis, à concretização da intervenção do responsável que contribuiu negativamente na omissão, ou ação ditada pelo protesto do título.

Em razão do dano causado, alcançando as esferas patrimonial e moral, o valor condenatório imporá, no exercício do direito de regresso, uma vez comprovada a culpa do agente delegado, punição na ótica de ressarcir aos cofres públicos a importância, ou ao titular da serventia, nada obstante eventual falta de capacidade para tanto, a eficácia do ato poderá ser suficiente para o afastamento, suspensão, ou sanção de conteúdo administrativo, inibidora da atividade pelo responsável.

Em face da atividade e sua responsabilidade, nada inibiria uma prestação de garantia a servir de respaldo ao notário e prestigiar nas hipóteses de danos causados a terceiros, visto que, se o reivindicar da situação encontra barreira consistente no diminuto patrimônio do servidor, consequentemente a repercussão será clara e as influências, negativas.

Demais, o lesado não pode cogitar de esperar anos a fio a boa vontade do Estado na corroboração de eventual indenização, assim como a atividade notarial representa um certo preceito de risco, cogitar-se-ia de um revestimento de garantia inerente à função.

O volume de títulos, documentos e contratos, além dos meios eletrônicos que fazem parte da realidade, não permitem integral análise substancial do ato notarial, donde essa segurança descortinaria uma melhor razão de ser, na técnica de se manter um fundo de reserva destinado às hipóteses contrárias ao esperado exercício profissional.

Cogita-se, no encaminhamento do assunto, da securitização visando, antes de tudo, formar um fundo específico, que ressarça enganos cometidos, e na sua escala formate um divisor de águas, porquanto aliado ao risco inerente, sobressairia uma válvula de escape a minorar os prejuízos advindos dessa atividade.

Forte ponderar que o dano moral passa por variantes e sua fixação ainda cria uma desenvoltura jurisprudencial, não se podendo prever a sinalização do caso concreto e os interesses envolvidos.

A gestão do fundo que securitizaria as perdas destinadas à reparação dos danos causados, como importante e rápido instrumento de composição, seria administrada por um Conselho com prestação de contas, e seu campo específico com os olhos voltados à composição de situações espelhando irregularidades cometidas.

Na sincronização e consecução de todos os atos internos, ao prejudicado somente cabe provar o dano, seu nexo causal, quando intentada demanda contra o Estado, ao passo que se for em desfavor da serventia, em razão do seu titular, a culpa concentrada na fundamental desconformidade em atenção ao regulamentado visando o ato notarial.

Bem correto, portanto, não se exigir do prejudicado que além desses pressupostos tenha que individualizar o agente e destacar sua culpa, tratando-se, pela estrutura organicista, de simples decorrência tratada no direito de regresso, de nada relevante na formulação do pedido indenizatório.

5 Culpa concorrente e sua excludente

Secundado pelo princípio norteador da culpa subjetiva, cuja preocupação consubstancia o dever de comprovar sua ocorrência, poderá o notário, na deflagração de sua responsabilidade, buscar minorar seus reflexos, ou caracterizar estado de coisa diverso, centrada na excludente de ilicitude na prática do ato notarial.

As importâncias marcantes da concorrência e da excludente da culpabilidade se situam na aferição do ato em si, dos desdobramentos e dos direitos tutelados, à medida que é plausível cogitar de quantificação do valor do prejuízo, ou seja, ao mesmo tempo descortinará dupla finalidade: imputação de responsabilidade e fixação indenizatória correspondente.

Na configuração da culpa do notário, muitas vezes o autor da demanda não tem perfeito conhecimento de fatos externos, os quais revelam diversos horizontes e marcam um temperamento distante da culpa única e exclusiva do agente público.

Incorporando o pensamento ao ponto de vista externado, o notário age embasado nos informes dirigidos pelo apresentante do título, de tal modo que se os subsídios mostram reserva mental, ou incorreção manifesta, disso resulta que o protesto tirado também contou com a participação do propalado credor, cuidando-se de típica intervenção de terceiro, sob o color da denunciação da lide.

A hipótese poderá ser cogitada quando do uso de boletos bancários, nas circunstâncias de duplicatas comerciais, sem aceite, onde os dados são manuseados na sistemática entre as partes, deixando de lado o rigorismo da operação empresarial. A partir do momento em que o lesado questionar a regularidade do saque do título, e da responsabilidade da instituição financeira que o destinou ao protesto, será preciso examinar, na qualidade de mandatária do indigitado credor, se eventualmente agiu dentro dos limites impostos, ou transgrediu regras a conferir uma concorrência de culpa.

Denota-se, portanto, que o terreno da responsabilidade terá contornos disciplinadores da formalização do protesto, baseado em predicados que sinalizam uma menor responsabilidade do notário, mas de todos os que intervieram na circulação da cambial e no ultimar do seu apontamento, exceção feita na faculdade do direito de regresso, e na prerrogativa de se evitar a perda do procedimento de sua cobrança.

Se a concorrência de culpa pede a discussão de um conjunto de elementos dispostos na prática do ato, por seu turno a excludente suaviza conceito padronizado na eliminação de qualquer responsabilidade do agente público, tanto forrado na força maior, ou caso fortuito, de tal sorte que sua conduta se fez exclusivamente conforme compatibiliza a espécie particularizada.

De modo semelhante, a exclusão ocorrerá divisada se houver o dolo direto do interessado na prática do protesto, ou no impedimento lançado para obstá-lo, em ambos os casos o ônus da prova é do notário, que demonstrará a lisura do ato e sua correspondência com a previsão legal.

A discussão em verdade pede uma classificação das condutas que participam do ato de natureza plural, a fim de se poder enfrentar, no desafio da particularidade do caso concreto, quem agiu em desarmonia, ou quais as pessoas diretamente vinculadas à conduta, ficando na confirmação de fatos encaminhados pelo interessado.

Destarte, a concorrência de culpa poderá evidenciar maior ou menor grau de participação no ato lesivo, além do que, se ficar demonstrado que aquela conduta destacou caso fortuito ou força maior, nada permite uma responsabilização.

O relevo do mencionado alcance reflete na classe do litisconsórcio passivo, necessário ou facultativo, por representar a inserção de todos aqueles, direta ou indiretamente, relacionados com um determinado ato, cuja validade e eficácia se coloca em dúvida, abrindo o leque de acertamento mediante instrução probatória.

Nessa circunstância, quando houver meio eletrônico como parâmetro, tudo aconselha seu exame e a possibilidade de verificar se os informes encaminhados seriam suficientes à lavratura.

Configurada a plasticidade que resvala na matéria sintonizada com a culpa, sua prova e responsabilidade, o essencial da prova aparará arestas e atribuirá os liames visando indenização.

Conceitualmente, a divisão de culpa, pela teoria da concorrência, e o núcleo probatório carreado ao procedimento, todos eles elementos, permitem visão integral da realidade e a partilha que acontecerá fundada na maior ou menor responsabilidade do agente delegado.

Essa concomitância na análise globalizada ditando a efetividade do ato permitirá no momento da divisão de responsabilidade um mecanismo seguro que se alicerça no encadeamento do título, obrigação, apresentação, classificando as etapas e fases relativas ao destaque da ilegalidade.

Bem por isso, o terceiro que apresenta documento sem origem, ou saca uma duplicata desprovida de causa, por si só, age com o espírito de criar crédito fictício, consciente na sua forma de ser, e prisma seu comportamento prejudicial à atividade delegada e simplesmente no que concerne ao indigitado devedor, que passa a ser vítima desse ato com desvio de finalidade.

9

Análise Conclusiva do Instituto

O exame abordando o instituto do protesto desperta aceso interesse pelo envolvimento com os múltiplos aspectos que galvanizam as relações jurídicas, trazendo a importância do enfrentamento na descoberta do campo doutrinário pouco explorado, enquanto se divisa uma sistematização jurisprudencial mais contínua, intercalando a escalada entre o comando escrito pelo legislador e sua interpretação posta nos julgados.

Definitiva e decisivamente, a mescla de elementos que ficam no entorno do direito público com aquele de natureza privatística, com a reanálise a partir do Código Civil em vigor, tudo isso vislumbra uma nova etapa no dimensionamento do instituto.

Significativo ponderar que o risco do crédito é proporcional à falha no apontar sua restrição, a emblematicamente desenvolver o raciocínio no sentido da importante atividade correlata pelo direcionar informativo e seu relevo junto ao mercado.

Crescente, ao mesmo tempo, o surto no aumento de indenizações provenientes do ato notarial baseado no protesto, com inúmeras ramificações, passando pelo seu questionamento, respectiva validade, existência da obrigação, e migrando para a executoriedade propriamente dita de algum elemento novo introduzido que possa servir de pano de fundo à descaracterização da responsabilidade.

A temática, como se percebe, ressoa muito interessante e propícia ao tempo das operações bancárias, de acesso ao crédito, dos organismos de restrição e de entidades que atuam no mercado para um monitoramento seguro acerca das variantes apresentadas na concessão e cobrança.

De fato, o espelho se amplia e o leque se fortalece na medida em que as concessionárias de serviço público, fruto da privatização, também se utilizam do instrumento de negativação e restrições a serem priorizadas para secar fontes de crédito.

Verdadeiramente, no entanto, os contornos dissecados pelo trabalho procuraram enfatizar matérias correlacionadas sob a égide do diploma normativo, Lei nº 9.492/1997, ao lado da regulamentação do art. 236 da Constituição Federal e das consequências hauridas na consecução do protesto, ressaltando os diferenciados ângulos ritmizados na configuração da mora, tocante aos predicados assimilados no momento do ato notarial, as responsabilidades, questionando premissas e suscitando pontos de vista que se coadunam com a realidade da técnica processual, na solução concreta dos problemas específicos.

Não se cogitou, à evidência, do exaurimento de cada tópico ou da exaustão propriamente dita do instituto jurídico, quer pelo tempo de vigência legislativa, quer diante das inovações sobrevindas, mas fundamentalmente pela riqueza direcionada para as particularidades representadas no ato formalmente perfeito e acabado.

Resvala na pedra de toque uma constante preocupação de se buscar cada vez mais medidas judiciais destinadas à sustação do protesto, relativizando sua feitura e marcando a ímpar consequência na propositura da demanda principal, centralizada na existência ou não da obrigação, na formalidade do título, e respeitante ao procedimento que fora tomado na feitura do ato notarial.

Consequentemente, a febre ditada pelo protesto de títulos e documentos com a mesma eficácia passa pela impressão que sugestiona sua mudança, a partir do comando da lei de recuperação de empresas, a exigir um mínimo como ato formal contemplando o estado de inviabilidade.

Nesse diapasão, portanto, importante destacar, o valor disseminado a partir dos títulos apontados e o fogo de encontro entre ambos os lados, na justificativa de não abstrair condição da ação na etapa do requerimento da quebra.

De fato, o devedor impontual simplesmente e não insolvente, poderá com sua munição e retaguarda tentar minar a força de um determinado protesto, com o escopo de descaracterizar o importe exigido como imprescindível.

A par disso, relevante anotar que mesmo em curso o pleito de quebra, na roupagem introduzida, será viável a pretensão quanto à demonstração do estado de viabilidade, mediante plano de recuperação específico.

Decorre da justaposição entre a virtualidade do protesto e a concretude da situação da empresa uma formatação que passa pelo encontro de um denominador comum a poder superar no tempo e no espaço dificuldades transitórias.

Efetivamente, a relativa perda de sua substância, no que se refere propriamente ao protesto, divulga sua expressão de maneira a constar uma restrição e prejuízo ao devedor, marcante simplesmente a impontualidade, mas o volume de títulos e documentos, no conjunto, examinados, poderá levar à conclusão acerca da insolvência.

De se registrar, na oportunidade, à guisa de subsídio, a presença no mercado de grandes e importantes empresas, com passivos elevadíssimos, mas desprovidas de protesto, na medida em que buscam com excepcional habilidade a renegociação, e marcam continuar suas atividades, com o espírito de revisão de acordos e alongamento de suas dívidas, mantendo um mecanismo de harmonia operacional na luta para sobrevivência empresarial.

Harmonizar esses princípios com o avanço tecnológico também foi alvo de explanação, haja vista as influências acentuadas da cibernética e da informática, tentando desmaterializar a obrigação, desincorporar seu nascimento, deixando de lado o formalismo que cerca o negócio jurídico adjetivando o protesto cambial ou de quaisquer títulos.

Absolutamente impressionantes os dados estatísticos fornecidos pelas entidades de classes, baseados nos elementos que projetam aumento do inadimplemento, resultando numa progressão geométrica dos atos configuradores do protesto, alguns milhões feitos mensalmente a propor séria discussão abstraindo emergentes efeitos que indicam expressão incontestavelmente alarmante na modernidade e no entrechoque presente por causa dos inegáveis propósitos de macular o nome do devedor, trazendo repercussão em qualquer tipo de negócio.

A começar pelos títulos e documentos classificados na tônica do protesto, passando pelas exigências dos notários, e as regras que sustentam exiguidade na lavratura, essencialmente foram elucidados os assuntos mais diretamente vinculados à materialização do ato notarial.

No enfeixamento, a exemplo de uma sinopse, bastante para sistematizar e facilitar a compreensão, debruçamos sobre os conceitos, suas implicações, a temática do protesto especial comportado no requerimento falimentar, enfocando a responsabilidade civil, do Estado e do próprio notário, de maneira bem direta e que proporcione ao estudioso do assunto uma maior certeza e segurança jurídicas, palmilhando a sinalização entre o direito substantivo e o adjetivo cotejados.

Dentro da radiografia que cumpre seu papel primordial de levar ao conhecimento dos operadores do direito uma dinâmica sedimentada na análise de pesquisa e no magnetismo posto em prática, não é desimportante traduzir um sistema de pesos e contrapesos, nascido a partir da popularização do chamado dano moral institucionalizado.

Com efeito, diante dessa preocupação costumeira, e na aplicação do caso concreto, no enfrentamento da relação de consumo, sempre é imprescindível a comunicação e a formalização documenta que conste o elemento acerca da eventual feitura do protesto.

Nesse diapasão, diversas empresas, para sair dessa análise e dificultoso enfoque, delegaram a atividade para terceirização dos serviços, mas essa fenomenologia, por isso, não retira a responsabilidade, na hipótese de falha, erro, ou desvio de conduta.

Frente ao instrumento e à certidão de protesto que possuem seus efeitos específicos, com a eficácia dotada que se timbra, com o envolver os participantes daquela relação jurídica, vivencia o Instituto uma mudança de metodologia, na derivação de fundir o estágio da mora com o do inadimplemento absoluto.

Apegam-se as vantagens do caminho, na feitura da contratação, ou defeito da notificação, na concretização pura e simples do protesto, como instrumento inteligente, estreme de dúvida, confirmando a negociação e evidenciando sua realidade pontual.

Destarte, ao se falar do protesto nulo é preciso cabalmente evidenciar qual o elemento pertinente à alegação, na medida em que seus efeitos foram produzidos na técnica de sua lavratura.

De forma análoga à exceção de pré-executividade processual, no bojo da execução tirada, o protesto nulo conferiria algum vício que retirasse do documento, ao ensejo do seu nascimento, a sua respectiva efetividade.

Moldado no lineamento trazido à baila, admita-se a hipótese de um cheque subtraído dentro da agência antes de ser remetido pelo correio ao destinatário, o uso de meio de crédito, e consequente protesto, torna inevitável a alegação de falta de causa a justificar sua existência, ainda que haja provimento específico, mas o desconhecimento pelo agente delegado sobre a causa impediente.

Direcionada a função de sumariar os elementos substanciais componentes da tipologia e as equações suscitadas no decorrer do despretensioso e singelo trabalho, cuja intenção primordial foi de burilar tema ainda relegado a um segundo plano pela doutrina, mas frequente na jurisprudência, nesse contexto sobrepõem-se algumas conclusões relevantes:

1. Ato formal, solene e revestido de pressupostos legais, o protesto objetiva caracterizar o descumprimento de uma determinada obrigação corporificada num título de crédito, ou documento de espécie outra, simbolizando sua feitura o próprio inadimplemento.

2. Cabe ao apresentante fornecer a documentação que reúna condições básicas na consecução do ato, de antemão, agindo com lisura e espírito de boa-fé, sob pena de recusa, ou eventual responsabilização.

3. Contempla a legislação formalismo na técnica do protesto, mas destaca um prazo bastante escasso para efeito de defesa e a tomada de providências do interessado, causando uma aparente restrição à discussão, em detrimento da maior isonomia que seria imprescindível, na manutenção do equilíbrio entre as partes juridicamente vinculadas.

4. É faculdade do apresentante formular pedido desistencial antes da lavratura do protesto, retirando título ou documentos, pagando os emo-

lumentos devidos, sob a ótica da conveniência e oportunidade, vinculando o notário à sua manifestação de vontade.

5. Criação pretoriana, a ação cautelar inominada de sustação de protesto tempera os seus pressupostos com a viabilidade ditada na análise de fundo da matéria, evitando prejuízo maior e obstando a prática do ato notarial.

6. A exigência da caução, na concessão da ordem liminar, decorre da própria garantia do Juízo, na cognição sumária da causa, de preferência em dinheiro, excepcionalmente em bens móveis, ou imóveis, situados na Comarca, revelando solvabilidade e descortinando seriedade no propósito do interessado debater na lide principal a *causa debendi* e a força vinculante obrigacional.

7. O protesto especial para fins falimentares é uma peculiaridade, de conotação singular, do sistema normativo brasileiro, cujas utilizações mal-sucedidas inflamam o espírito de pressão na satisfação da obrigação, onde não se pontua em muitas vezes pluralidade de credores e o estado de insolvência do devedor.

8. A Lei nº 11.101/05, na visão moderna do tema, preocupou-se em atribuir à natureza exclusiva do protesto especial, em termos de condições da ação, priorizando valores superiores a 40 salários-mínimos, inclusive tratamento diferenciado no tocante ao pequeno empreendedor e o microempresário, permitindo, ainda, em litisconsórcio, que vários credores alcancem a soma.

Houve nítida renovação do ambiente de reciclagem de conceitos, no sentido de não tornar o requerimento de quebra mero desdobramento de execução contra devedor solvente frustrada, mas atributo do estado de insolvência.

9. O protesto poderá ser cancelado administrativa ou judicialmente, na primeira oportunidade quando houver consenso entre os beneficiados da obrigação, por comprovação inequívoca de seu pagamento, ou então mediante determinação judicial que examinará eventual vinculação, ou chancelará acordo entabulado entre as partes.

10. Evidentemente, as consequências do protesto indevido reassumem tipificação própria na área criminal, podendo atingir o apresentante quando simula a obrigação, dissimula os informes e age com culpa ou dolo, igualmente no que se refere ao notário, ou prepostos, em especial porque lida com numerário e desempenha nítido serviço público, como agente delegado que representa.

11. A responsabilidade civil está assentada no elemento culpa, a ser demonstrada conforme a teoria subjetiva, cujo ônus da prova incumbe

ao autor da demanda, sem prejudicar a cumulação do dano material e moral, a teor da Súmula 37 do STJ.

12. Respondem pelo abuso, desvio, excesso de poder, haja vista o indevido protesto, o Estado, cuja responsabilidade é objetiva, a teor do art. 37, § 6º, da Lei Maior, o notário e seus prepostos pelos danos causados como agentes públicos, sempre plausível o direito de regresso, em qualquer hipótese, na individualização da culpa e oneração patrimonial do servidor.

13. Visando instrumentalidade e efetividade processuais, diante da reforma do CPC, o depósito – caução feita na cautelar, quando julgada improcedente a principal – pode servir de pagamento, no sentido de se evitar nova lide e resolver o conflito de interesses.

14. Problema crucial e rotineiro diz respeito ao pagamento das despesas relativas às custas extrajudiciais; havendo gratuidade processual, a situação não apresenta embaraço, mas a exigência deverá se adequar ao resultado da lide.

15. Na dinâmica da sociedade de consumo e no propalado acesso ao crédito, a restrição provocada pelo protesto, por si só, tem o condão de fechar as torneiras e comprometer a própria liquidez da empresa e do consumidor individual refrear os pagamentos de forma parcelada.

10

Análise Jurisprudencial

A coletânea jurisprudencial pesquisada, sem dúvida alguma, demonstra o aceso interesse em torno do instituto do protesto e a frequente dificuldade da uniformização de regras a respeito da melhor interpretação, desdobramento da responsabilidade, e no escopo dos títulos cambiários.

Soma-se a tudo isso, inegavelmente, a dinâmica do ato empresarial, a cibernética, e a rápida circulação dos títulos, sempre presente dificuldade na articulação das exceções pessoal e causal.

As relações empresariais marcantemente impregnadas pela sociedade globalizada mostram a importância do crédito, e a técnica que praticamente o elimina, com o apontamento e a lavratura do protesto.

Não é menos relevante destacar a cadeia de circulação do título, na faceta do endosso, do terceiro de boa-fé, e também das garantias, afigurando-se a solidariedade e a possibilidade de exigência do crédito conjugada ou individualmente.

A denominada ação de sustação de protesto, mais do que nunca, incorporou-se à realidade dos procedimentos judiciais, mas a exigência de caução, muitas vezes, impede discussões inócuas e em detrimento do credor.

A simples negativação, como forma de restrição, por intermédio do protesto, induvidosamente, define momento inspirado na existência de obrigação, independentemente dos valores.

O sequenciamento do protesto e da sua circunstância cresce mais ainda quando cogitamos do ingresso de quase 30 milhões de brasileiros na faixa do acesso ao crédito, serviços de concessionárias, financeiras e outras modalidades contratuais.

A tecnologia de ponta permite a via eletrônica do protesto e a necessidade dos estabelecimentos bancários, empresas de faturização e outros correlatos de terem, minimamente, a comprovação da licitude da obrigação, no escopo de proteção ao mercado.

A mera posição circunstancial do endosso – mandato, em tese –, não proporciona legitimidade para as casas bancárias, porém, confere simples característica de mandatário para a cobrança da obrigação.

O Código de Defesa do Consumidor também é importante, principalmente para o período durante o qual o apontamento permanece, do lustro legal, e eventuais repercussões, inclusive em sede de ônus probatório.

O dano moral afora costumeiramente em atenção ao protesto lavrado e as inúmeras circunstâncias despontando no horizonte, principalmente quando as operações bancárias se traduzem em contratos e renegociações.

Amadurecida a ideia e incorporada a legislação em vigor, com seus respectivos reflexos, compusemos miríade jurisprudencial atual e muito vinculada ao cotidiano dos acontecimentos que sucedem na atividade jurisdicional.

O aspecto interruptivo do protesto cambiário em termos de prescrição cogita a disciplina do Código Civil e permite algumas discussões sobre o procedimento monitório daqueles títulos exigidos, quando o lapso temporal prescricional advier.

Retratada essa realidade, e demonstrada sua natureza, visualiza-se por intermédio da fonte jurisprudencial importante instrumento que sinaliza a própria vitalidade do instituto e sua renovação ao longo dos anos.

Jurisprudência

Superior Tribunal de Justiça

1. RECURSO ESPECIAL Nº 437.154 – SP (2002/0060489-4)

RELATOR: MINISTRO FERNANDO GONÇALVES
RECORRENTE: R. DUPRAT R. S.A.
RECORRIDO: HOSP. SERV. PRODUTOS HOSPITALARES LTDA.

EMENTA

RECURSO ESPECIAL. PROTESTO. FALÊNCIA. IRREGULARIDADE. SÚMULA 361 DO SUPERIOR TRIBUNAL DE JUSTIÇA.

1. Nos termos da Súmula 361 do Superior Tribunal de Justiça, *"a notificação do protesto, para requerimento de falência da empresa devedora, exige a identificação da pessoa que a recebeu"*.
2. Recurso especial conhecido e provido.

ACÓRDÃO

Vistos, relatados e discutidos estes autos, acordam os Ministros da Quarta Turma do Superior Tribunal de Justiça, na conformidade dos votos e das notas taquigráficas a seguir, por unanimidade, conhecer do recurso especial e lhe dar provimento. Os Ministros Aldir Passarinho Junior, Luis Felipe Salomão e Honildo Amaral de Mello Castro (Desembargador convocado do TJ/AP) votaram com o Ministro Relator. Ausente, justificadamente, o Ministro João Otávio de Noronha.

Brasília, 4 de março de 2010 (data de julgamento).

MINISTRO FERNANDO

2. RECURSO ESPECIAL Nº 694.766 – RS (2004/0147026-1)

RELATOR: MINISTRO LUIS FELIPE SALOMÃO
RECORRENTE: CIAVET – COMERCIAL IMPORTADORA AGROVETERINÁRIA LTDA.
RECORRIDO: PEDRO CASAROTTO

EMENTA

DIREITO CAMBIAL E PROCESSUAL CIVIL. PROMISSÓRIA. PRESCRIÇÃO. PRECLUSÃO. INOCORRÊNCIA. RENÚNCIA TÁCITA NÃO VERIFICADA. PROTESTO CAMBIAL. INTERRUPÇÃO DO PRAZO PRESCRICIONAL. INEFICÁCIA. SÚMULA Nº 153/STF.

1. É entendimento sedimentado na doutrina e na jurisprudência de que "a teor do art. 162 do Código Civil/1916, que hoje encontra correspondência no art. 193 do Código Civil vigente, a prejudicial de prescrição pode ser suscitada em qualquer grau de jurisdição, pela parte a que aproveita" (REsp 767246).

2. Somente se reconhece a renúncia tácita da prescrição mediante a prática de ato inequívoco de reconhecimento do direito pelo prescribente. Nesse passo, não pode ser considerado ato de renúncia tácita a indicação de bens à penhora pelo devedor, no âmbito do processo de execução, a qual era condição necessária para o recebimento dos embargos à execução, nos termos do art. 737, incisos I e II.

3. Não se deve ter por causa interruptiva, antes da vigência do Código Civil de 2002, o protesto cambial realizado em cartório notarial, porquanto este não se equipara ao protesto judicial realizado com o objetivo especial de interrupção daquele prazo.

4. Com efeito, o protesto cambial é absolutamente dispensável para o exercício da ação executiva (cambial) direta contra o emitente ou aceitante do título cambiariforme, tendo apenas "força de documentação solene, autêntica e especialíssima da apresentação da cambial para aceite ou pagamento, – não tem efeito interruptivo do prazo prescricional da respectiva ação, que se conta, suspende-se e interrompe-se de acordo com as normas de direito comum" (RE nº 18.189/RJ). Incidência da Súmula nº 153/STF.

5. Recurso especial improvido.

3. RECURSO ESPECIAL Nº 369.470 – SP (2001/0132130-6)

RELATOR: MINISTRO MASSAMI UYEDA
RECORRENTE: PADARIA E CONFEITARIA MIRANTE LTDA.
RECORRIDO: ARMANDO HERNANDES GARCIA

EMENTA

RECURSO ESPECIAL – AÇÃO CAUTELAR DE SUSTAÇÃO DE PROTESTO E AÇÃO DE INEXIGIBILIDADE DE RELAÇÃO JURÍDICA – OMISSÃO – INEXISTÊNCIA – ALEGAÇÃO DE PRESCRIÇÃO CAMBIAL COMO FUNDAMENTO DA DEMANDA – INVIABILIDADE – RESTAURAÇÃO DO PROTESTO APÓS A IMPROCEDÊNCIA DO PLEITO, A DESPEITO DA PRESTAÇÃO DE CONTRACAUTELA CONSISTENTE EM DEPÓSITO DE CAUÇÃO PECUNIÁRIA NO VALOR MENCIONADO NO CHEQUE PROTESTADO – ADMISSIBILIDADE – RECURSO ESPECIAL IMPROVIDO.

1. Não há omissão no aresto *a quo*, no qual se analisou todos os temas relevantes suscitados pelas partes, inclusive o relativo à prescrição, embora o resultado não tenha sido favorável à parte recorrente.

2. É inviável suscitar, na via da ação declaratória de inexigibilidade de relação jurídica e de sustação do protesto, a arguição de prescrição cambial, visto que a eventual perda do atributo de executividade pelo cheque não importa, *ipso jure*, o cancelamento do protesto ante a higidez da dívida.

3. O depósito em dinheiro do valor do cheque protestado como contracautela exigida para o deferimento da liminar de sustação de protesto não obsta a restauração do protesto após o julgamento de improcedência da demanda declaratória de inexigibilidade de relação jurídica e de sustação do protesto.

4. É que, ao longo do feito ajuizado pelo devedor, a fluência do *iter* processual através do duto profilático do contraditório e da ampla defesa pautou-se na discussão acerca do *an debeatur* (ou seja, da exigibilidade ou não do cheque protesto), e não sobre o *quantum debeatur* (isto é, o valor efetivamente devido).

5. Realmente, o montante efetivo da dívida pode ser havido como superior ao mencionado no próprio cheque, do que dá exemplo o art. 19 da Lei de Protestos (Lei nº 9.492/97), na dicção do qual o pagamento do título ou documento protestado não se limita ao valor declarado pelo apresentante, mas abrange também os *"emolumentos e demais despesas* [como as decorrentes da realização da intimação]".

6. Recurso especial improvido.

4. AgRg no AGRAVO DE INSTRUMENTO Nº 1.247.090 – SP (2009/0213498-0)

RELATOR: MINISTRO ALDIR PASSARINHO JUNIOR
AGRAVANTE: BANCO SANTANDER BANESPA S.A.
ADVOGADO: ISABELA BRAGA POMPILIO E OUTRO(S)
AGRAVADO: EDUCARTE – EDUCAÇÃO INFANTIL E ENSINO FUNDAMENTAL LTDA.
ADVOGADO: DANIELE CAROLINE VIEIRA LEMOS E OUTRO(S)
INTERES.: SIMPTEC COMÉRCIO DE MÁQUINAS LTDA.

EMENTA

CIVIL E PROCESSUAL. AGRAVO REGIMENTAL NO AGRAVO DE INSTRUMENTO. AÇÃO DE INDENIZAÇÃO. DANOS MORAIS. PROTESTO INDEVIDO DE TÍTULO. BANCO ENDOSSATÁRIO. ENDOSSO MANDATO. CIÊNCIA DO PAGAMENTO. LEGITIMIDADE PASSIVA. PROVA DO DANO. SÚMULA Nº 7/STJ. VALORAÇÃO DA PROVA. INEXISTÊNCIA. AGRAVO IMPROVIDO.

I. *"A jurisprudência desta Corte encontra-se consolidada no sentido de que o Banco endossatário tem legitimidade passiva para figurar na ação de indenização e deve responder pelos danos causados à sacada em decorrência de protesto indevido de título cambial. In casu, mesmo ciente do pagamento da duplicata, o banco-recorrente levou o título a protesto. (Precedentes: REsp. 285.732/MG, Rel. Min. CESAR ASFOR ROCHA, DJ 12.5.03; REsp. 327.828/MG, Rel. Min. RUY ROSADO DE AGUIAR, DJ 8.4.02; REsp 259.277/MG, Rel. Min. ALDIR PASSARINHO JÚNIOR, DJ 19.8.02; REsp. 185.269/SP, Rel. Min. WALDEMAR ZVEITER, DJ 6.11.2000)."* (REsp nº 662.111/RN, Relator Ministro Jorge Scartezzini, 4ª Turma, unânime, *DJ* 6.12.2004).

II. *"A pretensão de simples reexame de prova não enseja recurso especial"* (Súmula nº 7-STJ).

III. Em recurso especial, ainda que a título de valoração das provas, não se admite análise interpretativa de elementos probatórios controvertidos. Precedentes.

IV. Agravo improvido.

5. RECURSO ESPECIAL Nº 1.003.371 – MS (2007/0261436-0)

RELATOR: MINISTRO ALDIR PASSARINHO JUNIOR
RECORRENTE: ELMA ENGENHARIA CONSTRUÇÕES E COMÉRCIO LTDA. E OUTROS
ADVOGADO: LAUANE GOMES BRAZ ANDREKOWISK E OUTRO(S)
RECORRIDO: WALDEMIRO SOLETTI E OUTROS
ADVOGADO: GERALDO APARECIDO BARBETA E OUTRO(S)

EMENTA

CIVIL E PROCESSUAL. RECURSO ESPECIAL. EMBARGOS À EXECUÇÃO. COMPETÊNCIA. MAGISTRADO CONVOCADO. PRINCÍPIO. JUIZ NATURAL. VIOLAÇÃO. INOCORRÊNCIA. DIREITO LOCAL. SÚMULA Nº 280-STF. NOTA PROMISSÓRIA. PREENCHIMENTO *A POSTERIORI*. SÚMULA Nº 387-STF. PROVA. DILAÇÃO. REEXAME. SÚMULA Nº 7-STJ. CORREÇÃO MONETÁRIA. ESTIPULAÇÃO. INEXISTÊNCIA. INPC. APELAÇÃO. PREPARO. AUSÊNCIA. PRAZO. ART. 185 DO CPC. DESERÇÃO. PARCIAL PROVIMENTO.

I. Não viola o princípio do juiz natural o sentenciamento do feito por magistrado convocado, nos termos de resolução do Tribunal *a quo*, para oficiar em auxílio ao titular da vara.

II. Inviável o recurso especial que depende, para o seu provimento, de exame de direito local (Súmula nº 280 do STF).

III. "A cambial emitida ou aceita com omissões, ou em branco, pode ser completada pelo credor de boa-fé antes da cobrança ou protesto" (Súmula nº 387 do STF).

IV. Cabe às instâncias ordinárias o exame quanto à necessidade de dilação probatória. "A pretensão de simples reexame de prova não enseja recurso especial" (Súmula nº 7 do STJ). Precedente.

V. A ausência de pactuação, em nota promissória, do índice de correção monetária atrai o INPC. Precedente.

VI. Inexistindo previsão legal ou assinação pelo juiz quanto ao prazo para o cumprimento de ônus processual, cabe à parte diligenciar a respeito em cinco dias, nos termos do artigo 185 do CPC.

VII. Recurso especial parcialmente conhecido e, nessa parte, provido.

ACÓRDÃO

Vistos e relatados estes autos, em que são partes as acima indicadas, decide a Quarta Turma, por unanimidade, conhecer em parte do recurso especial e, nessa parte, dar-lhe provimento, nos termos do voto do Sr. Ministro Relator. Os Srs. Ministros João Otávio de Noronha, Luis Felipe Salomão, Raul Araújo Filho e Maria Isabel Gallotti votaram com o Sr. Ministro Relator.

Brasília (DF), 19 de agosto de 2010 (Data do Julgamento)

MINISTRO ALDIR PASSARINHO JUNIOR, Relator

6. RECURSO ESPECIAL Nº 968.320 – MG (2007/0162943-9)

RELATOR: MINISTRO LUIS FELIPE SALOMÃO
RECORRENTE: MEGAFORT DISTRIBUIDORA IMPORTAÇÃO E EXPORTAÇÃO LTDA.
PROCURADOR: LUCILA DE OLIVEIRA CARVALHO E OUTRO(S)
ADVOGADA: MARIANA RODRIGUES MOUTELLA
RECORRIDO: ESCRITÓRIO DE ADVOCACIA PROCÓPIO DE CARVALHO
PROCURADOR: BRÁULIO CUNHA RIBEIRO E OUTRO(S)

EMENTA

DIREITO CAMBIÁRIO E PROCESSUAL CIVIL. NOTA PROMISSÓRIA VINCULADA A CONTRATO DE PRESTAÇÃO DE SERVIÇOS ADVOCATÍCIOS. AUSÊNCIA DE INDICAÇÃO DE DATA DA EMISSÃO DA NOTA. EXECUTIVIDADE. OMISSÃO SANADA PELO CONTRATO A ELA VINCULADO.

1. "Embargos de declaração manifestados com notório propósito de prequestionamento não têm caráter protelatório" (Súmula 98).

2. Descabe extinguir execução pelo só fato de inexistir data de emissão da nota promissória, quando possível tal aferição no contrato a ela vinculado, mesmo porque "a cambial emitida ou aceita com omissões, ou em branco, pode ser completada pelo credor de boa-fé antes da cobrança ou do protesto" (Súmula 387/STF).

3. Resta inviabilizada a pretensão recursal, porquanto, deslocando-se o cerne da discussão da nota promissória em si para o contrato a ela vinculado, a não constatação de iliquidez pelas instâncias ordinárias está infensa à análise desta Corte, por força da Súmula 5.

4. Descabe condenação em honorários advocatícios em exceção de pré-executividade rejeitada (EREsp 1048043/SP, CORTE ESPECIAL).

5. Recurso especial conhecido e parcialmente provido.

ACÓRDÃO

Vistos, relatados e discutidos estes autos, os Ministros da QUARTA TURMA do Superior Tribunal de Justiça acordam, na conformidade dos votos e das notas taquigráficas, por unanimidade, conhecer do recurso especial e dar-lhe parcial provimento, nos termos do voto do Sr. Ministro Relator.

Os Srs. Ministros Raul Araújo Filho, Maria Isabel Gallotti, Aldir Passarinho Junior e João Otávio de Noronha votaram com o Sr. Ministro Relator.

Dr.(a) MARIANA RODRIGUES MOUTELLA, pela parte RECORRENTE: MEGAFORT DISTRIBUIDORA IMPORTAÇÃO E EXPORTAÇÃO LTDA.

Brasília, 19 de agosto de 2010 (data do julgamento)

MINISTRO LUIS FELIPE SALOMÃO

7. AgRg no RECURSO ESPECIAL Nº 556.002 – SP (2003/0066908-3)

RELATOR: MINISTRO ALDIR PASSARINHO JUNIOR
AGRAVANTE: METROPOLITAN TRANSPORTS S.A.
ADVOGADO: LUÍS BORRELLI NETO E OUTRO(S)
AGRAVADO: BANCO BRADESCO S.A.
ADVOGADO: LINO ALBERTO DE CASTRO E OUTRO(S)

EMENTA

COMERCIAL E PROCESSUAL. AGRAVO REGIMENTAL. AÇÃO DECLARATÓRIA E CAUTELAR. DUPLICATA ACEITA. ENDOSSO ANTES DO PROTESTO. PAGAMENTO AO ENDOSSANTE EM DOCUMENTO EM SEPARADO. OPOSIÇÃO AO ENDOSSATÁRIO DE BOA-FÉ. INADMISSIBILIDADE. SÚMULA Nº 7 DO STJ. INCIDÊNCIA.

I. A jurisprudência desta Corte, centrada na exegese do art. 9°, § 1°, da Lei nº 5.474/1968, entende que a circulação da duplicata impõe ao sacado o dever de pagar ao endossatário o valor representado no título de crédito, descabendo falar-se em recibo em separado ao endossante, quando presente a anterioridade do endosso e a inexistência de má-fé na circulação cambial.

II. "A pretensão de simples reexame de prova não enseja recurso especial" (Súmula nº 7-STJ).

III. Agravo desprovido.

ACÓRDÃO

Vistos e relatados estes autos, em que são partes as acima indicadas, decide a Quarta Turma, por unanimidade, negar provimento ao agravo regimental, nos termos do voto do Sr. Ministro Relator. Os Srs. Ministros João Otávio de Noronha, Luis Felipe Salomão, Honildo Amaral de Mello Castro (Desembargador convocado do TJ/AP) e Fernando Gonçalves (Presidente) votaram com o Sr. Ministro Relator.

Brasília (DF), 23 de março de 2010 (Data do Julgamento)

MINISTRO ALDIR PASSARINHO JUNIOR
Relator

8. TRIBUNAL DE JUSTIÇA – MINAS GERAIS

Número do processo: 1.0024.03.007888-5/001(1)
Núm. Única: 0078885-17.2003.8.13.0024
Processos associados: clique para pesquisar
Relator: Des.(a) BATISTA DE ABREU
Relator do Acórdão: Des.(a) BATISTA DE ABREU
Data do Julgamento: 18.11.2009
Data da Publicação: 5.2.2010
Inteiro Teor:

EMENTA: AGRAVO DE INSTRUMENTO – DUPLICATA – PRESCRIÇÃO – INTERRUPÇÃO COM O PROTESTO – IMPOSSIBILIDADE DE NOVA INTERRUPÇÃO. – De acordo com o *caput* do artigo 202 do CC, a interrupção da prescrição somente poderá ocorrer uma vez e, como já havia se dado com o protesto cambial, não há que se falar em interromper novamente o prazo prescricional.

AGRAVO DE INSTRUMENTO Nº 1.0024.03.007888-5/001 – COMARCA DE BELO HORIZONTE – AGRAVANTE(S): AÇO BORJA INDÚSTRIA E COMÉRCIO LTDA. – AGRAVADO(A)(S): DIAÇO DISTRIBUIDORA DA AÇO LTDA. – RELATOR: EXMO. SR. DES. BATISTA DE ABREU.

ACÓRDÃO

Vistos etc., acorda, em Turma, a 16ª CÂMARA CÍVEL do Tribunal de Justiça do Estado de Minas Gerais, incorporando neste o relatório de fls., na conformidade da ata dos julgamentos e das notas taquigráficas, à unanimidade de votos, EM DAR PROVIMENTO AO RECURSO.

Belo Horizonte, 18 de novembro de 2009

DES. BATISTA DE ABREU – Relator

9.

Número do processo: 1.0245.03.032133-6/001(1)
Núm. Única: 0321336-89.2003.8.13.0245
Processos associados: clique para pesquisar
Relator: Des.(a) DÁRCIO LOPARDI MENDES
Relator do Acórdão: Des.(a) DÁRCIO LOPARDI MENDES
Data do Julgamento: 19.6.2008
Data da Publicação: 3.7.2008
Inteiro Teor:

EMENTA

ART. 515, § 3º DO CPC – JULGAMENTO EM SEGUNDO GRAU DE JURISDIÇÃO – POSSIBILIDADE – FALÊNCIA – DUPLICATAS – VENDA DE MERCADORIA – FALTA DE PAGAMENTO – PROTESTO – NOTIFICAÇÃO – CORREIOS – IDENTIFICAÇÃO DO RECEBEDOR – AUSÊNCIA. Com a nova redação dada ao artigo 515 § 3º, do Código de Processo Civil, está o tribunal autorizado a examinar o mérito das demandas e julgá-las, de acordo com as provas produzidas nos autos, independentemente dos princípios do duplo grau de jurisdição, do *tantum devolutum quantum appellatum* e do *reformatio in pejus*, ou qualquer requerimento das partes. Há verdadeiro rigorismo formal quanto ao protesto para sustentar o pedido de falência. Deve ser interposto em qualquer tempo depois do vencimento da obrigação, e o respectivo instrumento, que será tirado dentro de 3 dias úteis, deve conter: a data, a transcrição, por extrato, do título com as principais declarações nele inseridas, pela ordem respectiva; a certidão de intimação do devedor para pagar, a resposta dada ou a declaração da falta de resposta; a certidão de não haver sido encontrado, ou de ser desconhecido ou estar ausente o devedor, casos em que a intimação será feita por edital, afixado à porta do cartório e, quando possível, publicado pela imprensa: assinatura do oficial do protesto e, se possível, a do portador, na forma do art. 10 do Decreto-lei nº 7.661, de 21 de junho de 1945. Logo, ausente tal pressuposto, o protesto é irregular, não podendo sustentar o pedido de falência.

APELAÇÃO CÍVEL Nº 1.0245.03.032133-6/001 – COMARCA DE SANTA LUZIA – APELANTE(S): GERDAU S.A. – APELADO(A)(S): FERRO AÇO VENDA NOVA LTDA. REPDO(A) P/CURADOR(A) ESPECIAL. – RELATOR: EXMO. SR. DES. DÁRCIO LOPARDI MENDES

ACÓRDÃO

Vistos etc., acorda, em Turma, a 4ª CÂMARA CÍVEL do Tribunal de Justiça do Estado de Minas Gerais, incorporando neste o relatório de fls., na conformidade da ata dos julgamentos e das notas taquigráficas, à unanimidade de votos, EM JULGAR IMPROCEDENTE O PEDIDO, DE OFÍCIO.

Belo Horizonte, 19 de junho de 2008.

DES. DÁRCIO LOPARDI MENDES – Relator

10.

Número do processo: 1.0471.07.090340-9/002(1)
Num. Única:0903409-23.2007.8.13.0471
Processos associados: clique para pesquisar
Relator: Des.(a) ANTÔNIO SÉRVULO
Relator do Acórdão: Des.(a) ANTÔNIO SÉRVULO
Data do Julgamento: 27.1.2009
Data da Publicação: 13.2.2009
Inteiro Teor:

EMENTA

EMBARGOS DECLARATÓRIOS – CONTRADIÇÃO E OMISSÃO – INEXISTÊNCIA – REEXAME DA QUESTÃO – IMPOSSIBILIDADE – REJEIÇÃO. Os embargos de declaração não se prestam como via idônea para a obtenção de reexame das questões já analisadas nos autos, sendo defeso ao Judiciário, salvo raras exceções, modificar o entendimento consignado no julgamento atacado.

EMBARGOS DE DECLARAÇÃO CÍVEL Nº 1.0471.07.090340-9/002 EM APCIV 1.0471.07.090340-9/001 – COMARCA DE PARÁ DE MINAS – EMBARGANTE(S): VINICIUS CLÁUDIA IND. COM. CONFECÇÕES LTDA – EMBARGADO(A)(S): NOVA GIULEN IND TÊXTIL MODA LTDA. – RELATOR: EXMO. SR. DES. ANTÔNIO SÉRVULO.

ACÓRDÃO

Vistos etc., acorda, em Turma, a 6ª CÂMARA CÍVEL do Tribunal de Justiça do Estado de Minas Gerais, na conformidade da ata dos julgamentos e das notas taquigráficas, à unanimidade de votos, EM REJEITAR OS EMBARGOS.

Belo Horizonte, 27 de janeiro de 2009.

DES. ANTÔNIO SÉRVULO – Relator

11. OITAVA CÂMARA CÍVEL DO TRIBUNAL DE JUSTIÇA DO ESTADO DO RIO DE JANEIRO

Apelação Cível nº 0038488-04.2009.8.19.0002
Apelante: Banco Bradesco S.A.
Apelado: Carla V. Rezende Calçados Ltda.
Relatora: Des. Mônica Maria Costa

EMENTA

APELAÇÃO CÍVEL. AÇÃO DE CANCELAMENTO DE PROTESTO INDENIZATÓRIA POR DANOS MORAIS. DUPLICATA. ENDOSSO MANDATO. PROTESTO INDEVIDO REALIZADO POR INSTITUIÇÃO BANCÁRIA. INCLUSÃO INDEVIDA EM CADASTRO RESTRITIVO DE CRÉDITO. DANO MORAL CONFIGURADO.

1. Ação indenizatória, pelo rito sumário, em decorrência de protesto indevido, realizado por banco-endossatário de duplicata mercantil, extraída de negócio jurídico supostamente não implementado, em razão da recusa da comerciante autora em aceitar as mercadorias com defeito de fabricação.

2. É sabido que a viabilização da cobrança do crédito consubstanciado no título depende do protesto. De outra parte, o aponte, notadamente quando promovido por endossatário, deve ser precedido das cautelas elementares, em especial a verificação se efetuado o pagamento.

3. Não se exige que a instituição financeira conheça todos os detalhes dos negócios jurídicos ensejadores dos créditos que recebe como endossatário. Contudo, é razoável esperar-se que a instituição promova verificação básica da regularidade do título que leva a protesto.

4. A duplicata é um título de crédito causal, estando sua emissão atrelada à prévia realização de compra e venda, a fim de que a cambial surta os efeitos desejados, razão pela qual incumbia ao banco, antes de levar a protesto o título, proceder à averiguação de sua origem.

5. O protesto indevido enseja ofensa à honra objetiva da empresa, dispensando-se a prova do dano moral, eis que *in re ipsa*.

6. Verba compensatória corretamente arbitrada, atentando-se aos seus aspectos punitivo e repressivo.

7. Perfeitamente possível que o cancelamento do protesto se opere mediante simples expedição de ofício ao Cartório, dispensando-se a fixação de multa diária, em busca da celeridade e efetividade processual.

8. Desnecessidade da fixação de *aistrentes* como medida coercitiva para o cumprimento das obrigações de fazer, de natureza infungível, impostas judicialmente. Enunciado sumulado nº 144, TJERJ.

9. Provimento parcial do recurso.

Vistos, relatados e discutidos estes autos de Apelação Cível nº 0038488-04.2009.8.19.0002 em que é apelante Banco Bradesco S.A. e apelada Carla V. Rezende Calçados Ltda. ACORDAM os Desembargadores que compõem a Oitava Câmara Cível do Tribunal de Justiça do Estado do Rio de Janeiro, por unanimidade de votos, em dar parcial provimento ao recurso.

12. TRIBUNAL DE JUSTIÇA – SEGUNDA CÂMARA CÍVEL – ESTADO DO RIO DE JANEIRO

APELAÇÃO CÍVEL Nº 0232002-22.2009.8.19.0001
APELANTE: ELTON FIGUEIREDO CAMPOS JUNIOR
APELADO: TCO FRANQUIA LTDA.
RELATOR: DES. CARLOS EDUARDO DA FONSECA PASSOS

EMENTA

INCIDENTE DE UNIFORMIZAÇÃO DA JURISPRUDÊNCIA. RESPONSABILIDADE CIVIL. Protesto de cheque prescrito após o decurso do prazo da ação cambial, embora tempestiva a dedução de ação monitória. Questão controvertida no âmbito do Tribunal quanto à configuração de abuso do direito. Demonstração da controvérsia. Submissão das teses jurídicas divergentes ao egrégio Órgão Especial.

Vistos, relatados e discutidos estes autos de Apelação Cível nº **02322002-22.2009.8.19.0001** em que é Apelante **ELTON FIGUEIREDO CAMPOS JUNIOR** e Apelado **TCO FRANQUIA LTDA.**

ACORDAM os Desembargadores que compõem a Segunda Câmara Cível do Tribunal de Justiça do Estado do Rio de Janeiro, por **unanimidade** de votos, em *suscitar* o incidente de uniformização da jurisprudência e *submeter* ao Órgão Especial o exame das teses jurídicas divergentes.

13. QUARTA CÂMARA CÍVEL

APELAÇÃO CÍVEL nº 0000120 – 75.2002.8.19.0064
APELANTE: JOÃO BATISTA MARINHO DE MELLO E OUTRO
APELADO: CONSTRUTORA TRITON LTDA.
APELADO: ARIOVALDO DE OLIVEIRA PINTO
RELATORA: DES. MÔNICA TOLLEDO DE OLIVEIRA

EMENTA

Apelação Cível. Cautelar de sustação de protesto. Notas promissórias vinculadas à escritura particular de promessa de compra e venda. Sentença de extinção sem exame de mérito com base na perda superveniente do interesse processual, eis que já foi prestada a tutela jurisdicional de mérito, com a resolução da lide principal, vinculada à presente cautelar. As promissórias foram consideradas válidas nas ações principais, daí porque os títulos representados por notas promissórias são legítimos e se prestam ao protesto cambial. Portanto, a rigor, liminar outrora concedida deveria ser cassada de modo que subsistir o protesto, sendo o pedido improcedente. Porém, como os réus não recorreram, não há como reformar a sentença para piorar ainda mais a posição dos autores, sob pena de *reformatio in pejus*. Portanto, mantém-se a sentença pelos seus próprios fundamentos. Desprovimento do recurso.

VISTOS, relatados e discutidos estes autos de Apelação Cível nº **0000120 – 75.2002.8.19.0064**, em que são apelantes **JOÃO BATISTA MARINHO DE MELLO E OUTRO** e apelado **CONSTRUTORA TRITON LTDA.**

ACORDAM os Desembargadores que integram a Quarta Câmara Cível do Tribunal de Justiça do Estado do Rio de Janeiro, por unanimidade de votos, em negar provimento ao recurso, nos termos do voto da Relatora.

14. Poder Judiciário do Estado do Rio de Janeiro

TRIBUNAL DE JUSTIÇA

9ª CÂMARA CÍVEL

AGRAVO INOMINADO NO AGRAVO DE INSTRUMENTO 0053428-43.2010.8.19.0000

Agravante: **CONSTRUTORA MODULAR LTDA.**

Agravado: **ALEXANDRE OLIVEIRA**

RELATOR: DESEMBARGADOR ROGERIO DE OLIVEIRA SOUZA

ACÓRDÃO

AGRAVO INOMINADO. AGRAVO DE INSTRUMENTO. DEMANDA DECLARATÓRIA DE INEXISTÊNCIA DE DÉBITOS. INEXIGIBILIDADE DE TÍTULO. INDEFERIMENTO DA ANTECIPAÇÃO DE TUTELA. CHEQUES. NÃO RECONHECIMENTO DAS DATAS APOSTAS NOS TÍTULOS. FALSIDADE NÃO COMPROVADA. PRINCÍPIO DA LITERALIDADE. PRESCRIÇÃO DE APENAS UMA DAS CÁRTULAS QUE NÃO ELIDE O DIREITO DE CRÉDITO EM RELAÇÃO AOS DEMAIS CHEQUES. APLICAÇÃO DA SÚMULA Nº 59 DESTE TRIBUNAL.

O exame dos requisitos para a concessão de medida liminar é ato de livre convencimento do juiz da causa, cuja proximidade com a realidade fática da demanda lhe permite valorar os elementos, de modo a formar sua convicção. Decisão que só deve ser reformada se teratológica, contrária à lei ou à prova dos autos, o que não é o caso dos autos. O protesto extemporâneo de apenas um dos títulos reclamados não elide o direito de crédito em relação aos demais, regularmente anotados. Pelo princípio da literalidade que instrui o direito cambiário, os requisitos lançados no título de crédito presumem-se verdadeiros e obrigam as partes nele inscritos. Tal presunção só poderá ser elidida através de prova suficiente no sentido da falsificação da cártula, ônus do qual não se desincumbiu o requerente. Conhecimento e desprovimento do agravo inominado. **VISTOS**, relatados e discutidos este agravo inominado nos autos do Agravo de Instrumento 0053428-43.2010.8.19.0000 em que é agravante CONSTRUTORA MODULAR LTDA. e agravado ALEXANDRE OLIVEIRA.

9ª Câmara Cível do Tribunal de Justiça

Agravo Inominado no Agravo de Instrumento 0053428-43. 2010.8.19.00002

ACORDAM os Desembargadores da 9ª Câmara Cível do Tribunal de Justiça do Estado do Rio de Janeiro, por unanimidade, em CONHECER E NEGAR PROVIMENTO AO AGRAVO INOMINADO, na forma do voto do Desembargador Relator.

15. PODER JUDICIÁRIO – TRIBUNAL DE JUSTIÇA DE SÃO PAULO

ACÓRDÃO/DECISÃO MONOCRÁTICA

REGISTRADO(A) SOB Nº ACÓRDÃO *03079389*

Vistos, relatados e discutidos estes autos de Agravo Regimental nº 991.05.031933-8/50000, da Comarca de Osasco, em que é agravante ERIKA PHABIOLLA BENTO PADILHA (JUSTIÇA GRATUITA) sendo agravado CHRISPIM COML. ATACADISTA LTDA.

ACORDAM, em 24ª Câmara de Direito Privado do Tribunal de Justiça de São Paulo, proferir a seguinte decisão: "NEGARAM PROVIMENTO AO RECURSO, COM APLICAÇÃO DA PENALIDADE DE PERDAS E DANOS. V. U.", de conformidade com o voto do Relator, que integra este acórdão. O julgamento teve a participação dos Desembargadores JOSÉ MARCOS MARRONE (Presidente sem voto), THEODURETO CAMARGO E ROMOLO RUSSO. São Paulo, 19 de julho de 2010, CARLOS ABRÃO – RELATOR

16. PODER JUDICIÁRIO TRIBUNAL DE JUSTIÇA DO ESTADO DE SÃO PAULO – 24ª CÂMARA DE DIREITO PRIVADO

VOTO Nº 915

AGRAVO REGIMENTAL nº 991.05.031933-8/50000

Comarca: OSASCO (6ª Vara Cível)

Agravante: ERIKA PHABIOLLA BENTO PADILHA (Justiça Gratuita)

Agravado: CHRISPIM COML. ATACADISTA LTDA.

AGRAVO REGIMENTAL – RECONSIDERAÇÃO INDEFERIDA – CHEQUE PRESCRITO PROTESTABILIDADE – EFEITO INTERRUPTIVO – PRAZO QUINQUENAL – SENTENÇA DE PROCEDÊNCIA – APELO – DECISÃO MONOCRÁTICA – RECURSO PROVIDO – AGRAVO INTERNO – SÚMULA 182 DO STJ – VIABILIDADE DO PROTESTO – LEGALIDADE – PLAUSIBILIDADE RECONVENÇÃO – AGRAVO

IMPROVIDO – PERDAS E DANOS – ART. 18 DO CPC, VALOR R$ 1.000,00 CORRIGIDO DO DECISÓRIO.

17. PROVIMENTO Nº 17/2003

O DESEMBARGADOR LUIZ TÂMBARA, Corregedor Geral da Justiça do Estado de São Paulo, no uso de suas atribuições legais, Considerando o sugerido, exposto o decidido nos autos do Processo CG nº 1.134/ 97; resolve:

Art. 1º O subitem 25.1, do Capítulo XV, das Normas de Serviço da Corregedoria Geral da Justiça passa a ter a seguinte redação:

25.1 O interessado poderá, facultativamente, fazer o pagamento em dinheiro, desde que o valor do título ou documento de dívida apresentado para protesto não ultrapasse o valor corresponde a 50 (cinquenta) UFESPs. Quando superar, ou não sendo exercida aquela referida opção pelo pagamento em dinheiro, deverá ele ser efetuado mediante cheque visado e cruzado, ou por meio de cheque administrativo, emitido no valor equivalente ao da obrigação, devendo ainda estar em nome e à ordem do apresentante, e ser pagável na mesma praça, sem prejuízo do pagamento das despesas comprovadas, custas, contribuições e emolumentos devidos, de responsabilidade do devedor, e que deverão ser pagas pelo interessado no mesmo ato, em apartado.

Art. 2º Este Provimento entrará em vigor na data de sua publicação.

São Paulo, 7 de agosto de 2003.

(a) Luiz Elias Tâmbara, Corregedor Geral da Justiça, *in DJE* 13.8.2003.

Legislação

LEI Nº 8.935, DE 18 DE NOVEMBRO DE 1994 (*DOU* de 21.11.1994).

Regulamenta o art. 236 da Constituição Federal sobre serviços notariais e de registro.

O Presidente da República.

Faço saber que o Congresso Nacional decreta e eu sanciono a seguinte Lei:

TÍTULO I
DOS SERVIÇOS NOTARIAIS E DE REGISTROS

CAPÍTULO I
Natureza e Fins

Art. 1º Serviços notariais e de registro são os de organização técnica e administrativa destinados a garantir a publicidade, autenticidade, segurança e eficácia dos atos jurídicos.

Art. 2º (Vetado).

Art. 3º Notário, ou tabelião, e oficial de registro, ou registrador, são profissionais do direito, dotados de fé pública, a quem é delegado o exercício da atividade notarial e de registro.

Art. 4º Os serviços notariais e de registro serão prestados, de modo eficiente e adequado, em dias e horários estabelecidos pelo juízo competente, atendidas as peculiaridades locais, em local de fácil acesso ao público e que ofereça segurança para o arquivamento de livros e documentos.

§ 1º O serviço de registro civil das pessoas naturais será prestado, também, nos sábados, domingos e feriados pelo sistema de plantão.

§ 2º O atendimento ao público será, no mínimo, de seis horas diárias.

CAPÍTULO II
Dos Notários e Registradores

Seção I
Dos Titulares

Art. 5º Os titulares de serviços notariais e de registro são os:

I – tabeliães de notas;

II – tabeliães e oficiais de registro de contratos marítimos;

III – tabeliães de protesto de títulos;

IV – oficiais de registro de imóveis;

V – oficiais de registro de títulos e documentos e civis das pessoas jurídicas;

VI – oficiais de registro civis das pessoas naturais e de interdições e tutelas;

VII – oficiais de registro de distribuição.

Seção II
Das Atribuições e Competências dos Notários

Art. 6º Aos notários compete:

I – formalizar juridicamente a vontade das partes;

II – intervir nos atos e negócios jurídicos a que as partes devam ou queiram dar forma legal ou autenticidade, autorizando a redação ou redigindo os instrumentos adequados, conservando os originais e expedindo cópias fidedignas de seu conteúdo;

III – autenticar fatos.

Art. 7º Aos tabeliães de notas compete com exclusividade:

I – lavrar escrituras e procurações públicas;

II – lavrar testamentos públicos e aprovar os cerrados;

III – lavrar atas notariais;

IV – reconhecer firmas;

V – autenticar cópias.

Parágrafo único. É facultado aos tabeliães de notas realizar todas as gestões e diligências necessárias ou convenientes ao preparo dos atos notariais, requerendo o que couber, sem ônus maiores que os emolumentos devidos pelo ato.

Art. 8º É livre a escolha do tabelião de notas, qualquer que seja o domicílio das partes ou o lugar de situação dos bens objeto do ato ou negócio.

Art. 9º O tabelião de notas não poderá praticar atos de seu ofício fora do Município para o qual recebeu delegação.

Art. 10. Aos tabeliães e oficiais de registro de contratos marítimos compete:

I – lavrar os atos, contratos e instrumentos relativos a transações de embarcações a que as partes devam ou queiram dar forma legal de escritura pública;

II – registrar os documentos da mesma natureza;

III – reconhecer firmas em documentos destinados a fins de direito marítimo;

IV – expedir traslados e certidões.

Art. 11. Aos tabeliães de protesto de título compete privativamente:

I – protocolar de imediato os documentos de dívida, para prova do descumprimento da obrigação;

II – intimar os devedores dos títulos para aceitá-los, devolvê-los ou pagá-los, sob pena de protesto;

III – receber o pagamento dos títulos protocolizados, dando quitação;

IV – lavrar o protesto, registrando o ato em livro próprio, em microfilme ou sob outra forma de documentação;

V – acatar o pedido de desistência do protesto formulado pelo apresentante:

VI – averbar:

a) o cancelamento do protesto;

b) as alterações necessárias para atualização dos registros efetuados;

VII – expedir certidões de atas e documentos que constem de seus registros e papéis.

Parágrafo único. Havendo mais de um tabelião de protestos na mesma localidade, será obrigatória a prévia distribuição dos títulos.

Seção III
Das Atribuições e Competências dos Oficiais de Registros

Art. 12. Aos oficiais de registro de imóveis, de títulos e documentos e civis das pessoas jurídicas, civis das pessoas naturais e de interdições e tutelas compete a prática dos atos relacionados na legislação pertinente aos registros públicos, de que são incumbidos independentemente de prévia distribuição, mas sujeitos os oficiais de registro de imóveis e civis das pessoas naturais às normas que definirem as circunscrições geográficas.

Art. 13. Aos oficiais de registro de distribuição compete privativamente:

I – quando previamente exigida, proceder à distribuição equitativa pelos serviços da mesma natureza, registrando os atos praticados; em caso contrário, registrar as comunicações recebidas dos órgãos e serviços competentes;

II – efetuar as averbações e os cancelamentos de sua competência;

III – expedir certidões de atos e documentos que constem de seus registros e papéis.

TÍTULO II
DAS NORMAS COMUNS

CAPÍTULO I
Do Ingresso na Atividade Notarial e de Registro

Art. 14. A delegação para o exercício da atividade notarial e de registro depende dos seguintes requisitos:

I – habilitação em concurso público de provas e títulos:

II – nacionalidade brasileira;

III – capacidade civil;

IV – quitação com as obrigações eleitorais e militares;

V – diploma de bacharel em direito;

VI – verificação de conduta condigna para o exercício da profissão.

Art. 15. Os concursos serão realizados pelo Poder Judiciário, com a participação em todas as suas fases, da Ordem dos Advogados do Brasil, do Ministério Público, de um notário e de um registrador.

§ 1º O concurso será aberto com a publicação de edital, dele constando os critérios de desempate.

§ 2º Ao concurso público poderão concorrer candidatos não bacharéis em direito que tenham completado, até a data da primeira publicação do edital do concurso de provas e títulos, dez anos de exercício em serviço notarial ou de registro.

§ 3º (Vetado).

Art. 16. As vagas serão preenchidas alternadamente, duas terças partes por concurso público de provas e títulos e uma terça parte por concurso de remoção, de provas e títulos, não se permitindo que qualquer serventia notarial ou de registro fique vaga, sem abertura de concurso de provimento ou de remoção, por mais de seis meses.

Parágrafo único. Para estabelecer o critério do preenchimento, tomar-se-á por base a data da vacância da titularidade ou, quando vagas na mesma data, aquela da criação do serviço.

Art. 17. Ao concurso de remoção somente serão admitidos titulares que exerçam a atividade por mais de dois anos.

Art. 18. A legislação estadual disporá sobre as normas e os critérios para o concurso de remoção.

Art. 19. Os candidatos serão declarados habilitados na rigorosa ordem de classificação no concurso.

CAPÍTULO II
Dos Prepostos

Art. 20. Os notários e os oficiais de registro poderão, para o desempenho de suas funções, contratar escreventes, dentre eles escolhendo os substitutos e auxiliares como empregados, com remuneração livremente ajustada e sob o regime da legislação do trabalho.

§ 1º Em cada serviço notarial ou de registro haverá tantos substitutos, escreventes e auxiliares quantos forem necessários, a critério de cada notário ou oficial de registro.

§ 2º Os notários e os oficiais de registro encaminharão ao juízo competente os nomes dos substitutos.

§ 3º Os escreventes poderão praticar somente os atos que o notário ou o oficial de registro autorizar.

§ 4º Os substitutos poderão, simultaneamente com o notário ou o oficial de registro, praticar todos os atos que lhe sejam próprios exceto, nos tabelionatos de notas, lavrar testamentos.

§ 5º Dentre os substitutos, um deles será designado pelo notário ou oficial de registro para responder pelo respectivo serviço nas ausências e nos impedimentos do titular.

Art. 21. O gerenciamento administrativo e financeiro dos serviços notariais e de registro é da responsabilidade exclusiva do respectivo titular, inclusive no que diz respeito às despesas de custeio, investimento e pessoal, cabendo-lhe estabelecer normas, condições e obrigações relativas à atribuição de funções e de remuneração de seus prepostos de modo a obter a melhor qualidade na prestação dos serviços.

CAPÍTULO III
Da Responsabilidade Civil e Criminal

Art. 22. Os notários e oficiais de registro responderão pelos danos que eles e seus prepostos causem a terceiros, na prática de atos próprios da serventia, assegurado aos primeiros direito de regresso no caso de dolo ou culpa dos prepostos.

Art. 23. A responsabilidade civil independe da criminal.

Art. 24. A responsabilidade criminal será individualizada, aplicando-se, no que couber, a legislação relativa aos crimes contra a administração pública.

Parágrafo único. A individualização prevista no *caput* não exime os notários e oficiais de registro de sua responsabilidade civil.

CAPÍTULO IV
Das Incompatibilidades e dos Impedimentos

Art. 25. O exercício da atividade notarial e de registro é incompatível com o da advocacia, o da intermediação de seus serviços ou o de qualquer cargo, emprego ou funções públicos, ainda que em comissão.

§ 1º (Vetado)

§ 2º A diplomação, na hipótese de mandato eletivo, e a posse, nos demais casos, implicará no afastamento da atividade.

Art. 26. Não são acumuláveis os serviços enumerados no art. 5º.

Parágrafo único. Poderão, contudo, ser acumulados nos Municípios que não comportarem, em razão do volume dos serviços ou da receita, a instalação de mais de um dos serviços.

Art. 27. No serviço de que é titular, o notário e o registrador não poderão praticar, pessoalmente, qualquer ato de seu interesse, ou de interesse de seu cônjuge ou de parentes, na linha reta, ou na colateral, consanguíneos ou afins, até o terceiro grau.

CAPÍTULO V
Dos Direitos e Deveres

Art. 28. Os notários e oficiais de registro gozam de independência no exercício de suas atribuições, têm direito à percepção dos emolumentos integrais pelos atos praticados na serventia e só perderão a delegação nas hipóteses previstas em lei.

Art. 29. São direitos do notário e do registrador:

I – exercer opção, nos casos de desmembramento ou desdobramento de sua serventia;

II – organizar associações ou sindicatos de classe e deles participar.

Art. 30. São deveres dos notários e dos oficiais de registro:

I – manter em ordem os livros, papéis e documentos de sua serventia, guardando-os em locais seguros;

II – atender as partes com eficiência, urbanidade e presteza;

III – atender prioritariamente as requisições de papéis, documentos, informações ou providências que lhes forem solicitadas pelas autoridades judiciárias ou administrativas para a defesa das pessoas jurídicas de direito público em juízo;

IV – manter em arquivo as leis, regulamentos, resoluções, provimentos, regimentos, ordens de serviço e quaisquer outros atos que digam respeito à sua atividade;

V – proceder de forma a dignificar a função exercida, tanto nas atividades profissionais como na vida privada;

VI – guardar sigilo sobre a documentação e os assuntos de natureza reservada de que tenham conhecimento em razão do exercício de sua profissão;

VII – afixar em local visível, de fácil leitura e acesso ao público, as tabelas de emolumentos em vigor;

VIII – observar os emolumentos fixados para a prática dos atos do seu ofício:

IX – dar recibo dos emolumentos percebidos;

X – observar os prazos legais fixados para a prática dos atos do seu ofício;

XI – fiscalizar o recolhimento dos impostos incidentes sobre os atos que devem praticar;

XII – facilitar, por todos os meios, o acesso à documentação existente às pessoas legalmente habilitadas;

XIII – encaminhar ao juízo competente as dúvidas levantadas pelos interessados, obedecida a sistemática processual fixada pela legislação respectiva;

XIV – observar as normas técnicas estabelecidas pelo juízo competente.

CAPÍTULO VI
Das Infrações Disciplinares e das Penalidades

Art. 31. São infrações disciplinares que sujeitam os notários e os oficiais de registro às penalidades previstas nesta Lei:

I – a inobservância das prescrições legais ou normativas;

II – a conduta atentatória às instituições notariais e de registro;

III – a cobrança indevida ou excessiva de emolumentos, ainda que sob a alegação de urgência;

IV – a violação do sigilo profissional;

V – o descumprimento de quaisquer dos deveres descritos no art. 30.

Art. 32. Os notários e os oficiais de registro estão sujeitos, pelas infrações que praticarem, assegurado amplo direito de defesa, às seguintes penas:

I – repreensão;

II – multa;

III – suspensão por noventa dias, prorrogável por mais trinta;

IV – perda da delegação.

Art. 33. As penas serão aplicadas:

I – a de repreensão, no caso de falta leve;

II – a de multa, em caso de reincidência ou de infração que não configure falta mais grave;

III – a de suspensão, em caso de reiterado descumprimento dos deveres ou de falta grave.

Art. 34. As penas serão impostas pelo juízo competente, independentemente da ordem de gradação, conforme a gravidade do fato.

Art. 35. A perda da delegação dependerá:

I – de sentença judicial transitada em julgado; ou

II – de decisão decorrente de processo administrativo instaurado pelo juízo competente, assegurado amplo direito de defesa.

§ 1º Quando o caso configurar a perda da delegação, o juízo competente suspenderá o notário ou oficial de registro, até a decisão final, e designará interventor, observando-se o disposto no art. 36.

§ 2º (Vetado).

Art. 36. Quando, para a apuração de faltas imputadas a notários ou a oficiais de registro, for necessário o afastamento do titular do serviço, poderá ele ser suspenso, preventivamente, pelo prazo de noventa dias, prorrogável por mais trinta.

§ 1º Na hipótese do *caput*, o juízo competente designará interventor para responder pela serventia. Quando o substituto também for acusado das faltas ou quando a medida se revelar conveniente para os serviços.

§ 2º Durante o período de afastamento, o titular perceberá metade da renda líquida da serventia; outra metade será depositada em conta bancária especial com correção monetária.

§ 3º Absolvido o titular, receberá ele o montante dessa conta; condenado, caberá esse montante ao interventor.

CAPÍTULO VII
Da Fiscalização pelo Poder Judiciário

Art. 37. A fiscalização judiciária dos atos notariais e de registro, mencionados nos arts. 6º a 13, será exercida pelo juízo competente, assim definido na órbita estadual e do Distrito Federal, sempre que necessário, ou mediante representação de qualquer interessado, quando da inobservância de obrigação legal por parte de notário ou de oficial de registro, ou de seus prepostos.

Parágrafo único. Quando em autos ou papéis de que conhecer, o Juiz verificar a existência de crime de ação pública, remeterá ao Ministério Público as cópias e os documentos necessários ao oferecimento da denúncia.

Art. 38. O juízo competente zelará para que os serviços notariais e de registro sejam prestados com rapidez, qualidade satisfatória e de modo eficiente, podendo sugerir à autoridade competente a elaboração de planos de adequada e melhor prestação desses serviços, observados, também, critérios populacionais socioeconômicos, publicadas regularmente pela Fundação Instituto Brasileiro de Geografia e Estatística.

CAPÍTULO VIII
Da Extinção da Delegação

Art. 39. Extinguir-se-á a delegação a notário ou a oficial de registro por:

I – morte;

II – aposentadoria facultativa;

III – invalidez;

IV – renúncia;

V – perda, nos termos do art. 35;

VI – descumprimento, comprovado, da gratuidade estabelecida na Lei nº 9.534, de 10 de dezembro de 1997.

• *Acrescentado pela Lei nº 9.812, de 10.8.1999.*

§ 1º Dar-se-á aposentadoria facultativa ou por invalidez nos termos da legislação previdenciária federal.

§ 2º Extinta a delegação a notário ou a oficial de registro, a autoridade competente declarará vago o respectivo serviço, designará o substituto mais antigo para responder pelo expediente e abrirá concurso.

CAPÍTULO IX
Da Seguridade Social

Art. 40. Os notários, oficiais de registro, escreventes e auxiliares são vinculados à previdência social, de âmbito federal, e têm assegurada a contagem recíproca de tempo de serviço em sistemas diversos.

Parágrafo único. Ficam assegurados, aos notários, oficiais de registro, escreventes e auxiliares os direitos e vantagens previdenciários adquiridos até a data da publicação desta Lei.

TÍTULO III
DAS DISPOSIÇÕES GERAIS

Art. 41. Incumbe aos notários e os oficiais de registro praticar, independentemente de autorização, todos os atos previstos em lei necessários à organização e execução dos serviços, podendo, ainda, adotar sistemas de computação, microfilmagem, disco ótico e outros meios de reprodução.

Art. 42. Os papéis referentes aos serviços dos notários e dos oficiais de registro serão arquivados mediante utilização de processos que facilitem as buscas.

Art. 43. Cada serviço notarial ou de registro funcionará em um só local, vedada a instalação de sucursal.

Art. 44. Verificada a absoluta impossibilidade de se prover, através de concurso público, a titularidade de serviço notarial ou de registro, por desinteresse ou inexistência de candidatos, o juízo competente proporá à autoridade competente a extinção do serviço e a anexação de suas atribuições ao serviço da mesma natureza mais próximo ou àquele localizado na sede do respectivo Município ou de Município contíguo.

§ 1º (Vetado)

§ 2º Em cada sede municipal haverá no mínimo um registrador civil das pessoas naturais.

§ 3º Nos municípios de significativa extensão territorial, a juízo do respectivo Estado, cada sede distrital disporá no mínimo de um registrador civil das pessoas naturais.

Art. 45. São gratuitos os assentos do registro civil de nascimento e o de óbito, bem como a primeira certidão respectiva.

- *Redação dada pela Lei nº 9.534, de 10.12.1997.*

Parágrafo único. Para os reconhecidamente pobres não serão cobrados emolumentos pelas certidões a que se refere este artigo.

- *Acrescentado pela Lei nº 9.534, de 10.12.1997.*

Art. 46. Os livros, fichas, documentos, papéis, microfilmes e sistemas de computação deverão permanecer sempre sob a guarda e responsabilidade do titular de serviço notarial ou de registro, que zelará por sua ordem, segurança e conservação.

Parágrafo único. Se houver necessidade de serem periciados, o exame deverá ocorrer na própria sede do serviço, em dia e hora adrede designados, com ciência do titular e autorização do juízo competente.

TÍTULO IV
DAS DISPOSIÇÕES TRANSITÓRIAS

Art. 47. O notário e o oficial de registro, legalmente nomeados até 5 de outubro de 1988, detêm a delegação constitucional de que trata o art. 2º.

Art. 48. Os notários e os oficiais de registro poderão contratar, segundo a legislação trabalhista, seus atuais escreventes e auxiliares de investidura estatutária ou em regime especial desde que estes aceitem a transformação de seu regime jurídico, em opção expressa, no prazo improrrogável de trinta dias, contados da publicação desta Lei.

§ 1º Ocorrendo opção, o tempo de serviço prestado será integralmente considerado, para todos os efeitos de direito.

§ 2º Não ocorrendo opção, os escreventes e auxiliares de investidura estatutária ou em regime especial continuarão regidos pelas normas aplicáveis aos funcionários públicos ou pelas editadas pelo Tribunal de Justiça respectivo, vedadas novas admissões por qualquer desses regimes, a partir da publicação desta Lei.

Art. 49. Quando da primeira vacância da titularidade de serviço notarial ou de registro, será procedida a desacumulação, nos termos do art. 26.

Art. 50. Em caso de vacância, os serviços notariais e de registro estatizados passarão automaticamente ao regime desta Lei.

Art. 51. Aos atuais notários e oficiais de registro, quando da aposentadoria, fica assegurado o direito de percepção de proventos de acordo com a legislação que anteriormente os regia, desde que tenham mantido as contribuições nela estipuladas até a data do deferimento do pedido ou de sua concessão.

§ 1º O disposto neste artigo aplica-se aos escreventes e auxiliares de investidura estatutária ou em regime especial que vierem a ser contratados em virtude da opção de que trata o art. 48.

§ 2º Os proventos de que trata este artigo serão os fixados pela legislação previdenciária aludida no *caput*.

§ 3º O disposto neste artigo aplica-se também às pensões deixadas, por morte, pelos notários, oficiais de registro, escreventes e auxiliares.

Art. 52. Nas unidades federativas onde já existia lei estadual específica, em vigor na data de publicação desta Lei, são competentes para a lavratura de instrumentos traslatícios de direitos reais, procurações, reconhecimento de firmas e autenticação de cópia reprográfica os serviços de Registro Civil das Pessoas Naturais.

Art. 53. Nos Estados cujas organizações judiciárias, vigentes à época da publicação desta Lei, assim preverem, continuam em vigor as determinações relativas à fixação da área territorial de atuação dos tabeliães de protesto de títulos, a quem os títulos serão distribuídos em obediência às respectivas zonas.

Parágrafo único. Quando da primeira vacância, aplicar-se-à à espécie o disposto no parágrafo único do art. 11.

Art. 54. Esta Lei entra em vigor na data da sua publicação.

Art. 55. Revogam-se as disposições em contrário.

Brasília, 18 de novembro de 1994; 173º Aniversário da Independência e 106º da República.

ITAMAR FRANCO

LEI Nº 9.492, DE 10 DE SETEMBRO DE 1997 (*DOU*, Seção 1, 11.9.1997)

Define competência, regulamenta os serviços concernentes ao protesto de títulos e outros documentos de dívida, e dá outras providências.

O Presidente da República ...

Faço saber que o Congresso Nacional decreta e eu sanciono a seguinte Lei:

CAPÍTULO I
Da Competência e das Atribuições

Art. 1º Protesto é o ato formal e solene pelo qual se prova a inadimplência e o descumprimento de obrigação originada em títulos e outros documentos de dívida.

Art. 2º Os serviços concernentes ao protesto, garantidores da autenticidade, publicidade, segurança e eficácia dos atos jurídicos, ficam sujeitos ao regime estabelecido nesta Lei.

Art. 3º Compete privativamente ao Tabelião de Protesto de Títulos, na tutela dos interesses públicos e privados, a protocolização, a intimação, o acolhimento da devolução ou do aceite, o recebimento do pagamento, do título e de outros documentos de dívida, bem como lavrar e registrar o protesto ou acatar a desistência do credor em relação ao mesmo, proceder às averbações, prestar informações e fornecer certidões relativas a todos os atos praticados, na forma desta Lei.

CAPÍTULO II
Da Ordem dos Serviços

Art. 4º O atendimento ao público será, no mínimo, de seis horas diárias.

Art. 5º Todos os documentos apresentados ou distribuídos no horário regulamentar serão protocolizados dentro de vinte e quatro horas, obedecendo ordem cronológica de entrega.

Parágrafo único. Ao apresentante será entregue recibo com as características essenciais do título ou documento de dívida, sendo de sua responsabilidade os dados fornecidos.

Art. 6º Tratando-se de cheque, poderá o protesto ser lavrado no lugar do pagamento ou do domicílio do emitente, devendo do referido cheque constar a prova de apresentação ao Banco sacado, salvo se o protesto tenha por fim instruir medidas pleiteadas contra o estabelecimento de crédito.

CAPÍTULO III
Da Distribuição

Art. 7º Os títulos e documentos de dívida destinados a protesto somente estarão sujeitos a prévia distribuição obrigatória nas localidades onde houver mais de um Tabelionato de Protesto de Títulos.

Parágrafo único. Onde houver mais de um Tabelionato de Protesto de Títulos, a distribuição será feita por um Serviço instalado e mantido pelos próprios Tabelionatos, salvo se já existir Ofício Distribuidor organizado antes da promulgação desta Lei.

Art. 8º Os títulos e documentos de dívida serão recepcionados, distribuídos e entregues na mesma data aos Tabelionatos de Protesto, obedecidos os critérios de quantidade e qualidade.

Parágrafo único. Poderão ser recepcionadas as indicações a protestos das Duplicatas Mercantis e de Prestação de Serviços, por meio magnético ou de gravação eletrônica de dados, sendo de inteira responsabilidade do apresentante os dados fornecidos, ficando a cargo dos Tabelionatos a mera instrumentalização das mesmas.

CAPÍTULO IV
Da Apresentação e Protocolização

Art. 9º Todos os títulos e documentos de dívida protocolizados serão examinados em seus caracteres formais e terão curso se não apresentarem vícios, não cabendo ao Tabelião de Protesto investigar a ocorrência de prescrição ou caducidade.

Parágrafo único. Qualquer irregularidade formal observada pelo Tabelião obstará o registro do protesto.

Art. 10. Poderão ser protestados títulos e outros documentos de dívida em moeda estrangeira emitidos fora do Brasil, desde que acompanhados de tradução efetuada por tradutor público juramentado.

§ 1º Constarão obrigatoriamente do registro do protesto a descrição do documento e sua tradução.

§ 2º Em caso de pagamento, este será efetuado em moeda corrente nacional, cumprindo ao apresentante a conversão na data de apresentação do documento para protesto.

§ 3º Tratando-se de títulos ou documentos de dívidas emitidos no Brasil, em moeda estrangeira, cuidará o Tabelião de observar as disposições do Decreto-lei nº 857, de 11 de setembro de 1969, e legislação complementar ou superveniente.

Art. 11. Tratando-se de títulos ou documentos de dívida sujeitos a qualquer tipo de correção, o pagamento será feito pela conversão vigorante no dia da apresentação, no valor indicado pelo apresentante.

CAPÍTULO V
Do Prazo

Art. 12. O protesto será registrado dentro de três dias úteis contados da protocolização do título ou documento de dívida.

§ 1º Na contagem do prazo a que se refere o *caput* exclui-se o dia da protocolização e inclui-se o do vencimento.

§ 2º Considera-se não útil o dia em que não houver expediente bancário para o público ou aquele em que este não obedecer ao horário normal.

Art. 13. Quando a intimação for efetivada excepcionalmente no último dia do prazo ou além dele, por motivo de força maior, o protesto será tirado no primeiro dia útil subsequente.

CAPÍTULO VI
Da Intimação

Art. 14. Protocolizado o título ou documento de dívida, o Tabelião de Protesto expedirá a intimação ao devedor no endereço fornecido pelo apresentante do título ou documento, considerando-se cumprida quando comprovada a sua entrega no mesmo endereço.

§ 1º A remessa da intimação poderá ser feita por portador do próprio tabelião, ou por qualquer outro meio, desde que o recebimento fique assegurado e comprovado através de protocolo, aviso de recepção (AR) ou documento equivalente.

§ 2º A intimação deverá conter nome e endereço do devedor, elementos de identificação do título ou documento de dívida, e prazo limite para cumprimento da obrigação no Tabelionato, bem como número do protocolo e valor a ser pago.

Art. 15. A intimação será feita por edital se a pessoa indicada para aceitar ou pagar for desconhecida, sua localização incerta ou ignorada, for residente ou domiciliada fora da competência territorial do Tabelionato, ou, ainda, ninguém se dispuser a receber a intimação no endereço fornecido pelo apresentante.

§ 1º O edital será afixado no Tabelionato de Protesto e publicado pela imprensa local onde houver jornal de circulação diária.

§ 2º Aquele que fornecer endereço incorreto, agindo de má-fé, responderá por perdas e danos, sem prejuízo de outras sanções civis, administrativas ou penais.

CAPÍTULO VII
Da Desistência e Sustação do Protesto

Art. 16. Antes da lavratura do protesto, poderá o apresentante retirar o título ou documento de dívida, pagos os emolumentos e demais despesas.

Art. 17. Permanecerão no Tabelionato, à disposição do Juízo respectivo, os títulos ou documentos de dívida, cujo protesto for judicialmente sustado.

§ 1º O título do documento de dívida cujo protesto tiver sido sustado judicialmente só poderá ser pago, protestado ou retirado com autorização judicial.

§ 2º Revogada a ordem de sustação, não há necessidade de se proceder à nova intimação do devedor, sendo a lavratura e o registro do protesto efetivados até o primeiro dia útil subsequente ao do recebimento da revogação, salvo se a materialização do ato depender de consulta a ser formulada ao apresentante, caso em que o mesmo prazo será contado da data da resposta dada.

§ 3º Tornada definitiva a ordem de sustação, o título ou o documento de dívida será encaminhado ao Juízo respectivo, quando não constar determinação expressa a qual das partes o mesmo deverá ser entregue, ou se decorridos trinta dias sem que a parte autorizada tenha comparecido no Tabelionato para retirá-la.

Art. 18. As dúvidas do Tabelião de Protesto serão resolvidas pelo Juízo competente.

CAPÍTULO VIII
Do Pagamento

Art. 19. O pagamento do título ou do documento de dívida apresentado para protesto será feito diretamente no Tabelionato competente, no valor igual ao declarado pelo apresentante, acrescido dos emolumentos e demais despesas.

§ 1º Não poderá ser recusado pagamento oferecido dentro do prazo legal, desde que feito no Tabelionato de Protesto competente e no horário de funcionamento dos serviços.

§ 2º No ato do pagamento, o Tabelionato de Protesto dará a respectiva quitação, e o valor devido será colocado à disposição do apresentante no primeiro dia útil subsequente ao do recebimento.

§ 3º Quando for adotado sistema de recebimento do pagamento por meio de cheque, ainda que de emissão de estabelecimento bancário, a quitação dada pelo Tabelionato fica condicionada à efetiva liquidação.

§ 4º Quando do pagamento no Tabelionato ainda subsistirem parcelas vincendas, será dada quitação da parcela paga em apartado, devolvendo-se o original ao apresentante.

CAPÍTULO IX
Do Registro do Protesto

Art. 20. Esgotado o prazo previsto no art. 12, sem que tenham ocorrido as hipóteses dos Capítulos VII e VIII, o Tabelião lavrará e registrará o protesto, sendo o respectivo instrumento entregue ao apresentante.

Art. 21. O protesto será tirado por falta de pagamento, de aceite ou de devolução.

§ 1º O protesto por falta de aceite somente poderá ser efetuado antes do vencimento da obrigação e após o decurso do prazo legal para o aceite ou a devolução.

§ 2º Após o vencimento, o protesto sempre será efetuado por falta de pagamento, vedada a recusa da lavratura e registro do protesto por motivo não previsto na lei cambial.

§ 3º Quando o sacado retiver a letra de câmbio ou a duplicata enviada para aceite e não proceder à devolução dentro do prazo legal, o protesto poderá ser baseado na segunda via da letra de câmbio ou nas indicações da duplicata, que se limitarão a conter os mesmos requisitos lançados pelo sacador ao tempo da emissão da duplicata, vedada a exigência de qualquer formalidade não prevista na Lei que regula a emissão e circulação das duplicatas.

§ 4º Os devedores, assim compreendidos os emitentes de notas promissórias e cheques, os sacados nas letras de câmbio e duplicatas, bem como os indicados pelo apresentante ou credor, como responsáveis pelo cumprimento da obrigação, não poderão deixar de figurar no termo de lavratura e registro de protesto.

Art. 22. O registro do protesto e seu instrumento deverão conter:

I – data e número de protocolização;

II – nome do apresentante e endereço;

III – reprodução ou transcrição do documento ou das indicações feitas pelo apresentante e declarações nele inseridas;

IV – certidão das intimações feitas e das respostas eventualmente oferecidas;

V – indicação dos intervenientes voluntários e das firmas por eles honradas;

VI – a aquiescência do portador ao aceite por honra;

VII – nome, número do documento de identificação do devedor e endereço;

VIII – data e assinatura do Tabelião de Protesto, de seus substitutos ou de Escrevente autorizado.

Parágrafo único. Quando o Tabelião de Protesto conservar em seus arquivos gravação eletrônica da imagem, cópia reprográfica ou micrográfica do título ou documento de dívida, dispensa-se, no registro e no instrumento, a sua transcrição literal, bem como das demais declarações nele inseridas.

Art. 23. Os termos dos protestos lavrados, inclusive para fins especiais, por falta de pagamento, de aceite ou de devolução serão registrados em um único livro e conterão as anotações do tipo e do motivo do protesto, além dos requisitos previstos no artigo anterior.

Parágrafo único. Somente poderão ser protestados, para fins falimentares, os títulos ou documentos de dívida de responsabilidade das pessoas sujeitas às consequências da legislação falimentar.

Art. 24. O deferimento do processamento de concordata não impede o protesto.

CAPÍTULO X
Das Averbações e do Cancelamento

Art. 25. A averbação de retificação de erros materiais pelo serviço poderá ser efetuada de ofício ou a requerimento do interessado, sob responsabilidade do Tabelião de Protesto de Títulos.

§ 1º Para a averbação da retificação será indispensável a apresentação do instrumento eventualmente expedido e de documentos que comprovem o erro.

§ 2º Não são devidos emolumentos pela averbação prevista neste artigo.

Art. 26. O cancelamento do registro do protesto será solicitado diretamente no Tabelionato de Protesto de Títulos, por qualquer interessado, mediante apresentação do documento protestado, cuja cópia ficará arquivada.

§ 1º Na impossibilidade de apresentação do original do título ou documento de dívida protestado, será exigida a declaração de anuência, com identificação e firma reconhecida, daquele que figurou no registro de protesto como credor, originário ou por endosso translativo.

§ 2º Na hipótese de protesto em que tenha figurado apresentante por endosso-mandato, será suficiente a declaração de anuência passada pelo credor endossante.

§ 3º O cancelamento do registro do protesto, se fundado em outro motivo que não no pagamento do título ou documento de dívida, será efetivado por determinação judicial, pagos os emolumentos devidos ao Tabelião.

§ 4º Quando a extinção da obrigação decorrer de processo judicial, o cancelamento do registro do protesto poderá ser solicitado com a apresentação da certidão expedida pelo Juízo processante, com menção do trânsito em julgado, que substituirá o título ou o documento de dívida protestado.

§ 5º O cancelamento do registro do protesto será feito pelo Tabelião titular, por seus Substitutos ou por Escrevente autorizado.

§ 6º Quando o protesto lavrado for registrado sob forma de microfilme ou gravação eletrônica, o termo do cancelamento será lançado em documento apartado, que será arquivado juntamente com os documentos que instruíram o pedido, e anotado no índice respectivo.

CAPÍTULO XI
Das Certidões e Informações do Protesto

Art. 27. O Tabelião de Protesto expedirá as certidões solicitadas dentro de cinco dias úteis, no máximo, que abrangerão o período mínimo dos cinco anos anteriores, contados da data do pedido, salvo quando se referir a protesto específico.

§ 1º As certidões expedidas pelos serviços de protesto de títulos, inclusive as relativas à prévia distribuição, deverão obrigatoriamente indicar, além do nome do devedor, seu número no Registro Geral (RG), constante da Cédula de Identidade, ou seu número no Cadastro de Pessoas Físicas (CPF), se pessoa física, e o número de inscrição no Cadastro Geral de Contribuintes (CGC), se pessoa jurídica, cabendo ao apresentante do título para protesto fornecer esses dados, sob pena de recusa.

§ 2º Das certidões não constarão os registros cujos cancelamentos tiverem sido averbados, salvo por requerimento escrito do próprio devedor ou por ordem judicial.

Art. 28. Sempre que a homonímia puder ser verificada simplesmente pelo confronto do número de documento de identificação, o Tabelião de Protesto dará certidão negativa.

Art. 29. Os cartórios fornecerão às entidades representativas da indústria e do comércio ou àquelas vinculadas à proteção do crédito, quando solicitada, certidão diária, em forma de relação, dos protestos tirados e dos cancelamentos efetuados, com a nota de se cuidar de informação reservada da qual não se poderá dar publicidade pela imprensa, nem mesmo parcialmente.

- *Redação dada pela Lei nº 9.841, de 5.10.1999.*

§ 1º O fornecimento da certidão será suspenso caso se desatenda ao disposto no *caput* ou se forneçam informações de protestos cancelados (redação dada pela Lei nº 9.841, de 5.10.1999).

§ 2º Dos cadastros ou bancos de dados, das entidades referidas no *caput*, somente serão prestadas informações restritivas de crédito oriundas de títulos ou documentos de dívidas regularmente protestados, cujos registros não foram cancelados.

- *Redação dada pela Lei nº 9.841, de 5.10.1999.*

§ 3º (Revogado pela Lei nº 9.841, de 5.10.1999).

Art. 30. As certidões, informações e relações serão elaboradas pelo nome dos devedores, conforme previstos no § 4º do art. 21 desta Lei, devidamente identificados, e abrangerão os protestos lavrados e registrados por falta de pagamento, de aceite ou de devolução, vedada a exclusão ou omissão de nomes e de protestos, ainda que provisória ou parcial.

Art. 31. Poderão ser fornecidas certidões de protestos, não cancelados, a quaisquer interessados, desde que requeridos por escrito.

- *Redação dada pela Lei nº 9.841, de 5.10.1999.*

CAPÍTULO XII
Dos Livros e Arquivos

Art. 32. O livro de Protocolo poderá ser escriturado mediante processo manual, mecânico, eletrônico ou informatizado, em folhas soltas e com colunas destinadas às seguintes anotações: número de ordem, natureza do título ou documento de dívida, valor, apresentante, devedor e ocorrências.

Parágrafo único. A escrituração será diária, constando do termo de encerramento o número de documentos apresentados no dia, sendo a data da protocolização a mesma do termo diário do encerramento.

Art. 33. Os livros de Registros de Protesto serão abertos e encerrados pelo Tabelião de Protestos ou seus Substitutos, ou ainda por Escrevente autorizado, com suas folhas numeradas e rubricadas.

Art. 34. Os índices serão de localização dos protestos registrados e conterão os nomes dos devedores, na forma do § 4º do art. 21, vedada a exclusão ou omissão de nomes e de protestos, ainda que em caráter provisório ou parcial, não decorrente do cancelamento definitivo do protesto.

§ 1º Os índices conterão referência ao livro e à folha, ao microfilme ou ao arquivo eletrônico onde estiver registrado o protesto, ou ao número do registro, e aos cancelamentos de protestos efetuados.

§ 2º Os índices poderão ser elaborados pelo sistema de fichas, microfichas ou banco eletrônico de dados.

Art. 35. O Tabelião de Protestos arquivará ainda:

I – intimações;

II – editais;

III – documentos apresentados para a averbação no registro de protestos e ordens de cancelamentos;

IV – mandados e ofícios judiciais;

V – solicitações de retirada de documentos pelo apresentante;

VI – comprovantes de entrega de pagamentos aos credores;

VII – comprovantes de devolução de documentos de dívida irregulares.

§ 1º Os arquivos deverão ser conservados, pelo menos, durante os seguintes prazos:

I – um ano, para as intimações e editais correspondentes a documentos protestados e ordens de cancelamento;

II – seis meses, para as intimações e editais correspondentes a documentos pagos ou retirados além do tríduo legal;

III – trinta dias, para os comprovantes de entrega de pagamento aos credores, para as solicitações de retirada dos apresentantes e para os comprovantes de devolução, por irregularidade, aos mesmos, dos títulos e documentos de dívidas.

§ 2º Para os livros e documentos microfilmados ou gravados por processo eletrônico de imagens não subsiste a obrigatoriedade de sua conservação.

§ 3º Os mandados judiciais de sustação de protesto deverão ser conservados, juntamente com os respectivos documentos, até solução definitiva por parte do Juízo.

Art. 36. O prazo de arquivamento é de três anos para livros de protocolo e de dez anos para os livros de registros de protesto, e respectivos títulos.

CAPÍTULO XIII
Dos Emolumentos

Art. 37. Pelos atos que praticarem em decorrência desta Lei, os Tabeliães de Protesto perceberão, diretamente das partes, a título de remuneração, os emolumentos fixados na forma da lei estadual e de seus decretos regulamentadores, salvo quando o serviço for estatizado.

§ 1º Poderá ser exigido depósito prévio dos emolumentos e demais despesas devidas, caso em que igual importância deverá ser reembolsada ao apresentante por ocasião da prestação de contas, quando ressarcidas pelo devedor no Tabelionato.

§ 2º Todo e qualquer ato praticado pelo Tabelião de Protesto será cotado, identificando-se as parcelas componentes do seu total.

§ 3º Pelo ato de digitalização e gravação eletrônica dos títulos e outros documentos, serão cobrados os mesmos valores previstos na tabela de emolumentos para o ato de microfilmagem.

CAPÍTULO XIV
Disposições Finais

Art. 38. Os Tabeliães de Protesto de Títulos são civilmente responsáveis por todos os prejuízos que causarem, por culpa ou dolo, pessoalmente, pelos substitutos que designarem ou Escreventes que autorizarem, assegurado o direito de regresso.

Art. 39. A reprodução de microfilme ou do processamento eletrônico da imagem, do título ou de qualquer documento arquivado no Tabelionato, quando autenticado pelo Tabelião de Protesto, por seu Substituto ou Escrevente autorizado, guarda o mesmo valor do original, independentemente de restauração judicial.

Art. 40. Não havendo prazo assinado, a data do registro do protesto é o termo inicial da incidência de juros, taxas e atualizações monetárias sobre o valor da obrigação contida no título ou documento de dívida.

Art. 41. Para os serviços previstos nesta Lei os Tabeliães poderão adotar, independentemente de autorização, sistemas de computação, microfilmagem, gravação eletrônica de imagem e quaisquer outros meios de reprodução.

Art. 42. Esta Lei entra em vigor na data de sua publicação.

Art. 43. Revogam-se as disposições em contrário.

LEI Nº 9.841, DE 5 DE OUTUBRO DE 1999 (*DOU* de 6.10.1999)

> *Institui o Estatuto da Microempresa e da Empresa de Pequeno Porte, dispondo sobre o tratamento jurídico diferenciado, simplificado e favorecido previsto nos arts. 170 e 179 da Constituição Federal.*

O Presidente da República ...

Faço saber que o Congresso Nacional decreta e eu sanciono a seguinte Lei:

CAPÍTULO I
Do Tratamento Jurídico Diferenciado

Art. 1º Nos termos dos arts. 170 e 179 da Constituição Federal, é assegurado às microempresas e às empresas de pequeno porte tratamento jurídico diferenciado e simplificado nos campos administrativo, tributário, previdenciário, trabalhista, creditício e de desenvolvimento empresarial, em conformidade com o que dispõe esta Lei e a Lei nº 9.317, de 5 de dezembro de 1996, e alterações posteriores.

Parágrafo único. O tratamento jurídico simplificado e favorecido, estabelecido nesta Lei, visa facilitar a constituição e o funcionamento da microempresa e da empresa de pequeno porte, de modo a assegurar o fortalecimento de sua participação no processo de desenvolvimento econômico e social.

CAPÍTULO II
Da Definição de Microempresa e de Empresa de Pequeno Porte

Art. 2º Para os efeitos desta Lei, ressalvado o disposto no art. 3º, considera-se:

I – microempresa, a pessoa jurídica e a firma mercantil individual que tiver receita bruta anual igual ou inferior a R$ 244.000,00 (duzentos e quarenta e quatro mil reais);

II – empresa de pequeno porte, a pessoa jurídica e a firma mercantil individual que, não enquadrada como microempresa, tiver receita bruta anual superior a R$ 244.000,00 (duzentos e quarenta e quatro mil reais) e igual ou inferior a R$ 1.200.000,00 (um milhão e duzentos mil reais).

§ 1º No primeiro ano de atividade, os limites da receita bruta de que tratam os incisos I e II serão proporcionais ao número de meses em que a pessoa jurídica ou firma mercantil individual tiver exercício atividade, desconsideradas as frações de mês.

§ 2º O enquadramento de firma mercantil individual ou de pessoa jurídica em microempresa ou empresa de pequeno porte, bem como o seu desenquadramento, não implicarão alteração, denúncia ou qualquer restrição em relação a contratos por elas anteriormente firmados.

§ 3º O Poder Executivo atualizará os valores constantes dos incisos I e II com base na variação acumulada pelo IGP-DI, ou por índice oficial que venha a substituí-lo.

Art. 3º Não se inclui no regime desta Lei a pessoa jurídica em que haja participação:

I – de pessoa física domiciliada no exterior ou de outra pessoa jurídica;

II – de pessoa física que seja titular de firma mercantil individual ou sócia de outra empresa que receba tratamento jurídico diferenciado na forma desta Lei, salvo se a participação não for superior a dez por cento do capital social de outra empresa desde que a receita bruta global anual ultrapasse os limites de que tratam os incisos I e II do art. 2º.

Parágrafo único. O disposto no inciso II deste artigo não se aplica à participação de microempresas ou de empresas de pequeno porte em centrais de compras, bolsas de subcontratação, consórcios de exportação e outras formas de associação assemelhadas, inclusive as de que trata o art. 18 desta Lei.

CAPÍTULO X
Disposições Finais

Art. 39. O protesto de título, quando o devedor for microempresário ou empresa de pequeno porte, é sujeito às seguintes normas:

I – os emolumentos devidos ao tabelião de protesto não excederão um por cento do valor do título, observado o limite máximo de R$ 20,00 (vinte reais), incluídos neste limite as despesas de apresentação, protesto, intimação, certidão e quaisquer outras relativas à execução dos serviços;

II – para o pagamento do título em cartório, não poderá ser exigido cheque de emissão de estabelecimento bancário ou não, a quitação dada pelo tabelionato de protesto será condicionada à efetiva liquidação do cheque;

III – o cancelamento do registro de protesto, fundado no pagamento do título, será feito independentemente de declaração de anuência do credor, salvo no caso de impossibilidade de apresentação do original protestado;

IV – para os fins do disposto no *caput* e nos incisos I, II e III, caberá ao devedor provar sua qualidade de microempresa ou de empresa de pequeno porte perante o tabelionato de protestos de títulos, mediante documento expedido pela Junta Comercial ou pelo Registro Civil das Pessoas Jurídicas, conforme o caso.

Art. 40. Os arts. 29 e 31 da Lei nº 9.492, de 10 de setembro de 1997, passam a vigorar com a seguinte redação:

- *Alterações já incorporadas à lei modificada.*

Art. 43. Revogam-se as Leis nº 7.256, de 27 de novembro de 1984, e nº 8.864, de 28 de março de 1994.

FERNANDO HENRIQUE CARDOSO

LEI Nº 10.710, DE 29 DE DEZEMBRO DE 2000

Partes vetadas pelo Senhor Governador do Estado e mantidas pela Assembleia Legislativa, do projeto que se transformou na Lei nº 10.710, de 29 de dezembro de 2000, alterando a Lei nº 7.645, de 23 de dezembro de 1991, que dispõe sobre a Taxa de Fiscalização e Serviços Diversos.

O Presidente da Assembleia Legislativa

Faço saber que a Assembleia Legislativa decreta e eu promulgo, nos termos do art. 28, § 8º, da Constituição do Estado, os seguintes dispositivos da Lei nº 10.710, de 29 de dezembro de 2000, da qual passam a fazer parte integrante:

Art. 4º (Os §§ 5º, 7º e 9º do art. 1º, ao qual fica acrescido o § 10, os arts. 31 e 32, todos da Lei nº 4.476, de 29 de dezembro de 1984, com suas modificações posteriores, passam a vigorar com a seguinte redação:

"Art. 1º ...."

12. Os tabeliães de protesto poderão exigir depósito prévio, nos limites das tabelas, do total das custas, emolumentos e despesas reembolsáveis, pelos atos a serem praticados, exceção feita ao item I da tabela, fornecendo aos interessados, obrigatoriamente, recibo provisório, com a especificação de todas as parcelas.

12.1. O protesto de títulos e de outros documentos de dívida independe de prévio depósito de valores de custas, emolumentos e de qualquer outra despesa, cujos valores serão pagos pelos respectivos interessados no ato elisivo do protesto ou, quando protestado o título, no ato do pedido do cancelamento de seu respectivo registro, salvo na sustação judicial do protesto que serão cobrados do sucumbente quando tomada em caráter definitivo, observados para o cálculo, cobrança e recolhimentos, os seguintes critérios: a) por ocasião do aceite, devolução, pagamento do título ou desistência do protesto, em cartório, com base nos valores da tabela e das despesas vigentes da data da protocolização do título; b) por ocasião do pedido do cancelamento do protesto ou da determinação judicial da sustação definitiva do protesto, com base na tabela e das despesas em vigor na data dos respectivos recebimentos, hipóteses em que será considerada a faixa de referência do título da data de sua apresentação a protesto.

13. Havendo interesse da administração pública federal, estadual ou municipal, ficam obrigados os tabelionatos de protesto de títulos e de documentos de dívidas a recepcionar para protesto, comum ou falimentar, as certidões de dívida ativa devidamente inscritas, independente de prévio depósito ou do pagamento de emolumentos, custas e de qualquer outra despesa, os quais serão pagos, exclusivamente, pelos devedores na forma prevista nos itens 12 e 12.1.

14. Compreendem-se como títulos e outros documentos de dívidas sujeitos a protesto comum ou falimentar os títulos de crédito, como tais definidos em lei, e os documentos considerados como títulos executivos judiciais ou extrajudiciais pela legislação processual, inclusive as certidões da dívida ativa inscritas de interesse da União, do Estado e dos Municípios, em relação aos quais a apresentação a protesto independe de depósito ou pagamento prévio de emolumentos, custas e de qualquer outra despesa, cujos valores serão pagos pelos respectivos interessados no ato elisivo do protesto ou, quando protestado o título, no ato do pedido de cancelamento de seu registro, observados os valores vigentes na data da protocolização do título ou documento, nos casos de aceite, devolução, pagamento ou desistência do protesto, ou na data do cancelamento do protesto, considerada, nesse caso, a faixa de referência do título na data de sua protocolização.

TABELA XII – DOS OFÍCIOS DE REGISTROS CIVIS E DAS PESSOAS NATURAIS (Em UFESPs) Item – Ao Oficial – Total Discriminação – UFESPs – UFESPs 2 – LAVRATURA DE ASSENTO DE CASAMENTO FORA DA SEDE. EXCETO O CUSTO DE EDITAIS 55,44 – 55,44 (NR)

Assembleia Legislativa do Estado de São Paulo, aos 29 de março de 2001.

a) WALTER FELDMAN – Presidente

Publicada na Secretaria da Assembleia Legislativa do Estado de São Paulo, aos 29 de março de 2001.

a) Aura Augusto Calíman – Secretária Geral Parlamentar

Bibliografia

ABRÃO, Nelson. *Curso de direito falimentar*. 5. ed. São Paulo: LEUD, 1997.

_____. *Direito bancário*. São Paulo: Saraiva, 2001.

_____. *Temas de direito empresarial*. São Paulo: Saraiva, 1979.

_____. Protesto e direito de regresso. *Revista de Direito Mercantil*, 18/113 a 115.

_____. *O protesto cambiário*. Separata da RT. São Paulo: Revista dos Tribunais, v. 387, jan. 1968, p. 23-40.

AGUIAR DIAS, José de. *Da responsabilidade civil*. 10. ed. Rio de Janeiro: Forense, 1995. v. I.

AMARAL, Paulo Afonso de Sampaio. Alguns aspectos jurídicos do protesto cambiário. *Revista de Direito Mercantil*, p. 21-22; 57-63.

ASCARELLI, Tullio. *Teoria geral dos títulos de crédito*. 12. ed. São Paulo: Saraiva, 1969. Tradução de Nicolau Nazo.

_____. *Panorama do direito comercial*. São Paulo: Saraiva, 1947.

ASSIS, Araken de. *Manual do processo de execução*. 3. ed. São Paulo: Revista dos Tribunais, 1996.

BAPTISTA DA SILVA, Ovídio Araújo. *Teoría de la acción cautelar*. Porto Alegre: Sérgio Antonio Fabris, Editor, 1993.

BARBI FILHO, Celso. Protesto de duplicata simulada e procedimentos judiciais do sacado. *Boletim da Escola Superior de Advocacia da OAB/MG*, jan./mar. 1998, 1/87 a 116.

BEVILACQUA, Clóvis. *Código Civil comentado*. 6. ed. Rio de Janeiro: Livraria Francisco Alves, 1940.

BORGES, João Eunápio. *Títulos de crédito*. 2. ed. Rio de Janeiro: Forense, 1977.

CARNELUTTI, Francesco. *Como nace el derecho*. Colômbia: Editorial Temis, 1997.

DE SEMO, Giargio. *Diritto cambiario*. Milano: Giuffrè, 1953.

FARIA, Werter R. *Mora do devedor*. Porto Alegre: Sergio Antonio Fabris Editor, 1981.

_____. *Ações cambiárias*. Porto Alegre: Sergio Antonio Fabris Editor, 1987.

GALGANO, Francesco. *Dirito privatto*. Padova: Cedam, 1981.

_____. *Trattato di Diritto Comerciale e di Diritto*: Pubblico dell'Economia. Padova: Cedam, 1990.

GOLDSCHMIDT, Levin. *Storia Universale Dei Diritto Commerciale*. Torino, 1913.

GOMES, Orlando. *Contratos*. 10. ed. Rio de Janeiro: Forense, 1984.

_____. *Transformações gerais do Direito das Obrigações*. São Paulo: Revista dos Tribunais, 1980.

GRIMBERG, Mauro. O avalista face ao protesto. *Revista de Direito Mercantil*, 26/153 a 160.

MERCADO JÚNIOR, Antonio. Procedimento no Protesto de Títulos Cambiais. *Revista de Direito Mercantil* 11, 157-162.

SAID CAHALI, Yussef. *Dano moral*. 2. ed. São Paulo: Revista dos Tribunais, 1998.

SANTOS, Cláudio. Do protesto de Títulos de Crédito. *RT*, São Paulo: Revista dos Tribunais, 678/14-22.

SILVA PEREIRA, Caio Mário da. *Lesão nos contratos*. 2. ed. Rio de Janeiro: Forense, 1959.

SILVEIRA, Alípio. *A boa-fé no Direito Civil*. São Paulo: Typ. Paulista, 1941.

THEODORO JÚNIOR, Humberto. *A insolvência civil*. 4. ed. Rio de Janeiro: Forense, 1997.

VIVANTE, Cesare. *Instituições de Direito Comercial*. Trad. J. Alves de Sá. Lisboa, 1910.

Formato	17 x 24 cm
Tipologia	Charter 11/13
Papel	Primapress 80 g/m² (miolo)
	Supremo 250 g/m² (capa)
Número de páginas	200
Impressão	RR Donnelley